JN441230

파란대문집

엄명용

도서
출판
춘추

파란대문집

2025년 12월 17일 1판 1쇄

지은이 엄명용
펴낸이 임정원
펴낸곳 도서출판 **춘추**
주 소 서울시 중구 서애로 23, 3381호
등 록 1997. 9. 24
편집부 (02) 2676-2102
팩 스 (02) 2676-2373
전자우편 limpine5@ hanmail.net
홈페이지 www.eassycc. co.kr

ISBN 978-89-93965-05-6 03810

정가 15,000원

· 저자와의 협약에 의해 인지는 생략합니다.

파란대문집

책을 내면서

41년 동안 마음 두고 일한 학교에서 정년을 맞이하여 하루아침에 무직자가 되었습니다. 먼저 퇴직한 선배는 편해서 좋다고 했는데, 나는 혼자 사막에 선 나그네처럼 온 세상이 황량해 보였습니다. 어디에 마음을 두고 일상을 견뎌나가야 할지 두리번거렸습니다. 산에도 가고, 여행도 하고, 친구들 만나 세상 이야기도 나누었습니다.

한동안은 자유롭고 재미있었습니다. 그러나 휑한 가슴에 부는 서늘한 바람은 멎지 않았습니다. 뭔가 이 바람을 잠재울 의미 있고 보람 있는 일상이 필요했습니다. 인생 100세 시대라는데, 길게 남은 인생 후반부를 뜻 깊게 보낼 일을 찾았습니다.

문득 글쓰기를 적극적으로 배우고 싶다는 생각이 들었습니다. 초등학교 5학년 때 교내 백일장에서 장원한 적이 있습니다. 이 작은 경험이 글쓰기에 대한 열망으로 마음속에 남아 있었기 때문입니다.

문화센터와 복지관의 프로그램을 살폈습니다. 좋은 글쓰기 강좌를 찾아 등록하였고, 여러 해 열심히 배우고 있습니다. 강사님은 글쓰기 숙제를 내주셨고 꾸준히 글을 썼습니다. 한편으로는 글쓰기 책들을 구해 탐독하고, 시간 날 때마다 책을 읽으며 글쓰기에 대한 소양을 넓히려고 노력했습니다.

선구적인 수필문학 전문계간지 《수필춘추》의 '신인 추천 작품 모집' 에 응모하여 당첨되었고, 신인상을 받아 수필가로 문단에 등단하였습니다. 참 기뻤고 보람을 느꼈습니다. 더 열심히 수필을 썼습니다. 이제 이 수필을 책으로 엮어 여러분께 선뵈려고 합니다.

삶의 여정에서 길목마다 남겨진 작은 기억들이 모여 지금의 나를 이루었습니다. 어린 날의 웃음소리, 가족 · 친구와 나눈 은은한 정, 내 마음속에 간직한 사랑과 그리움이 모여 내 삶이라는 긴 여행의 풍경이 만들어졌습니다.

그간 살아오면서 겪은 이야기, 고마운 사람들에 대한 회상, 후회스러운 일에 대한 반성, 새날을 열어갈 다짐을 통해 나를 바로 세우려고 수필을 썼습니다.

이 수필 속의 이야기들은 대단하거나 특별하지 않습니다. 평범한 일상의 스쳐지나가는 시간 속에서 조용히 피어난 마음의 풍경을 기록한 글입니다. 그래서 이 글을 읽는 분들도 자신의 기억과 정을 떠올리며, 잠시 걸음을 멈추고 내면을 들여다볼 수 있기를 바랍니다.

사람은 완벽하지 못해서 때로는 흔들리기도 합니다. 하지만 흔들리는 중에도 소소한 기쁨과 사랑, 그리고 누군가의 온기가 함께 한다면 우리의 삶을 따뜻하게 만들 수 있습니다.

이 수필집이 조금 천천히, 조금 더 섬세하게 삶을 바라보는 계기가 되어 마음의 평화를 전하는 작은 길잡이라도 되었으면 좋겠습니다. 이 수필의 길에서 마주친 사람들에게 감사드립니다. 정이 머문 자리마다 우리의 마음이 조금 더 넉넉해지기를 바랍니다.

이 수필집이 독자를 위안하기에는 턱없이 부족할지 모릅니다. 따스한 마음으로 감싸주시면 고맙겠습니다.

끝으로 문학 강의를 통해 부족한 제자를 이끌어주신 시인 조연수 선생님께 감사드립니다. 강좌를 개설해주신 변정임 관장님도 고맙습니다. 책이 만들어지기까지 도움 주신 임정원 대표님께 고맙다는 인사를 전합니다. 문학의 길을 안내해주신 안나 님과 격려해주신 참나리 님, 고맙습니다. 목요일마다 강의실에 모여 함께 공부하며 힘이 되어준 문우님들께도 감사드립니다.

올해는 나의 팔순(八旬)이 되는 해입니다. 그 기념으로 수필집 『파란대문집』을 출간하게 되어 뜻깊게 생각합니다. 여기까지 올 수 있도록 묵묵히 도와준 아내와 가족에게 고마움을 전하며, 작은 성취의 기쁨을 함께하고자 합니다.

2025년 늦가을, 엄명용

차례

제3장 보리밭

제4장 수재의 반란

제5장 빛바랜 수건, 선명한 기억

제6장 흔들려도 괜찮아

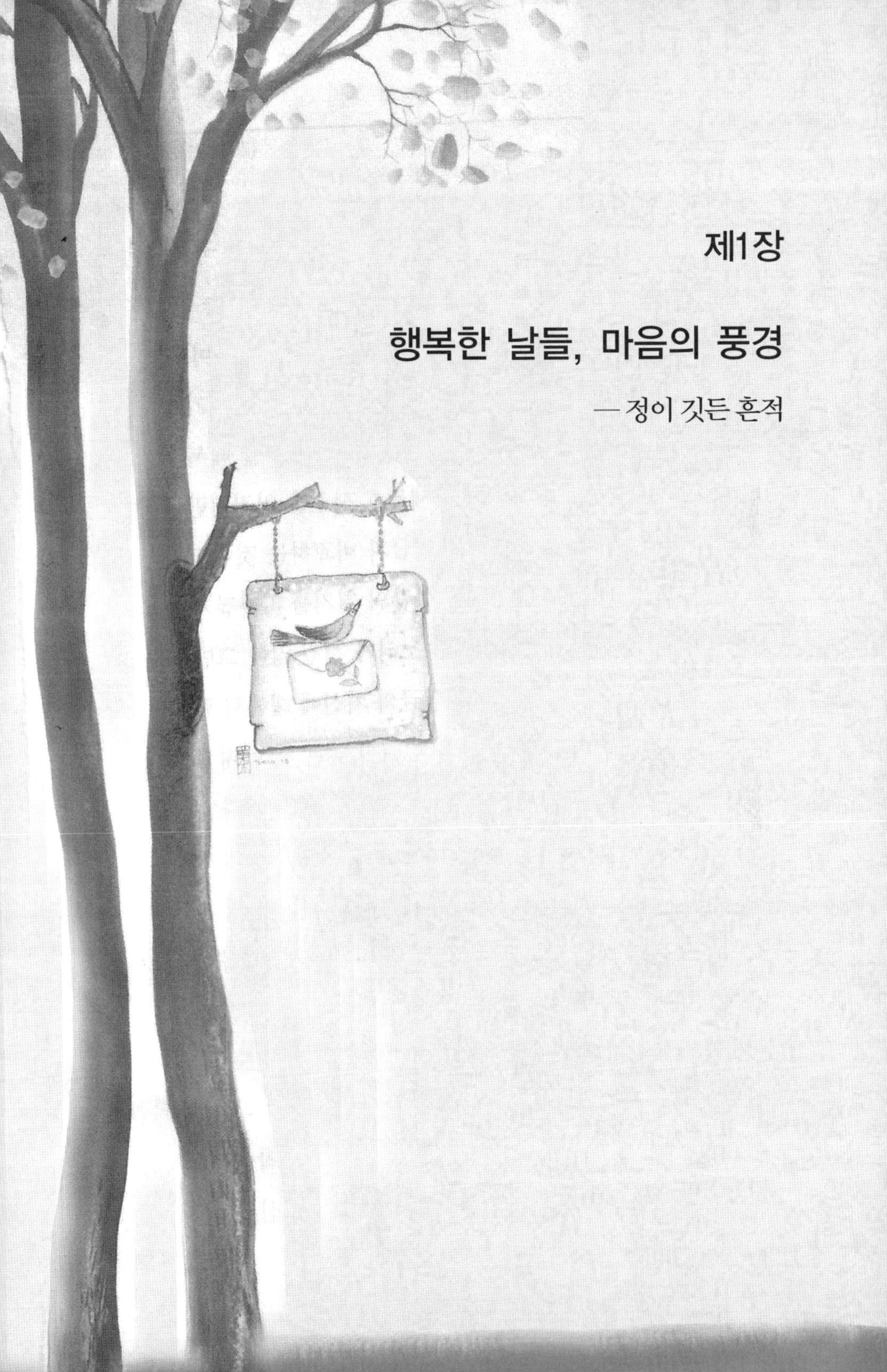

제1장

행복한 날들, 마음의 풍경

— 정이 깃든 흔적

그리운 금강산

'금강산도 식후경', '금강산을 못 보고 죽으면 저승에 못 간다.'

우리 선조들은 금강산을 어느 산과도 견줄 수 없는 최고의 명산으로 꼽았다.

금강산은 북한에 있어 쉽게 갈 수 없는 산이다. 나는 운 좋게도 그곳을 다녀왔다. 교류의 문이 잠시 열렸던 시기, 휴전선을 넘어 육로로 들어가는 2박 3일 여행이었다.

2004년 8월 24일 화요일, 친구 세 부부가 금강산으로 향했다. 내일 새벽에 군사분계선을 넘어야 하니, 첫날은 설악산의 산장에서 묵었다. 어슴푸레한 상현달이 설악골을 괴괴하게 비췄다. 금강산을 만난다는 설렘에 쉽게 잠이 오지 않았다.

새벽에 출발해 고성의 통일전망대에 도착하니 아침 여섯 시다. 불덩이 같은 해가 산 위로 솟아올랐다. 그 빛을 받으며 북녘 땅으로 들어섰다. 검문소를 통과하는 순간, 숨이 멎을 듯한 긴장감이 감돌았다. 같은 피를 나누고 같은 말을 쓰는 사람들이지만, 너무 오랜 세월 서로 다른 길을 걸어왔다는 생각이 들었다.

장전항에 도착하니 낯설었지만 편안했다. 잔잔한 파도, 바람조차 멈춘 듯한 적막이 고요했다. 수평선 아련히 펼쳐진 바다를 바라보니, 서로 이어진 바다인데 마음의 거리는 이토록 멀구나 싶었다.

온정각에서 구룡연 등산이 시작되었다. 구룡폭포가 떨어진 자리에 생긴 못이 구룡연이다. 겸재 정선과 단원 김홍도가 화폭에 담았다는 곳, 한반도 3대 폭포 중 하나다.

금강산은 듣던 대로 아름다웠다. 기암괴석들은 조각품처럼 우뚝우뚝 솟아 있었다. 햇살을 받아 반짝이는 계곡물은 맑은 옥수(玉水)였다. 목이 말라 북측 안내원에게 물을 살 수 있느냐고 물었더니 계곡을 가리키며 그 물을 마시라고 했다. 옥류담과 옥류폭포, 연주담을 지나 천황봉을 올려다보며 씩씩하게 걸었다.

계곡과 햇살, 나무와 돌이 그림처럼 조화를 이루었다. 기묘하고 우람한 바위마다 전설이 깃들어 있다. 바위에 새긴 붉은 찬양 문구는 눈에 거슬려 마음이 아렸다.

금강문을 지나 연주담에 이르자, 마침내 구룡폭포의 위용이 눈앞에 펼쳐졌다. 거대한 물줄기가 시원하게 쏟아진다. 마음속 번뇌까지 씻어내렸다.

"이 폭포를 보는 데 수십 년의 세월이 걸렸구나."

자연은 제 길을 가고 있건만, 인간이 만든 경계가 얼마나 높은지를 새삼 깨달았다.

북측 안내원들과의 만남도 기억에 남았다. 그들은 조심스러우면서도 따뜻했다. 그런데 웃으며 마주 보아도 왠지 서먹했다. 오랜 단절이 만든 틈이었을 것이다.

산행을 마치고 온정각으로 돌아와 온천에 몸을 담갔다. 창밖에는 금강산 능선이 병풍처럼 마주 서 있었다. 한 폭의 수묵화 같았다. 따스한 물에 몸을 맡기며 '그리운 금강산' 노래를 흥얼거렸다.

밤에는 북한 곡예단의 공연을 관람했다. 손에 땀을 쥐게 하는 묘기에 숨을 죽였다. 절도 있는 동작, 아찔한 공중비행, 완벽한 집중력. 그들은 단순한 연기자가 아니었다. 피와 땀으로 빚어진 예술가였다. 그들의 미소 뒤에 숨어 있을 눈물과 고단함을 생각하니 마음이 아릿했다. 그러나 그 순간만큼은 체제도 이념도 분단도 무의미했다. 우리는 같은 인간으로서 감탄하며 박수를 보냈다.

마지막 날은 삼일포 관광이었다. 바람조차 멈춘 듯한 호수는 한 폭의 그림이었다. 하늘을 담은 호수 위로 산 그림자가 드리웠다. 관동팔경의 하나답게 고요하고 청아했다. 우리 같으면 식당과 유흥시설로 복잡했을 텐데, 삼일포는 고요하게 옛 모습을 지켜내고 있었다. 그 정경이 부러워 떠나기 싫었다.

다시 올 수 있을지 기약할 수 없는 곳이라 돌아서는 발걸음이 무거웠다. 그렇게 나는 금강산을 뒤로했다. 그리고 21년이 흘렀다.

이제는 길이 닫혔지만 금강산은 여전히 내 안에 살아 있다. 구룡폭포의 물소리, 온천에서 바라보던 능선, 삼일포의 고요가 이따금 떠오른다. 그 여행은 단순한 관광이 아니었다. 분단의 현실을 온몸으로 느끼고, 통일의 의미를 생각하게 하는 시간이었다.

언젠가 다시 길이 열리면, 이번에는 서로 손을 잡고 금강산의 바람을 함께 쐬고 싶다. 아름다운 금강산을 자유롭게 오를 수 있는 날이 어서 오기를 기다린다.

특별한 경험

오늘 아침, 소파에 앉아서 조간신문을 읽고 있었다. 그때 휴대폰에서 평소 잘 듣지 못하던 특이한 소리가 울렸다. 전북 부안 근처에서 진도 4.8의 지진이 발생했으니 조심하라는 재난안내 문자였다.

얼른 텔레비전을 켰다. 작은 피해도 발생했고 먼 곳까지 진동이 전해져 놀랐다고 한다. 그런데 예진(豫震)일 뿐, 큰 지진이 발생할 수도 있다는 설명에 걱정스러워진다. 나에게는 지진에 대한 특별한 경험이 있기 때문이다.

직장에서 정년퇴직했으니 시간적 여유가 생겼다. 딸네가 사는 칠레에 가서 몇 달 가족과 함께 지내며 남미의 삶과 정취를 맛보고 싶어 여행을 떠났다.

로스앤젤레스 공항에서 칠레 항공으로 갈아타고 페루의 리마를 거쳐 칠레의 수도 산티아고에 도착했다. 국내 항공으로 갈아타고 테무코 공항으로 한 시간쯤 더 갔다. 긴 비행이 고단했지만 가족 상봉과 남미 여행의 기대로 설렜다. 종착지 테무코 공항에 내리니 추운 한국과 달리 한여름의 더운 날씨다. 딴 세상에 왔구나 싶다.

딸네 집은 릴리아나 콘도미니아(liliana condominia)라는 작은 마을에 있었다. 수영장이 있는 넓은 잔디정원이 예뻤다. 팬션처럼 예쁜 2층 목조 기와집 여덟 가구가 드문드문 정원 둘레에 살고 있었다. 먼 나라에서 고생하는 게 아닌가 걱정했는데 잘살고 있는 모습을 보니 기뻤다. 평화로운 마을 정경은 내 마음도 편안하게 해주었다.

칠레에 온 지 삼 일째 되는 날 밤이었다. 2층에서 자고 있었다. 굉음에 깜짝 놀라 눈을 번쩍 떴다. 세상이 뒤집히고 있었다. 집이 통째로 쉴 새 없이 비틀리며 으지직, 와장창, 쨍그랑 소리가 요란했다. 말 그대로 아비규환이었다. 직감적으로 지진임을 알았다.

아내가 내 다리를 붙들고 "어떡해." 하며 울부짖었다.

"지진이다! 집이 무너진다! 빨리 아이들을 데리고 밖으로 나가라!" 하고 소리쳤다. 그런데 일어서서 걸을 수가 없다. 기어서 1층으로 내려갔다. 딸이 재빨리 아이를 안고 밖으로 튀어 나갔다. 다행히 가족이 모두 집 밖으로 탈출했다. 새벽 3시 반이었다. 땅은 계속 울렁거리고 공포에 질린 가슴은 벌렁거렸다.

잔디정원에 사람들이 걱정스러운 표정으로 모여들었다. 하늘에는 둥근달이 별일 아니라는 듯 내려다보고 있었다. 그대로 밖에서 밤을 새웠다.

날이 밝아 자세히 보니 내진 설계가 잘되어 집은 무너지지 않았다. 철사로 꿰어서 지붕에 얹었던 기와들이 처마 밑에 대롱대롱 매달려 있다. 집 밖의 담장은 쓰러졌다. 길은 갈라졌고, 콘크리트 벽도 속살이 드러났다. 전기와 수도는 모두 끊기고, 핸드폰은 불통이다. 내가 칠레에 간 걸 아는 한국의 지인들이 무척 걱정했다고 한다.

나중에 발표를 보니, 산티아고 남서쪽 325km 해역에서 진도 8.8의 강진이 발생했다고 한다. 우리가 머무는 곳까지는 직선거리로 240km 정도 떨어진 거리이다. 먼 거리인데도 강진의 위력은 대단했다.

이것이 2010년 2월 27일 발생한 칠레 마울레 지역 지진이다. 500명 이상이 사망하고, 200만 명이 집을 잃었다. 이 지진은 1960년 발디비아 지진과 함께 세계적으로 가장 강력한 지진으로 등록되었다. 평생 처음인 특별한 경험이었다.

그래도 3개월 동안 두려움을 떨치며 잘 견뎌냈다. 가족과 함께 칠레 좋은 관광지를 두루 돌아보았다. 한여름인데도 정상에 눈이 하얗게 쌓인 안데스산맥을 바라보며 야외온천을 즐겼다. 남미 사람들의 삶과 정서를 엿볼 수 있는 공연도 관람하고, 삶의 현장을 살펴보기도 했다.

사위의 도움으로 인근의 몇 나라를 여행했다. 남미의 스위스라는 바릴로체와 이과수폭포를 본 것도 기억에 남는다. 탱고의 진수를 보고, 원시림 가운데에 만들어 놓은 골프장에서 골프를 즐긴 것도 잊지 못할 추억이 되었다. 무엇보다도 먼 남미에서 사위, 딸, 손녀, 손자와 즐겁게 지내니 행복했다.

모두 이국에서 맛본 특별한 경험이었다. 다만 땅이 흔들릴 때마다 지진의 공포가 다시 고개를 들곤 했다.

오늘 부안의 지진 소식은 그때의 기억을 떠올리게 했다. 우리나라도 지진 안전지대는 아니라고 한다. 즐비한 빌딩과 아파트를 바라보며 묻게 된다. 우리의 건물들은 안전한가. 유비무환이다. 안전한 나라에서 모두 편안하게 살았으면 좋겠다.

마음을 비추는 거울

아내가 동창들과 남쪽으로 꽃놀이 간다고 마음이 들떠 어제는 미용실에도 다녀왔다. 오늘이 나들이 가는 날이다. 아내는 한껏 환하게 차려입고 현관 한쪽 벽에 걸린 커다란 거울 앞에 서서 이리저리 옷매무새를 비춰본다.

지금은 어디에나 거울이 많다. 집안에 큰 거울이 여기저기 있고, 손거울도 몇 개는 있다. 집 밖에 나가면 건물 엘리베이터에도 있고, 화장실에도 있다. 사람들은 자기의 모습을 수시로 비춰보며 차림과 표정을 살피니 항상 깔끔하고 예쁘다.

거울이 없던 때를 생각해 본다. 아주 까만 옛날에는 거울이 없었다. 평생 남의 얼굴은 보아도 내 얼굴은 정확히 못 보고 살았을 것이다. 물에 비친 자기 얼굴을 보거나, 물체에 어른거리는 모습으로 내 얼굴을 짐작하고 살았을 것이다. 그래도 사람들은 자기 얼굴을 보고 싶었던 모양이다. 돌이나 쇠를 매끈하게 갈아서 거울로 썼다고 한다. 지금의 거울처럼 또렷하게 보였을 리 없다.

그리스 신화 오비디우스의 〈변신 이야기〉에 나오는 미소년 나르키소스는 호수에 비친 자기의 모습을 보고 사랑에 빠져 익사했다. 그 자리에서 피어난 꽃이 수선화라고 한다. 자기 사랑, 나르시시즘의 근원이다. 지금과 똑같은 거울만 있었다면 물에 비친 자기 모습을 사랑하다 익사하는 불상사는 없었을 것이다.

내가 어렸을 때는 거울이 귀했다. 어머니가 쓰시던 장롱 문짝 안에 작은 거울이 있었을 뿐이다. 결혼, 개업, 이사 같은 경사에 거울을 사다 선물하기도 했다.

〈거울을 처음 본 사람들〉이란 동화는 그 당시 사람들이 거울을 얼마나 희한한 물건으로 여겼는가를 재미있게 설명한다. 어느 순박한 시골 농부가 난생처음으로 한양 나들이를 갔다. 아내는 반달처럼 생긴 참빗을 사다 달라고 부탁했다. 한양에 간 농부는 아내가 부탁한 선물이 뭔지 잊어버렸다. 달 얘기만 생각이 났다. 하늘을 보니 마침 보름달이 떠 있었다. 그래서 동그란 거울 하나를 사서 가지고 와 아내에게 주었다.

거울을 들여다본 아내는 한양에서 젊은 첩을 숨겨 왔다고 투정을 부렸다. 시어머니가 보더니 늙은 할멈을 데리고 왔으니 신경 쓰지 말라고 다독였다. 가족이 볼 때마다 사람이 바뀌니 이건 분명 도깨비라고 고을 사또에게 갖다 바쳤다. 사또가 거울을 보고는 자기가 하는 대로 따라한다고 깜짝 놀라서 냅다 집어던지니 깨져버렸다. 모두 도깨비가 사라졌다고 좋아했다. 재미있는 동화지만 옛날에는 거울이 그처럼 생소한 것이었다는 반증이기도 하다.

여자들이 남자들보다 거울을 자주 보는 것 같다. 또 젊은이들이 나이 든 사람보다 더 자주 거울을 볼 것이다. 나도 젊었을 때는 지금보다 거울을 자주 보았다. 출근할 때 거울을 보면서 머리를 빗고 넥타이를 맸다. 누구든지 하는 일이다. 낮에 일할 때도 가끔 거울을 보면서 넥타이가 바르게 매어 있는지, 얼굴에 묻은 건 없는지 살폈다. 다른 사람이 함께 있을 때는 거울을 보는 것이 좀 쑥스럽다. 그래서 조그만 손거울을 책상 속에 넣어놓고 가끔 얼굴을 비춰보면서 용모를 점검했다. 매시간 학생들 앞에 서야 하니까 차림을 단정히 하기 위해서였다. 그런데 나이가 드니 거울을 보아도 별로 싱그러운 느낌이 들지 않는다. 청년이 사라지고 어두운 표정의 노인이 나타나기 때문이다. 그래서 젊을 때처럼 거울을 자주 보지 않게 된다. 노인들이 사진 찍는 걸 달가워하지 않는 것도 그런 까닭일 것이다.

생각해보면 노인들이 젊은이들보다 더 자주 거울을 보면서 얼굴도 가꾸고 매무시도 살펴야 하지 않을까 싶다. 젊은이는 젊음 그대로도 예쁘다. 그러나 노인의 얼굴은 그렇지 않다. 전철 경로석에 앉은 노인들의 표정을 보면 얼굴이 밝아 보기 좋은 노인도 있지만, 희로애락을 초월한 도인처럼 무표정한 사람도 있다. 처진 눈매, 꽉 다문 입술은 전투에서 패하고 돌아오는 병사 같기도 하고, 한바탕 멱살잡이라도 한 것 같은 표정이다. 세월 따라 생긴 주름이나 검버섯이야 어쩔 수 없다지만 표정이라도 밝게 가져야 마음도 환해지지 않을까.

나이 들어갈수록 잘 웃어야 한다. 평소에 신경을 써서 입꼬리를 살짝 올리고 웃는 표정을 하면 내 마음도 기쁘고 보는 사람도 기분이 좋다. 거울을 보고 웃는 연습을 자주 해야 한다. 나는 아침에 일어나면 먼저 거울을 본다. 잠자는 동안 흐트러진 나를 가지런히 다듬으며 빙그레 웃는다. 오늘 하루를 즐겁게 지내자는 다짐이기도 하다. 자주 웃으면 몸도 마음도 건강해진다.

외모뿐만 아니라 내면까지 들여다볼 수 있는 거울도 있었으면 좋겠다. 우리는 평생을 육안으로 내 앞의 형상만 보며 살아간다. 그것이 모든 것이라고 착각하고 산다. 육안만으로는 볼 수 없는 내면의 진짜 모습을 알아야 한다. 복잡한 삶 속에서 자꾸 얼룩져가는 영혼과 양심을 거울로 비춰보고, 내면에 쌓여있는 먼지를 말끔히 닦아낼 수 있다면 더 청정해질 것이다. 착하고 바른 사람의 내면을 비춰보면 여느 사람과 다른, 보석 같은 고운 마음이 가득할 것 같다.

거울을 보고 자주 웃자. 웃으면 복이 온다고 했다. 봄나들이 간 아내가 친구들과 실컷 웃고 왔으면 좋겠다.

예쁜 씨앗

오늘은 스승의 날이다. 퇴임한 지 오래인 나에게 46년 전, 시골 학교에서 가르쳤던 제자가 선물을 보냈다. 이제 환갑이 되었을 그 제자는 "선생님 감사합니다."라는 글과 함께 정성스럽게 포장된 떡을 보내왔다.

떡 상자 가운데에는 멥쌀로 빚은 빨간 카네이션꽃 모양의 떡이 놓여 있다. 그 떡을 여러 빛깔의 동그란 찹쌀떡들이 예쁘게 둘러싸고 있었다. 카네이션 잎사귀 떡은 하나하나 손으로 정성껏 빚었다고 한다. 송편을 만드는 것보다 더 많은 손길과 정성이 들었겠구나 싶었다. 고마운 마음에 선뜻 먹을 수가 없었다. 먼저 전화를 걸어 감사 인사를 전했다.

통화를 마치고 나니 그 시절이 아련하게 떠올랐다. 내가 그 학생들을 가르치던 때는 지금으로부터 거의 반세기 전, 한창 젊었던 나이 서른 즈음의 시절이었다.

그 학교는 바닷가 마을에 있었다. 수인선 협궤열차가 오가던 시절, 역에서 내려 바다 쪽으로 십 리 넘게 걸어야 겨우 도착할 수 있는 외진 곳이었다. 바닷가 마을이지만 사람들은 대부분 농사를 지었다. 봄이면 밭을 갈고 씨앗을 심어 작물을 키우고, 수확한 곡식은 인천까지 나가 팔았다. 정규 버스도 다니지 않던 때였다. 사람들은 걷거나 자전거를 타고 역까지 나가서 느릿한 협궤열차를 이용했다. 고단한 삶이었지만 사람들은 부지런하고 순박했다.

학교는 양지바른 들녘에 자리 잡고 있었다. 봄이면 화단에 박태기꽃이 빨갛게 피고, 가을이면 운동장 가장자리 나무들이 노랗게 물들었다. 조금만 걸어 나가면 서해의 푸른 바다가 시원하게 펼쳐지는 전형적인 시골 학교였다. 조화로운 자연 속에서 자라는 아이들은 착하고 천진난만했다.

그 시절 나는 열정이 넘치는 젊은 교사였다. 학원도 과외도 없던 시골에서는 교육의 일체가 학교에 있었다. 더욱 책임감을 느끼며 정성을 다해 가르쳤다. 매년 졸업반을 맡았다. 지식뿐만 아니라 좋은 인성을 심어주기 위해 애썼다. 교과과정에 없더라도 꼭 필요한 것은 주저 없이 가르쳤다.

가장 기억에 남는 일은 '심청전' 을 각색해 공연한 것이다. 교과서에 실린 이야기를 희곡 형식으로 바꾸고, 배역을 나누어 아이들과 함께 오랜 시간 연습했다. 무대 장치는 시골에서 구할 수 있는 재료로 만들었다. 직접 바닷가에 나가 파도 소리를 녹음해 보려고도 했다. 그러나 장비도 지식도 부족해 실패하고 말았다. 고민 끝에 방송국에 물으니, '파도 소리는 키에 콩을 넣고 흔들면 납니다.' 라는 설명을 듣고 그 방법으로 해결했다. 장난감 가게에서 사 온

새를 흔들어 새소리를 냈다. 그렇게 어렵게 준비한 연극은 큰 호응을 얻었고, 학부모들의 힘찬 박수를 받았다. 아이들의 마음에 오래도록 추억으로 간직될 예쁜 씨앗 하나를 심을 수 있었다. 오늘 떡을 보내온 제자 P는 그때 '심 봉사' 역할을 맡았던 학생이었다.

또 하나 잊지 못할 기억은 한 학생의 진학 문제였다. 졸업을 앞두고 한 학생이 진학을 포기하겠다고 말했다. 부모 없이 할머니와 사는 아이였다. 할머니는 입학금도 없고 앞으로 3년 동안 교복이며 학비를 감당할 길이 없다며 손을 내저었다. 졸업생 모두 진학하는데 한 아이만 못 가니 담임으로서 마음이 아팠다. 그때는 초등학교만 무상교육이었다.

고심 끝에 마을 이장을 찾아가 사정을 설명하고 도움을 청했다. 마을 사람들에게 아이의 사연을 알리고 모금 운동을 시작하자, 많은 이들의 따뜻한 마음이 모였다. 그 돈으로 통장을 만들어 할머니께 드리고, 혹시 모를 상황을 대비해 할머니와 이장 공동명의로 예금했다. 학교 등록금만 인출하는 조건이었다. 교복은 선배가 흔쾌히 물려주겠다고 나섰다.

졸업식 날, 도움을 준 마을 사람들을 모두 초청해 내가 직접 이름을 부르며 감사 인사를 전했다. 아이는 그렇게 진학할 수 있었고, 나는 그 아이의 마음속에 '배움의 예쁜 씨앗' 하나를 심을 수 있었다.

몇 해 뒤, 나는 그 학교를 떠났다. 이후 시화공단이 들어서며 마을과 학교는 흔적도 없이 사라졌다. 순박하고 따스한 사람들이 살던 마을, 아이들이 뛰놀던 교정, 봄이면 꽃 피고 가을이면 낙엽 지던 운동장이 아직도 눈에 선하다. 이제는 찾아갈 수 없다는 사실이 안타깝기만 하다.

그래도 고마운 것은, 제자들이 모이는 동창회에 가끔 나를 불러준다는 것이다. 환갑을 넘긴 그들, 만나면 연극 이야기, 운동회 이야기, 우리 집 앞에서 놀던 시절 이야기를 꺼낸다. 내 아이들의 이름을 기억하며 안부를 묻기도 한다. 어느 제자는 아직도 주말농장에서 기른 감자와 채소를 보내주고, 자녀의 결혼식에 주례를 맡아 달라며 정성스레 청하기도 했다.

그들은 내가 젊은 시절 정성껏 심었던 '예쁜 씨앗' 들이다. 이제는 사회의 당당한 어른으로 자라 내게 기쁨과 보람을 안겨주고 있다.

떡을 보낸 제자 P는 카카오톡에 이런 글을 써 보냈다.

"46년 전, 제 인격 형성에 많은 부분을 차지해주신 나의 선생님. 늘 즐겁고 건강하신 모습으로 지내세요. 고맙습니다."

예쁜 씨앗을 심으면 예쁜 꽃이 핀다. 나는 지금 그 꽃들을 흐뭇하게 바라보고 있다.

행복한 날들, 마음의 풍경

— 유럽 가족여행

〈된장찌개를 품고 떠난 여행〉

아들네가 독일 뮌헨으로 떠난 지 3년 반이 되었다. 코로나만 아니었으면 몇 번 오갔을 텐데, 한 번도 보지 못했다. 아내는 된장찌개를 좋아하는 그들이 먹을거리가 다른 곳에서 이상한 음식만 먹고 산다며 늘 안타까워했다. 아내는 여행의 설렘보다 한국 토종 음식을 먹일 수 있다는 기쁨이 더 큰 모양이다. 새벽 세 시에 일어나 냉장고에 얼려둔 음식들을 챙긴다. 여행 가방을 체중계에 여러 번 무게를 재고는 짐을 싼다. 칠레에 사는 딸네에 갈 때 음식들을 가지고 간 경험이 있어서 짐을 싸는 게 아주 능숙하다.

여행을 좋아하는 우리는 유럽을 여러 번 다녀왔다. 여름방학이 되면 으레 배낭을 메고 어딘가로 떠났다. 여행은 설렘이 있어 좋다. 문화가 다른 삶에 들어가 낯선 이들과 어울려 보는 것은 짜릿한 경험이다. 더구나 마음 맞는 이들과 함께하는 여행은 즐거움이 배가 된다. 이번 여행은 패키지여행이 아니니 마음이 편안하다.

한국 비행기는 뮌헨 직항이 없어서 독일 항공 루프트한자를 탔다. 12시간 비행 끝에 아내와 나는 뮌헨 공항에 내렸다. 초등학생으로 떠났던 손녀가 몇 년 사이에 키가 훌쩍 자랐고 예쁜 고등학생이 되었다. 가지고 간 총각무를 맛있게 먹는다. 아내의 입가에 미소가 번진다.

뮌헨은 베를린과 함부르크에 이어 독일에서 세 번째로 큰 도시이다. 알프스 북부의 이자르강을 끼고 있다. 2010년 영국의 잡지 〈모노클〉은 세계에서 가장 살기 좋은 도시로 뮌헨을 선정했다. 부자들이 많이 모여 산단다. 아들네 집은 조용한 주택가의 유럽식 3층 집이다. 여행사가 소개하는 유명 관광지는 전에 대개 가보았다. 이번에는 3주가량 머물며, 그간 가보지 못한 유럽의 아기자기한 명소를 돌아볼 생각이다.

뮌헨은 독일 남부 도시이다. 비행기를 타지 않아도 자동차로 몇 시간만 달리면 오스트리아, 스위스, 프랑스, 이탈리아의 관광지에 갈 수 있는 좋은 위치이다. 아우토반과 연결되어 있고 유로 존으로 묶여있어 여행하기도 편하다.

도착 다음날부터 뮌헨 시가지를 돌아보았다. 아들은 출근하고 손녀는 학교에 가니 며느리를 따라나섰다. 몇 년 살아서 그런지 며느리의 관광 안내가 가이드 급 수준이다. 며느리로서는 시부모가 어렵다는데, 스스럼없이 대하며 되도록 많이 보여주려고 노력하는 마음이 예쁘다.

아파트가 없는 거리 풍경은 단아하다. 시청 건물과 광장은 고풍스럽다. 시가지를 두루 구경하고 있는데 아들이 퇴근하자마자 부지런히 달려왔다. 번화가에 있는 맥주홀에 가서 술 한잔 마시며 저녁을 먹자고 한다.

뮌헨의 옥토버페스트 맥주 축제는 유명하다. 일본의 삿포로 눈 축제, 브라질의 리우카니발과 함께 세계 3대 축제로 꼽힌다. 축제가 열린 지 100년이 지난 지금도 가을 축제 기간이면 700만 명이 몰릴 정도로 엄청난 규모의 축제란다. 축제 기간이 좀 지난 늦가을이었는데도 맥주 열기는 여전했다. 우리가 찾아간 호프브라우하우스라는 맥주집은 굉장히 컸다. 16세기에 지었다는 고풍스러운 3층 건물 맥주집이다. 악단의 연주가 분위기를 띄우는 가운데, 수많은 남녀가 빼곡하게 앉아 맥주를 마신다. 웅성거리는 소리가 건물이 흔들리는 게 아닌가 싶은 착각을 느끼게 했다. 나도 그 속에 끼어 '슈타르크비어' 를 마시고 싶었다. 빈자리가 없었다. 아쉬웠지만 할 수 없이 거리로 나왔다. 뮌헨의 밤거리 노천카페에 앉아 맥주를 마셨다. 늦가을 서늘한 바람에 맥주는 시원했고, 가족과 함께 즐기니 행복했다.

〈영국정원에서 페달을 밟다〉

한국에도 요즘 자전거길을 잘 만들어놓은 곳이 많다. 라이딩을 즐기는 사람이 꽤 늘었다. 뮌헨은 도시 전체가 자전거 친화적이다. 모든 길에 자전거 도로가 나란히 있다. 보행자가 자전거길을 점유하는 일이 거의 없다. 나도 몇 번 잘못 들어섰다가 민망하여 얼른 인도로 발을 옮겼다. 독일 아이들은 자전거 교육을 의무적으로 받으며 자란단다. 자전거 방향을 바꿀 때마다 손을 들어 수신호를 보내는 모습이 인상 깊었다. 뒤에 따라오는 자전거에 대한 배려였다.

오늘은 아들과 함께 자전거를 타고 집에서 2km쯤 떨어진 '영국정원(Englischer Garten)' 에 갔다. 독일 뮌헨 한복판에 웬 영국정원일까 싶었다. 안내판을 보니 18세기에 카를 테오도르 선제후가 당시 유행대로 영국식으로 정원을 만들었기 때문이란다. 뮌헨의 영국정원은 세계에서 가장 큰 도시공원이다. 뉴욕의 센트럴파크보다도 훨씬 크다고 한다. 이름은 정원이지만 거대한 공원이다. 단순한 공원이 아니다. 숲과 냇물, 호수와 잔디밭이 조화를 이루는 거대한 자연 쉼터였다.

엊그제 아내와 둘이 왔을 때는 언덕 위 고풍스러운 전망대에 올라가 주변을 내려다보았다. 늦가을이라 넓은 잔디밭은 연초록으로 변해갔다. 가을 햇살이 쏟아지는 잔디밭에는 산책 나온 가족들이 모여 한가로운 시간을 보내고 있었다. 곱게 단풍 든 큰 나무들이 줄지어 서 있다. 금발 머리 젊은이가 음료수와 맥주를 수북하게 쌓아놓고 신나는 음악에 맞춰 몸을 요란하게 흔들며 춤을 추었다. 손님을 부르나 보다.

오늘은 자전거를 타고 그 풍경 속을 달렸다. 자전거 페달을 열심히 밟으며 아들의 뒤를 따라갔다. 자전거는 잔디밭 사잇길을 달렸다. 낙엽이 쌓인 나무 밑을 지났다. 맑은 물이 흐르는 시냇물 위의 다리도 건넜다. 넓은 호수가 나타났다. 백조와 오리들이 한가롭게 노닌다. 호수 가에는 맥주를 마시는 비어가든이 있고 의자가 많이 놓여있다. 호수를 바라보며 좋은 사람들과 어울려 맥주를 마시는 정경을 그려보았다. 축구 경기가 있거나 축제 때에는 많은 사람이 모여든단다. 대형 모니터로 중계방송을 보고 맥주를 마시며 열광한다니 그 함성이 들리는 듯했다.

이곳에는 자동차도 다니지 않고 주차장도 없다. 대신 자전거, 산책, 서핑, 자연과의 공존이 있다. 나는 오늘 청정하고 쾌적한 영국 정원에서 아들과 똑같은 속도로 페달을 밟으며 마음을 나누었다. 오래 기억될 유쾌한 날이었다.

〈돌로미티의 노을, 잘츠부르크의 성곽〉

정해진 날은 빨리 돌아온다. 오래 못 만난 가족도 보고, 유럽 여행도 즐기려고 뮌헨에 왔다. 3주가 길다고 여겼는데 벌써 한국으로 돌아갈 날이 얼마 남지 않았다. 그간 뮌헨을 거점으로 이웃 나라 여러 곳을 여행했다. 프랑스의 스트라스부르크와 콜마르를 여행하고, 스위스의 취리히도 돌아보았다.

손녀의 가을방학에 맞춰 아들이 회사에 휴가를 냈다. 온 가족이 4박 5일간 이탈리아 여행을 갔다. 브라이스 호수에서 노를 저으며 재미있게 뱃놀이를 즐겼다.

돌로미티는 하늘을 찌를 듯 우뚝 솟은 알프스 산봉우리들이 장관이다. 패러글라이딩을 즐기는 사람들이 하늘에 닿은 산봉우리 주변을 점점이 날고 있다. 산을 걸터앉은 노을이 그림처럼 예뻐질 때까지 종일 절경을 감상하며 노천 스파를 즐겼다. 오래 잊지 못할 추억이다.

2026년 동계올림픽이 열릴 예정인 코르티나담페초는 그림 같은 마을이었다. 집들은 꽃으로 장식되어서 마치 예쁜 공주가 사는 집

같았다. 거리에는 올림픽 개최를 알리는 휘장이 바람에 나부꼈다. 하늘을 향해 치솟은 바위산들이 빙 둘러 마을을 감싸고 있었다. 저 산 어딘가에서 세계의 건각들이 스키점프의 기량을 펼치는 모습을 상상하며, 동계올림픽 개최 예정지를 돌아보았다.

아내가 손녀에게 예쁜 옷을 사주었다. 손녀가 옷을 고르는 동안 아들과 나는 대로변 노천카페에서 맥주를 마시며 한동안 이야기를 나누었다.

밀라노 대성당 지붕에 올라가 보기도 하고, 악기를 연주하며 노래하고 춤추는 밀라노의 색다른 밤거리 풍경을 눈여겨보았다.

이탈리아의 유명한 휴양지인 꼬모의 '트르노' 별장에서 이틀 밤을 묵었다. 거실에서 내다보면 바로 앞에 호수가 보인다. 넓은 호수를 품은 산자락 풍경은 한 폭의 그림이다. 산악열차 후니쿨라를 타고 산에 올라 꼬모호수를 내려다보았다. 호수에서 모터보트를 타고 질주하며 산기슭의 가을 풍경과 고풍스러운 저택을 감상했다. 별장에서 걸어 내려가 밤이 이슥하도록 호숫가 레스토랑에서 정식 이태리 코스요리를 먹었다. 아들은 꼭 하고 싶었던 꿈이 이루어졌다며 좋아했다. 우리 부부에게도 아들네 가족과 함께한 즐겁고 행복한 밤이었다.

이제 오늘 일정이 이번 여정의 마지막 여행이다. 오스트리아 잘츠부르크를 보러 가는 날이다. 어제도 며느리는 우리 부부를 싣고 독일에서 가장 높다는 산 '쭈꾸스비체'를 다녀왔다. 백두산보다 높은데도 케이블카를 타고 정상에 오를 수 있다. 하얀 눈이 쌓이고, 안개 자욱한 정상의 카페에서 따끈한 와인을 마시며 몸을 녹였던 것도 추억이 되리라.

오늘도 며느리가 운전하는 차를 타고 우리 부부는 잘츠부르크로 갔다. 피곤할 텐데도 좋은 곳을 더 보여주려는 며느리의 맘이 예쁘다. 뮌헨에서 두 시간이면 국경을 넘어 거기에 도착한다. 날씨가 좋아 가을볕이 해맑다. 늦가을 정취가 물씬 풍긴다. 차창에서 내다뵈는 풍광이 아름답다. 평화로운 마을, 연녹색 초원, 한가로이 풀을 뜯는 소와 양떼들, 골안개 드리운 산자락, 빨갛고 노란 단풍이 곱다.

도착하자마자 먼저 호엔잘츠부르크 성을 보았다. 천 년 전에 세워졌다는 높은 언덕 위의 거대한 요새다. 산악열차를 타고 단숨에 올라갔다. 눈앞에 도시의 전경이 한눈에 보이고, 멀리 알프스 산줄기가 병풍처럼 둘러서 있다. 잘자흐강이 도심으로 유유히 흐른다. 시내는 큰 빌딩도 별로 없다. 옛날 모습 그대로 고풍스럽다. 잘츠부르크는 예부터 암염광산이 유명했단다. 잘츠부르크의 잘츠가 본디 소금(salz)을 뜻한다. 지금은 유네스코 세계문화유산이 되었다.

호엔잘츠브르크 성을 한 바퀴 돌며 구석구석을 살펴보았다. 박물관도 들어가 보고 의자에 앉아 가만히 눈을 감아 보기도 했다. 옛 병사들의 말발굽 소리와 창칼이 요란하게 부딪는 소리가 들리는 듯하다. 성 위를 걷다 보니, 넓은 초원이 훤히 내려다보이는 전망 좋은 카페가 있다. 관광객이 꽉 차게 앉아 맥주를 마신다. 다행히 빈자리가 하나 있다. 웨이터를 불러 주문하니 오래 기다려야 한단다. 사람이 많은 걸 보면 퍽 시간이 걸릴 것 같아 취소하고 그냥 성을 내려왔다.

모차르트 생가가 있는 단아한 골목길을 천천히 걸었다. 노란색 건물에 하얀색 글씨로 '모차르트 생가' 라고 쓰여 있다. 이 건물 3층에서 모차르트가 살았단다. 모차르트의 음악은 들을 수 없었고, 관광 수레를 끄는 말발굽 소리만 따닥따닥 애처로웠다. 말의 눈에는 앞만 보도록 특수한 안경을 씌웠다.

점심은 며느리가 찾아낸 한식당 '무궁화' 에서 돌솥비빔밥을 먹었다. 한국 사람들을 만나니 반갑다. 점심을 먹은 후, 우리 부부는 며느리의 안내로 미라벨궁 정원을 관람했다. 줄리 앤드루스가 주연한 영화 〈사운드 오브 뮤직〉의 도레미 송 장면을 촬영한 정원이다. 늦가을이라 그런지 좀 썰렁한 느낌이 들었다.

이제 21일간의 뮌헨 일정이 모두 끝났다. 오래 못 본 가족을 만나서 반가웠고, 함께 지내니 즐겁고 행복했다. 좋은 여행도 하면서 효도도 받았고 사랑도 나누었다. 이제 또 세월이 한참 흘러야 다시 만날 수 있을 것이다. 뮌헨 공항에서 우리가 검색대를 통과할 때까지 돌아가지 않고 손을 흔드는 아들 며느리의 손이 너무 예뻤다. 우리도 걸음을 멈추고 뒤돌아서서 한동안 손을 흔들었다.

나는 오늘도 며느리가 만들어준 여행 동영상을 보며 그날을 회상한다. 고운 추억이어서 행복한 마음이다.

착한 거짓말

우리는 다른 사람들과 말을 주고받으며 살아간다. 그 말이 모두 진실은 아니다. 사실과 다르거나 진짜 속마음이 아닌 거짓이 섞여 있을 수도 있다. 다만 그 거짓말에 악의가 없고 상처가 되지 않는다면 대수롭지 않게 흘려보내곤 한다. 때로는 유익한 거짓말이 필요할 때도 있다.

영국에는 '거짓말에는 새빨간 거짓말과 하얀 거짓말이 있다' 는 속담이 있다고 한다. 새빨간 거짓말은 불순한 마음으로 상대를 속이는 것이고, 하얀 거짓말은 사랑과 배려에서 비롯된 위로의 말이다. 우리나라에서도 '하얀 거짓말' 이라는 드라마가 방영된 적이 있다. 내게도 잊히지 않는 하얀 거짓말이 있다.

교직 초년 시절, 졸업반 담임을 맡고 있었을 때의 일이다. 당시에는 글쓰기와 생활지도의 일환으로 학생들에게 일기를 쓰게 했다. 교사는 일기장을 매일 검사해 돌려주었다. 칭찬과 조언을 써주고, 때로는 상담까지 해야 했다. 학생과 교사 모두 적잖은 부담을 안고 있었다.

우리 반에 또래보다 성숙한 여학생이 있었다. 이제 막 사춘기에 접어들기 시작한 이 학생은 자신의 미모에 대해 관심이 많았다. 그런 마음이 일기장에 나타났다. 그런데 안타깝게도 일기 내용은 부정적이었다.

"나는 뚱뚱하고 못생겨서 나를 좋아하는 남학생은 아무도 없을 거야."

처음에는 가볍게 조언했다.

"선생님이 보기엔 너는 귀엽고 예쁘다. 자신감을 가져라."는 말을 일기장에 써주었다.

그러나 학생은 "나를 예쁘다고 하는 사람은 부모님과 선생님뿐이에요."라며 더욱 비관적인 일기를 썼다.

어떻게 하면 긍정적인 마음을 갖게 해 줄 수 있을까 고민했다. 뚜렷한 방법이 떠오르지 않았다. 상담도 해보았지만 어두운 기운은 사라지지 않았다. 그러다 문득 '플라시보 효과(placebo effect)'가 떠올랐다. 누군가 자신을 좋아한다는 믿음을 주면 변할 수도 있겠다는 생각이 들었다. 나는 그 학생의 일기장에 빨간 글씨로 이렇게 써주었다.

"우리 반의 한 남학생이 너를 좋아한단다." 물론 거짓말이었다. 학생은 누구냐고 물었다.

"그 남학생의 일기장에서 알게 된 것이다. 하지만 다른 사람의 일기를 함부로 공개할 수 없으니 이름을 말해줄 수 없다."고 둘러댔다. 이것 역시 거짓말이었다.

그날 이후 학생의 모습은 놀랍게 달라졌다. 옷차림이 밝아지고, 수업 시간의 발표도 적극적으로 잘했다. 친구들과도 잘 어울렸다. 일기 내용도 즐거운 이야기로 바뀌었다. 착한 거짓말이 학생의 일상을 바꾸어 놓은 것이다.

졸업식 날, 그 학생이 혼자 나를 찾아와 물었다.

"선생님, 저를 좋아한다던 그 남학생이 누구예요? 이제는 말해 주셔야죠."

나는 순간 난처했지만 이렇게 답했다.

"아직은 말해줄 수 없구나. 네가 어른이 되면 그때 알려주마."

그 뒤로 다시 만날 기회가 없었다. 다른 제자를 통해 결혼해서 아이 낳고 잘살고 있다는 소식을 들었을 뿐이다. 이제는 그도 선생님의 하얀 거짓말을 알고 이해할 것이다.

착한 거짓말은 때로는 진실보다 더 큰 힘을 발휘한다. 사실이 상처를 만들 때, 거짓은 위로가 될 수도 있다. 결국 중요한 것은 진실이냐 거짓이냐가 아니라, 그 말에 담긴 사랑의 마음일 것이다.

뿌리

우리 집 베란다에 화분이 몇 개 있다. 관상용인 소사나무와 동백나무 분재가 있고, 꽃을 보려고 기르는 풀꽃 화분도 있다. 자주 들여다보며 무료한 시간을 메운다. 물을 주고 이따금 거름을 준다. 어느 때는 중얼중얼 대화도 나눈다. 나의 애완식물이다.

화분들은 해마다 베란다에서 겨울을 난다. 베란다는 기온이 영하로 내려가는 일이 드물다. 몹시 춥다는 예보가 있으면 비닐로 감싸준다. 지난 1월 어느 날 아침이었다. 베란다에 나가보니 제라늄 이파리가 축 늘어져 있다. 간밤에 기온이 많이 내려가서 냉해를 입은 모양이다. 서둘러 따뜻한 거실 안으로 들여놓았다.

이파리가 다시 살아날지도 모른다는 기대를 했다. 그런데 며칠이 지나도 그대로다. 살아나기는커녕 이파리가 점점 마르더니 하나둘씩 떨어지기 시작한다. 결국 잎은 다 떨어지고 줄기만 앙상하게 남았다. 여러 해 정성을 들인 화분이다. 여름날이면 빨간 꽃을 피워 우리를 기쁘게 했다. 내가 관리를 잘못해 죽였구나 싶어 속상했다.

아내는 죽은 제라늄을 내다버리라고 했다. 얼른 버릴 수가 없었다. 뿌리가 얼지 않고 살아있다면, 새봄에 다시 살아나지 않을까 싶었기 때문이다. 거실 한쪽에 놓아두고 가끔 물을 주었다.

봄이 되었다. 유리창을 넘어온 봄기운이 베란다에 가득하다. 동백은 봄이 오는 소리를 먼저 들었다. 2월에 빨간 꽃을 피웠다. 제라늄은 소생할 가망이 없나 보다. 내다버리려고 마음먹었다. 햇볕이 환한 베란다로 들고 나왔다. 줄기를 자세히 살펴보았다. 아주 작고 여린 이파리가 살짝 손을 내밀고 있는 게 아닌가. 하나도 아니고 여기저기 몇 개가 보인다. 죽지 않았다. 뿌리는 살아있어서 이파리를 다시 밀어내고 있다. 참 반가웠다.

식물은 뿌리가 건실해야 잘 자라서 꽃도 예쁘고 열매도 많이 달린다. 인천대공원 위 장수동에는 수령이 800년 이상으로 추정되는 커다란 은행나무가 있다. 고려 중엽부터 그 자리에 서서 세상의 풍파를 지켜본 나무라고 생각하니 신비스럽기까지 하다. 몇 아름이나 되는 큰 은행나무다. 나무 모양도 멋지다. 지금도 아주 싱싱하고 튼튼하다. 겉에서 볼 수는 없지만 분명 뿌리가 아주 튼실할 것이다. 가을엔 은행잎이 노랗게 물들어 많은 사람의 사랑을 받는다.

우리 인간의 뿌리는 무엇인가? 한국 사람들은 연고(緣故)를 중요하게 여겨 왔다. 바로 혈연(血緣), 지연(地緣), 학연(學緣)이 우리의 뿌리라고 생각한다.

혈연은 예부터 같은 핏줄로 이어져 온 가족, 친족이다. 족보는 이 혈연의 흐름을 기록으로 남겨 후대에 전하려는 노력이다. 현재까지 남아있는 족보 중에 가장 오래된 족보는 1545년에 만들어진 청송심씨의 목판본 족보라고 한다. 임진왜란 반세기 전에 만들었다. 족보 관련 위원회에서 오래된 족보를 더 많이 수집하여 유네스코 세계기록유산 등재를 추진한다는 소식이다. 처음 보는 사람이라도 같은 성씨이고 본이 같으면 더 친밀감을 느낀다. 뿌리가 같기 때문이다. 종친회는 성과 본이 같은 일가붙이들의 모임이다. 옛날에는 뿌리가 약한 떠돌이는 돈을 주고 다른 성씨를 빌려서 그 족보에 얹기도 했다. 뿌리를 그만큼 중시했기 때문에 벌어진 편법이었다.

고향이 같은 사람들과의 인연을 지연이라고 한다. 옛날에는 대개 고향에서 평생 살았다. 산업화 이후에 직장, 공부, 결혼 등을 이유로 살던 지역을 떠나게 되었다. 새로운 정착지에 모인 사람들은 향우회 같은 모임을 만들어 교류하면서 동향(同鄕)의 정을 나눈다. 이 또한 고향이라는 뿌리 때문이다.

학연도 중요한 우리의 뿌리이다. 학창 시절 함께 공부한 사람들끼리 동문회를 만들어 이런저런 활동을 한다. 이들은 친하게 지내며 정보를 나누고 서로 돕는다. 학연이라는 뿌리를 소중하게 여기기 때문이다.

혈연, 지연, 학연의 뿌리는 인연이다. 우리의 삶에 긍정적인 활력소가 될 수 있다. 정으로 맺은 인간관계로서 상부상조하면서 삶의 질을 높일 수 있기 때문이다. 우리 사회에는 이런 인연의 뿌리가 얽혀 있다.

이러한 연고가 꼭 긍정적으로 작동되는 것만은 아니다. 인간의 뿌리인 연고가 잘못 작동되면 병폐를 만들기도 한다. 연고에 집착하여 그걸 우선시하면 사회는 건실할 수 없다. 역사적으로도 이러한 병폐가 사회를 혼란스럽게 했던 일이 수두룩하다. 반드시 교훈으로 삼아야 할 일이다. 오늘날에도 여러 분야에서 그런 병폐는 없는지 살펴볼 필요가 있다.

MZ세대로 불리는 젊은이들은 뿌리에 대해 그리 중요하게 생각하지 않는 경향이 있다. 현재의 나와 네가 중요하다는 생각일 것이다. 맞는 말이기도 하다. 그런 생각으로 살면 내 편, 네 편, 편 가르기에서 생기는 갈등은 많이 해소될 수 있을 것 같다.

그러나 뿌리 없는 나무는 없다. 연고로 이어진 가족, 친구, 지인, 동료들은 소중한 나의 자산이다. 연고를 뿌리로 그들과 나누는 사랑과 존중은 고리타분한 옛 가치가 아니다. 뿌리에서 출발한 사람다움이다.

조선 세종대왕 때의 《용비어천가》에는 "뿌리 깊은 나무는 바람에 아니 흔들리나니 꽃 좋고 열매 많으니"라는 말씀이 있다. 조선왕조의 건국을 나무의 뿌리에 견주어 노래했다.

오늘의 우리도 공존의 가치를 반듯하게 세울 깊고 튼튼한 뿌리를 길러야 한다. 그래야 행복의 꽃을 곱게 피우고 풍요로운 열매를 거둘 수 있다. 그런 뿌리가 우리에게 정말로 좋은 뿌리이기 때문이다.

이제 막 싹이 트기 시작한 우리 집 베란다의 제라늄이 어서 쑥쑥 자랐으면 좋겠다. 제라늄을 살려낸 뿌리에 밑거름을 주어야겠다.

막걸리와 양재기 술잔

토요일 아침이다. 곤히 자고 일어나 밖을 내다보니 비가 부슬부슬 내린다. 베란다 밖 난간에 빗방울이 조롱조롱 맺혔다가 떨어지곤 한다. 문득 어머니가 술을 거를 때 쳇다리에서 떨어지던 막걸리 방울이 떠오른다.

아내가 내 눈치를 살피며 말한다. 오늘은 비가 오니 아침은 간단히 누룽지나 끓여먹고, 점심에는 부침개를 부쳐 먹자고 한다. 부침개 소리에 군침이 돈다. 밖에 나가지 말고 막걸리나 사다가 집에서 한잔 마시면 좋겠다.

그러나 오늘은 친구들 모임이 있는 날이다. 점심때의 술 모임이다. 왜 하필이면 토요일에 만나는지 모르겠다고 구시렁거리며 집을 나섰다. 비는 여전히 내린다.

그때는 민족중흥의 역사적 사명을 띠고 새마을운동이 한창이었다. 퇴근 시간이 되면 열심히 일한 군상들이 먹자골목으로 모여들었다. 전주집, 욕쟁이할매집, 영자네, 골목집…. 술집 간판을 읽으며 기웃기웃 안을 들여다본다. 부침개를 부치는 기름 냄새가 진하게 스며든다.

서너 평 좁은 술집엔 둥그런 양은 식탁이 몇 개 놓여 있다. 술꾼들이 탁자에 빙 둘러앉는다. 안주로 빈대떡을 주문하고 막걸리 한 주전자를 시킨다. 앞치마를 두른 주모가 빈대떡을 부쳐 내온다. 누런 양은 주전자에 뽀얀 막걸리가 찰랑찰랑하다. 술잔은 양재기다. 막걸리가 목줄을 타고 콸콸 넘어간다. 주모도 손님과 섞여 앉아 술을 마신다. 술기운이 돌면 젓가락 장단을 치며 노래를 부른다. 김정구의 '눈물 젖은 두만강', 남인수의 '가거라 3.8선', 이미자의 '동백 아가씨', 한정자의 '오동동 타령'은 단골 18번이었다. 젓가락 장단에 맞춰 부르는 옛 유행가는 참 구성졌다.

중국의 후한서(後漢書) 동이열전(東夷烈傳)에는 2,000여 년 전 우리 선조들의 모습이 적혀 있다, "동이족(東夷族)들은 술 마시고 노래하며 춤추기를 좋아한다〔憙飮酒歌舞〕"고 기록되어 있다. 그 후예인 우리도 낮에는 열심히 일하고, 퇴근길에는 뒷골목 술집에서 막걸리를 마시며 풍악을 즐겼다. 물려받은 음주 가무의 DNA가 살아있는 것이다.

고대 수메르인들이 BC 4500년경 포도주를 만든 것이 술의 기원이라고 한다. 술은 처음부터 인류와 함께했다고 해도 과언이 아니다. 술 좋아하던 내 친구 M은 술 첫잔을 마시기 전에 "술은 인류가 만든 최고의 걸작, 멋지게 마시자."라고 예찬하고 마셨다. 술꾼들의 술 찬미를 열거하자면 차고 넘친다. 《징비록》의 저자 서애 유성룡은 세상에서 가장 아름다운 소리는 "새벽 잠결에 들리는 작은 통에 아내가 술 거르는 소리〔曉窓睡餘 小槽酒滴聲〕"라고 했다.

우리 어머니는 술을 잘 빚으셨다. 잘 익은 술독에 용수를 박아 동동주를 떠내고, 남은 술지게미를 퍼내 막걸리를 걸러냈다. 체에 담긴 술지게미를 쥐어짜면 쳇다리를 타고 막걸리가 방울방울 떨어졌다. 찰랑찰랑 동이에 가득하던 뽀얀 막걸리가 떠오른다. 어머니는 막걸리 심부름을 가끔 시키셨다. 누런 양은 주전자에 막걸리를 담아 들에서 일하시는 아버지께 갖다 드렸다. 아버지는 막걸리를 양재기 술잔에 따라 맛있게 드셨다.

술꾼들은 취하기 위해 술을 마시는 것이 아니다. 분위기로 마시고 취한다. 막걸리는 흥을 돋운다. 잔칫상의 단골 메뉴다. 막걸리를 마셔야만 노래를 부르고 춤을 추어 잔칫집 분위기가 살아난다. 막걸리는 농부들의 고단함을 달래주는 농주다. 땡볕에서 비지땀을 흘리며 힘든 일을 하다가 나무 그늘에 앉아 마시는 한잔의 막걸리는 피곤을 풀어주는 감로주다.

술을 마시며 우정을 돈독히 쌓고, 앙금도 쉽게 푼다. 비극 작가 에우리피데스는 "한 잔의 술은 재판관보다 더 빨리 분쟁을 해결해준다."고 했다. 사랑도 술을 곁들이면 더 달콤하다. 노르웨이 신혼부부는 한 달 내내 벌꿀 술을 마시는 전통이 있다니, 그 사랑이 얼마나 달콤하겠는가. 그래서 '허니문(honey moon)' 이라고 한단다.

문인들의 술 사랑도 대단했다. 이태백, 도연명 같은 시인들도 술을 무척 좋아했다. 옛날 명동의 '은성' 이란 술집은 시인, 극작가, 가수들의 아지트였다. 막걸리를 마시며 시를 쓰고, 작곡하고, 노래를 부르고, 모인 술꾼들이 박수하며 환호하는 걸 상상해 보라. 환상적이지 않은가. 풍류의 극치다.

친구들 다섯 명이 석바위 S집에 모였다. 밖에는 여전히 비가 내린다. 비 탓인지 술집에는 손님이 없어 썰렁하다. 그 집은 빈대떡이나 파전 같은 안주는 없고 완전 고깃집이다.

"비 오는 날에는 빈대떡을 부쳐 놓고 막걸리를 마셔야 제격인데…." K가 중얼거린다.

석쇠의 고기를 뒤집으며 버릇처럼 막걸리 두 병을 시켰다. 주인이 묻는다.

"막걸리를 주전자에 담아드릴까요?"

"네~ 좋지요!"

주인이 가져온 막걸리 주전자는 뜻밖에도 오래된 누런 양은 주전자다. 술잔은 양재기다. 오랜만의 만남이라 반가웠다. 주전자 뚜껑을 열어보니 뽀얀 막걸리가 독특한 향기로 다가온다. 플라스틱병보다 양은 주전자에 담긴 막걸리가 훨씬 더 감칠맛이 난다. 막걸리를 양재기 술잔에 따른다. 비 오는 날 막걸리 술잔의 원조인 양재기 술잔을 높이 들어 건배하니 술맛이 절로 난다. 친구들은 옛날로 돌아가 새마을운동이 한창이던 시절, 뒷골목 니나노 술집에서 체험했던 에피소드를 한동안 쏟아냈다. 비록 오늘은 젓가락 장단을 두들기며 흘러간 노래를 부르지는 못했지만, 마음은 옛날로 돌아가 취흥이 한껏 드높았다.

강나루 건너서 밀밭 길을
구름에 달 가듯이 가는 나그네
길은 외줄기 남도 삼백 리
술 익는 마을마다 타는 저녁놀
구름에 달 가듯이 가는 나그네

'오동동 타령' 노래 대신, 내가 좋아하는 박목월의 〈나그네〉 시 한 수를 구성지게 읊었다.

다시 오르다

오늘 오랜만에 계양산 정상에 도전했다. 몇 해 전까지만 해도 일주일에 두세 번은 꼭대기에 오르곤 했다. 친구들과 함께하기도 했고, 혼자서도 잘 올랐다. 아내와도 여러 번 동행했다. 그중 가장 기억에 남는 건, 초등학교 3학년이던 손녀와 눈 덮인 계양산을 함께 오른 날이다. 그 손녀가 이제 대학생이 되었다.

나는 몇 해 전부터는 정상을 밟지 못했다. 코로나를 핑계 댔지만 실은 자신이 없었다. 특별히 아픈 곳은 없지만 나이가 드니 정상이 멀게만 느껴졌다. 그래도 동행이 있으면 용기를 내서 더러 정상에 올랐을지도 모른다. 아내는 무릎이 아프다고 더는 나서지 않는다. 퇴임 후 산에 즐겁게 동행하던 절친은 코로나로 세상을 떠났다. 대개 다른 친구들은 손사래를 친다. 산은 좋아하지만 '지금 이 나이에 무슨 정상에 오르느냐' 는 것이다. 노인이 혼자 산에 가면 위험하니 절대 안 된다는 안전교육도 나를 주저앉혔다.

계양산은 인천에서 가장 높다고 하지만 해발 395미터다. 아주 높은 산은 아니다. 그래도 노인에게는 만만치 않다. 내 걸음으로는 두 시간 반쯤 걸려야 오르내릴 수 있다. 요즘에는 앞산인 '앞메산'에 올라가서 멀리 정상의 철탑을 바라보며 지난날을 떠올리곤 한다. 언젠가 오르고 싶어도 못 오를 때가 오리라 예감했는데, 그 시간이 도래한 것이다.

그런데 오늘 다시 정상에 올랐다. 며칠 전, 부천에 사는 고향 친구에게 전화가 왔다. 그는 날마다 산에 오른다며 체력을 자랑하곤 했다. 순간 이 친구와 함께라면 다시 도전할 수 있겠다는 생각이 들었다. 그는 흔쾌히 응했고, 나는 아내의 만류에도 등산화를 꺼내 신었다.

아침 기온은 영하 3도. 배낭에는 여벌 옷과 따뜻한 물, 주전부리를 챙겼다. 오래 묵혀둔 등산 장갑과 방한모자를 꺼내 쓰고, 스틱을 양손에 쥐니 마음이 든든했다. 현관을 나서는데 아내가 등 뒤에서 소리쳤다. "힘들면 욕심 부리지 말고 그냥 내려와요."

계산역에서 친구를 만나 오르기 시작했다. 평일인데도 등산객이 많았다. 대개는 젊은이들이었다. 겨울이었으나 맑은 햇살이 비추는 산길은 상쾌했다. 솔향이 묻어있는 바람은 싱그러웠다. 우리는 5부 능선까지 두런두런 이야기를 나누며 올라갔다. 7부 능선부터는 헉헉거리며 계단을 올랐다. 자연스러운 흙길이 좋은데 돈 들여 설치한 인공계단이 다리를 더 힘들게 했다. 계단을 숨차게 오르니 추운 겨울인데도 이마에 땀이 솟았다. 머리에서는 김이 모락모락 피어올랐다. 오랜만에 느끼는 활력이다. 힘은 들어도 맑은 하늘과 정상의 철탑이 발걸음을 자꾸만 위로 끌어주니 즐거웠다.

마침내 정상에 섰다. 더는 오르지 못할 거라 단념했던 곳이었기에 더 감격스러웠다. 정상 표지석이 오랜만이라며 반겨주는 듯했다. 발아래로는 아파트 숲이 펼쳐졌다. 멀리 바다 위의 영종대교와 인천대교가 가물가물 눈에 들어왔다. 문득 미추홀이라 불리던 까만 옛날의 거친 들판이 떠올랐다. 개화기의 경인선 열차도 상상 속에 겹쳐 검은 연기를 뿜으며 달렸다. 아스라한 세월의 바람이 스치며 가슴을 흔들었다.

바위에 걸터앉아 감과 초콜릿을 나누어 먹었다. 사진도 몇 장 찍었다. 그러나 또 오겠다는 약속은 하지 않았다. 자신 없는 다짐은 짐이 될 수 있어서다.

'늦었다고 생각할 때가 가장 빠른 때' 라는 말이 있다. 나이가 많다고 포기하면 영영 못한다. 더 늦기 전에 하고 싶은 일에 다시 도전해야 한다. 오늘은 그렇게 다시 정상에 오른 날, 그래서 행복했다. 함께한 친구가 고맙다.

꿈을 꿰매던 흔적

미싱 소리는 바느질의 리듬이다. 발판을 밟는 힘에 따라 바늘은 빠르게, 혹은 느리게 오르내린다. 천 위에는 가지런한 선들이 그려진다. 그 선들은 단순한 실 자국이 아니다. 한 가정의 삶과 한 시대의 꿈을 꿰매던 흔적이다.

산업화가 한창이던 시절, 고향을 떠난 누이들은 미싱 앞에 앉아 하루를 보냈다. 내 어린 누이도 그랬다. 바늘은 쉬지 않고 천을 뚫고 지나갔다. 손끝은 언제나 긴장 속에 곰실거렸다. 작은 실수 하나에도 불량품이 나온다. 때로는 벌금까지 매겨지던 냉혹한 현장이었지만 그들의 청춘은 거기에서 빛났고 노래했다.

미싱 소리는 누이들의 삶이었다. 골목에서 흘러나오는 라디오 유행가에도 배어 있었다. 기숙사 방에서 나누어 먹던 김치찌개에도 들어 있었다. 고된 날을 버텨내기 위해 서로를 다독이던 웃음소리에도 미싱 소리는 섞여 있었다.

그 시절, 신부들의 혼수품 목록에는 으레 미싱이 들어있었다. 미싱은 단순한 살림 도구가 아니었다. 새살림을 시작하는 상징이었다. 성실과 부지런함의 증표였다. 내 아내 역시 혼수로 미싱을 들여왔다.

결혼 초, 신혼 방 한쪽에 자리 잡은 새 미싱은 든든한 우리 삶의 또 다른 가족 같았다. 아이들의 옷을 지어 입혔다. 해진 이불을 기워 주었다. 잡다한 살림살이까지 꿰매 주었다. 밤늦은 시각, 미싱의 바늘이 톡톡거리는 소리와 발판을 밟는 규칙적인 박동은 마치 자장가처럼 들렸다. 미싱에 앉아 아이의 옷을 깁던 아내의 모습은 예뻤다.

세월이 흐르면서 미싱 소리는 점차 집에서 사라졌다. 값싼 기성복이 넘쳐났다. 편리한 전자제품이 생활을 바꾸었다. 한 시대를 풍미하던 미싱은 조용히 자취를 감추고 말았다.

옛 공단의 누이들은 이제 머리에 흰 서리가 내려앉은 할머니가 되었다, 우리 집 한쪽 구석에 아직도 놓여 있는 미싱은 손길이 닿지 않아 먼지만 덮여 있다. 하지만 그 낡은 미싱을 바라보면, 나는 여전히 그 시절의 숨결을 듣는다. 바늘이 오르내리던 청춘의 긴장, 삶을 지탱하던 리듬, 가족을 향한 묵묵한 사랑이 거기에 깃들어 있다.

산업화 시절의 미싱에는 누이들의 손끝에서 느껴지던 땀의 온기가 남아 있다. 천을 통과할 때마다 남던 바늘 자국의 흔적이 살아 있다. 실수할까 불안해 서로를 다독이며 보내던 미소까지 보인다.

미싱은 단순한 기계가 아니었다. 땀과 꿈의 기록이었다. 청춘이 쏟아낸 한 시대의 분투였다. 가족의 삶을 이어 붙여 준 보이지 않는 다리였다. 그 바늘은 수많은 옷자락과 함께 우리 마음까지도 꿰매 주었다. 누이들은 미싱 앞에서 사랑과 성실을 배웠고, 삶의 리듬을 익혔다.

이제 미싱은 골동품처럼 조용히 서 있다. 그래도 나는 안다. 그 속에는 여전히 시간이 흐른다. 손끝의 기억과 마음의 숨결이 박동하고 있다. 바늘이 멈췄다고 리듬이 사라진 것은 아니다. 그 울림은 마치 눈에 보이지 않는 별빛 같다. 세월 속에 스며들어 우리의 삶을 지금도 꿰매고 있다.

나는 가끔 미싱 앞에 앉아 손을 얹어 본다. 바늘이 움직이지 않아도, 발판을 밟지 않아도 마음속에서 청춘의 박동이 느껴진다. 지나간 시간과 사람들의 숨결이 함께 울려 퍼진다. 작은 바늘 하나가 만들던 리듬은 오늘도 여전히 삶을 꿰매며 별빛처럼 빛난다.

섬마을 선생님

나는 41년 동안 14개 학교에서 학생들을 가르쳤다. 5년은 섬 용유도와 백령도에서 근무했다. 당시 용유도는 월미도에서 배를 타고 영종도로 건너가서 버스를 타고 1시간쯤 가야 했다. 영종도와 용유도는 떨어진 섬인데 연육 도로로 연결되었다.

지금은 인천 시내에서 영종도로 건너가는 다리가 두 개나 놓였다. 그때는 용유도로 발령이 나면 집에서 통근할 수가 없었다. 백령도는 말할 것도 없다. 그래서 학교 사택에서 자취생활을 했다.

용유도는 주말이면 배를 타고 집에 올 수 있었다. 백령도는 방학이 되어야 집에 와서 가족들을 만났다. 육지에 갔다가 풍랑이 일어 배가 못 뜨면 수업 결손이 생길 수 있기 때문이다.

우리 아들딸이 중고등학교에 다니고 있어 섬으로 함께 갈 수 없었던 아내는 '섬마을 선생님' 노래를 부르며 방학을 기다렸다고 한다. 아내의 애창곡은 지금도 이미자 님의 '섬마을 선생님' 이다.

섬 생활은 육지와 색다른 추억을 만든다. 학생이 많지 않아 오붓하다. 마을 주민들은 학교에 호의적이다. 운동회날은 섬 전체의 축제일이다. 아버지와 어머니의 달리기는 물론 노인 경기도 있다. 마을 대항 청년 계주는 큰 인기 종목이었다.

상가는 아예 문을 닫고 운동회 구경을 온다. 학생이 없는 집에서도 학교에 모여 운동회를 함께 즐겼다. 점심시간이면 돗자리를 깔고 이웃끼리 모여앉아 점심을 먹는다. 학부모들은 운동회 시설물을 함께 설치하고 끝나면 뒷정리까지 도와주었다.

자취생활을 하는 담임교사가 안쓰러웠는지, 어떤 학부모는 가끔 반찬을 만들어 냉장고에 넣어주었다. 어떻게 알았는지 생일도 챙겨주었다. 그해 내 생일은 10월 31일이었다. 학부모 몇 명이 학교 사택으로 찾아왔다. 사택에 사는 교사들과 함께 식당으로 가서 맛있는 저녁을 먹었다. 노래 잘하는 K선생님이 '10월의 마지막 밤'을 멋지게 부르던 기억이 난다. 따스한 정이 흐르는 즐거운 시간이었다. 훗날 그때 가르친 제자의 결혼식에 갔더니 그날을 기억하고 있는 학부모가 있었다.

내가 용유도에서 근무하는 동안 인천국제공항이 완공되었다. 바다 한가운데를 메꿔 땅을 만드는 과정을 바로 앞에서 지켜보았다. 공항에 가면 그때의 모습이 떠오른다.

교감으로 승진했는데 첫 발령이 백령도로 났다. 백령도는 인천 연안부두에서 배를 타고 4시간을 가는 서해 최북단 섬이다. 그해 3월 1일, 이불보따리와 취사도구를 챙겨 배에 싣고, 거센 파도에 흔들리며 백령도로 향했다.

〈엄명용 교감 선생님 백령도 입도 환영〉

교장 선생님을 비롯한 전 교직원, 학부모 대표 여러 명이 선착장에 나와 환영 플래카드를 들고 나를 기다리고 있었다. 따뜻한 환대가 고맙고 감격스러웠다.

섬의 교육 환경은 열악했다. 특히 방과 후 학습이 어려웠다. 강사가 없기 때문이다. 해병대 부대장을 찾아가 협조를 요청하여 영어반, 수학반, 컴퓨터반, 태권도반을 만들었다. 군인 강사들은 열심히 가르쳤다. 학생들도 좋아하고 학부모들도 박수를 보냈다.

백령도는 천혜의 관광지다. 서해의 해금강 두무진, 세계에 두 곳밖에 없다는 천연비행장 사곶해변, 북녘땅 장산곶이 보이는 심청각, 천년의 속삭임 콩돌해안, 천연기념물 물범바위….

친구들과 지인들이 종종 찾아와 함께 섬을 돌았다. 백령도 곳곳이 내 마음에 깊이 새겨졌다. 백령도 근무를 마치고 나올 때는 아쉬움에 발걸음이 무거웠다.

"선생님 댁에 계셔요? 좀 찾아뵈려고요."

백령도 학생의 어머니 전화다. 인천 시내 학교로 복귀한 지 1년쯤 지났을 때다. 초인종 소리에 얼른 현관문을 열었다. 순간 깜짝 놀랐다. 웬 낯모르는 남녀가 커다란 카메라를 비추며 집 안으로 들어왔다. KBS '6시 내 고향' 취재팀이라고 했다. 백령도에서 보낸 '고향 선물'을 전하고, 인터뷰도 하려고 왔단다.

선물꾸러미 속에는 백령도에서 즐겨 먹던 게, 소라, 까나리, 해삼

등이 가득했다. 백령도 학부모가 방송국에 직접 신청했다고 한다. 그날 인터뷰한 영상이 방송되니, 연락이 끊겼던 제자들과 지인들이 여러 명 전화하여 반갑고 고마웠다.

돌아보면 섬마을 선생님, 그때가 가장 보람 있고 즐거웠던 시절이 아니었나 싶다. 섬마을 학교, 지금도 그곳 아담한 학교가 눈에 선하고 파도 소리가 마냥 그립다.

제2장

첫눈 데이트의 엘레지

—사랑이 머문 자리

간절한 기도

정년퇴직 4년 차, 나는 프리랜서로 대학연구소에서 강의 중이었다. 마지막 시간이 끝났을 때 아내에게서 전화가 왔다. 강의 끝났으면 곧바로 집으로 오란다. 목소리에 힘이 없다. 어디 아프냐고 물으니 아무튼 빨리 오란다. 재빨리 강의실을 빠져나왔다. 그런 전화를 하지 않는 사람인데 무슨 일일까, 머릿속이 복잡했다.

"나 암이래, 췌장암…."

눈물이 글썽한 아내가 울먹이며 가슴에 안긴다.

"뭐? 누가 그래?

"병원에서 연락이 왔어."

아내는 며칠 전에 대학병원에서 건강검진을 받았다. 혈액검사 결과가 오늘 통보되었다. 췌장암 수치가 정상 수치를 벗어나 높게 나왔다. 옆에는 '췌장암' 이라고 적혀 있다.

"왜 하필 췌장암!"

아내가 맥이 풀려 한숨을 뱉는다.

"수치가 높다고 다 암은 아니야."

믿고 싶지 않아 아내를 위로했다. 통 잠이 오지 않았다. 췌장암은 생존율이 제일 낮은 암이라고 들었기 때문이다. 아내도 쉽게 잠들지 못하고 뒤척였다.

" '췌두십이지장절제술' 을 해야 합니다."

"어떤 수술인가요?"

"개복해서 쓸개와 십이지장을 절제합니다. 그런 후 병변이 있는 췌장 머리 부분을 잘라냅니다. 소장과 위를 연결하고, 담도와 남은 췌장을 장에 연결하는 고난도의 수술입니다."

"개복 수술을 하면 회복이 늦을 텐데요."

"수술 시간은 5~6시간, 회복 기간은 최소 3주는 잡아야 합니다."

수술 날짜를 잡은 아내는 오히려 담담했다. 아내의 생일이 수술 전이다. 아이들이 모두 모여 생일파티를 했다. 곧 수술대에 누워야 할 가족의 생일이라 즐겁기는커녕 머리가 욱신거리고 눈시울이 뜨거워졌다.

아내는 일상을 차분히 이어갔다. 고추 꼭지를 따고, 물수건으로 닦은 후 빻았다. 말린 들깨도 기름을 짜왔다. 집을 비우게 되니 입원 전에 마무리할 셈이다.

주말이라 그런지 사찰은 고요했다. 아무도 보이지 않아 마당에

서서 일부러 크게 기침 소리를 냈다. 한 아주머니가 나오더니 무슨 일이냐고 묻는다. 이 절에 다니는 불자인데 '건강 발원 백일기도'를 신청하러 왔다고 했다. 지금 병원에서 수술 대기 중인 아내는 불교 신자다. 아내의 건강 회복을 위해 간절히 기도하고 싶어, 아내에게도 말하지 않고 혼자 절에 왔다. 내가 할 수 있는 일은 이것밖에 없다는 생각이 들었기 때문이다. 커다란 초에 'ㅇㅇㅇ 건강 회복 발원' 이라고 쓰고 촛불 공양을 먼저 했다.

법당으로 들어갔다. 아내와 나란히 앉아 법회에 참여하던 법당이다. 부처님께 간절한 마음으로 108배를 올렸다. 간절한 기도도, 108배도 난생처음이었다. 송골송골 전신에 땀이 솟았다.

아침 07시 10분, 아내를 수술실로 옮길 침대가 병실로 들어왔다. 태연하던 아내가 무섭다며 내 손을 꼭 잡는다. 수술이 잘 될 테니 걱정하지 말라고 위로했다. 아내는 눈물을 보이지 않으려고 손등으로 얼굴을 가렸다.

"잘하고 나와요"

아내가 들어가고 수술실 문이 닫혔다. 울컥 눈물이 솟구쳤다. 길고 초조한 시간이 느릿느릿 흘렀다. '수술 중' 이란 전광판만 온종일 뚫어지게 바라보았다.

수술은 잘 되었단다. 절제한 췌장의 조직검사를 해봐야 정확한 결과를 알 수 있단다. 결과가 나오는데 1주일이 걸렸다. 1주일이 되던 날, 수술을 집도한 의사가 병실로 회진을 왔다. 아내의 췌장 조직검사 결과를 설명했다.

"축하합니다. 암은 아닙니다. 암으로 발전할 수 있는 직전 상태에서 발견되어 행운입니다. 항암치료는 필요 없습니다. 얼른 회복만 하시면 됩니다."

"교수님 감사합니다."

웃는 아내의 눈에 눈물이 고였다. 불빛에 눈물이 반짝였다. 병실의 환우들도 함께 좋아했다. 어떤 이는 손뼉을 쳤다.

'나무아미타불 관세음보살'

프랑스 극작가 몰리에르는 "온전한 행복은 지루한 것이다. 행복은 기복이 있어야만 한다."고 했다. 아내의 병고는 충격요법이었던가. 아내가 콩국수를 만들어 놓고 부른다. 건강한 아내가 고맙고 예쁘다. 고소한 콩국수 맛처럼 행복하다.

"부처님, 저의 기도를 들어주셔서 고맙습니다."

정화수에 담긴 사랑

추운 겨울, 산골 마을에 먼동이 트기 시작한다. 어머니가 잠자리에서 일어나 앉는다. 어제처럼 등잔불도 켜지 않은 채, 머리를 쓰다듬어 쪽을 지고 비녀를 꽂는다. 조용히 일어나 밖으로 나간다. 어머니는 마을 가운데에 있는 공동우물로 간다.

새벽의 깨끗한 첫 물이고 새 물이다. 우물에서 정성스럽게 물을 길어 집으로 가져온다. 그리고 장독대에 올린다. 어머니는 두 손을 모으고 정화수(井華水) 앞에 선다. 부지런히 손을 비비며 연신 절을 한다.

"비나이다. 비나이다. 천지신명께 비나이다."

들릴 듯 말 듯 나직한 목소리로 주문을 읊는다. 군대 간 아들의 무사 귀환과 가족의 평안을 기원한다. 어머니의 하얀 손과 정화수에 어린 새벽 별빛이 반짝인다.

어머니는 새벽마다 정화수 기도를 올렸다. 교회에 나가는 기독교 신자도 아니고, 절에 다니는 보살도 아니다. 군대에 간 아들이 군 복무를 무사히 마치고 건강하게 돌아오기를 바라는 어머니의 정성이었다. 그 덕이었을까. 난세(亂世)에 군에 간 아들이 군 복무를 무사히 마치고 제대했다. 정화수 덕분인지는 알 수 없으나 어머니의 사랑과 신념 때문임은 분명하다.

어머니는 고된 삶을 살았다. 일제 강점기에 태어나 가난하고 암울한 젊은 시절을 보냈다. 둘째 아들을 낳았을 때, 아버지는 일제에 징용으로 끌려갔다. 아버지는 8년이나 일본 탄광에서 고생하였다. 어머니 혼자 가난과 싸우며 두 아이를 키웠다. 쌀독은 자주 비었다. 어린 두 아들에게 무엇을 먹일 것인가가 어머니의 제일 큰 과제였다.

해방을 맞아 아버지가 돌아오셨다. 돈을 벌어온 것은 물론 아니다. 살아서 돌아온 것만으로도 다행이었다. 나라를 되찾고 남편도 돌아왔으니 좀 나아지려나 싶었다.

그런데 또 전쟁이 터졌다. 서울 피난민들이 떼로 몰려오고, 세상은 다시 아수라장이 되었다. 장성한 두 아들은 차례로 군에 갈 나이가 되었다. 전쟁터로 아들을 내보내야 하는 어머니의 걱정은 정화수를 떠 놓고 애원하는 기도가 되었다.

셋째인 나는 학교를 졸업하고 군에 입대했다. 북한의 김신조 일당이 청와대를 습격하려고 서울까지 들어와 나라를 발칵 뒤집어 놓았던 해였다. 최전방의 추위는 매서웠고 졸병은 고단했다. 갑자기 육군 이등병 내 앞으로 관보(官報)가 날아들었다. '모친 위독'

내가 징집되어 훈련소로 가던 날, 어머니는 정류장까지 배웅 나와 손을 흔들어 주셨다. 건강하던 어머니가 위독하다는 전보가 믿기지 않았다. 버스를 몇 번씩 갈아타며 고향 집 어머니께 달려가는 길은 지구 끝처럼 멀었다.

"어머니!"

반듯하게 누워 있는 어머니는 대답이 없었다. 그래도 아직 숨을 쉬고 계신 어머니가 고맙기만 했다. 그때 어머니의 나이는 쉰세 살이었다. 날이 몹시 추웠던 새벽에 사랑방 아궁이 앞에서 쓰러졌단다. 전방에서 고생하는 나를 위해 기도하려고 정화수를 길으러 우물에 가려던 참이었을지도 모른다.

어머니는 여러 날 미동도 없이 숨만 쉬었다. 요즘은 뇌졸중으로 쓰러지면 바로 응급실로 달려가 치료하고 수술도 받는다. 그때는 그런 시절이 아니었다.

용하다는 의사를 집으로 불러오고, 좋다는 약재를 성심껏 달여 드렸다. 다행히 조금씩 좋아졌다. 몇 달 후에는 한쪽 다리가 약간 불편할 뿐 어려움 없이 걸을 수 있게 되었다. 당시로서는, 어머니의 뇌졸중이 치료된 것은 기적과도 같은 일이었다.

새벽마다 정화수를 떠 놓고 자식들의 평안을 비시던 어머니 아닌가. 아마도 천지신명이 그 정성에 감복했으리라. 어머니는 내가 결혼하여 남매를 낳아 기르는 걸 다 보시고, 노년을 편안히 지내시다가 여든 살에 돌아가셨다.

나는 오랫동안 타향에서 살았다. 일 년에 몇 번은 고향에 간다.

구순을 넘긴 큰형님이 고향에서 제사를 올리고 차례를 지낸다. 고향 선산에 부모님의 산소가 있다. 고향마을 고갯길을 넘노라면, 어머니가 내려다보고 반가워하는 것만 같다. '어머니 저 왔어요.' 나도 마음으로 인사를 한다. 어릴 때 살던 고향 집이 보이면, 대문 밖에 나와 흰 머리카락 날리며 기다리고 서 있던 어머니의 모습이 눈에 선하다.

러시아의 극작가 막심 고리키는 "여자는 약하다. 그러나 어머니는 강하다."고 했다. 가난도, 외로움도, 고달픔도 우리 어머니는 견뎌냈다. 힘든 시기에 모진 삶을 살면서도 5남매를 반듯하게 키워주셨다. 그 희생과 사랑이 늘 고맙다.

살면서 어려운 날이면 장독대 위의 정화수를 떠올렸다. 지금도 새벽 별빛에 반짝이던 어머니의 하얀 손이 어제 본 듯하다. 오늘따라 어머니가 더욱 그립다.

오월의 작별

아침 일찍 걸려오는 전화는 불안하다. 평소 전화를 잘 하지 않던 사람의 새벽 전화는 더 그렇다. 더구나 노인을 모시고 사는 가까운 친족들의 아침 전화는 더욱 걱정스러운 마음으로 받게 된다. 그날도 그랬다.

아직 먼동이 트지 않은 새벽은 칙칙했다. 이제 기상하려는데 자꾸만 꿈속으로 빨려든다. 구렁이인지, 용(龍)인지 엄청나게 큰 뱀을 보았다. 한동안 기어 다니더니 그게 죽었단다. 혹시 나쁜 꿈인가 싶어 찝찝했다.

시골 조카의 전화가 걸려 왔다. 안부 전화 같은 건 잘 하지 않는 사람이다. 직장에 출근하는 사람이라 이른 아침에 전화할 리도 없다. 불안한 마음이 들었다. 걱정스러운 마음으로 전화를 받았다.

"아버지가 돌아가셨어요."

나이 든 사람들의 화두(話頭)는 건강이다. 젊은 시절에는 직장,

군대, 일상의 이야기를 많이 했다. 중년에는 취미, 운동, 승진, 자녀의 진학과 결혼 문제를 주로 이야기했다. 나이가 들면서 화두가 바뀌었다. 건강에 관한 이야기를 많이 한다. 앓고 있는 질병, 치료 병원, 만난 의사, 치료받은 경험, 간병 이야기가 대부분이다. 누가 아프다거나 죽었다는 이야기도 가끔 듣게 된다.

만나서 나누는 이야기만 그런 게 아니다. 카카오톡이나 메시지에도 건강 문제가 제일 많이 오간다. 물론 세상 이야기, 좋은 정보, 멋진 영상도 많다. 그러나 가장 많은 내용은 건강을 기원하는 것이다. 내 친구 아무개는 건강한 하루되기를 바란다는 카톡을 새벽마다 보낸다.

가까운 사람이 아프거나 세상을 떠나는 것은 안타까운 일이다. 그들과 엮어온 인연이 고울수록 더 그렇다. 내 주변에도 어느새 많은 사람이 떠났다. 다시는 그를 만나 행복한 시간을 가질 수 없다는 절망이 마음 아리게 한다.

무병장수는 모두의 소망이지만 내 뜻대로 되는 건 아니다. 영원히 죽지 않을 것처럼 살지만 죽음은 모든 사람이 맞는 필수 과정이다. 불교의 열반경(涅槃經)에도,

제행무상 시생멸법(諸行無常 是生滅法)

생멸멸이 적멸위락(生滅滅已 寂滅爲樂)

'세상 모든 것은 무상하여 영원한 것이 없나니 그것이 나고 사라지는 법칙이니라.

나고 죽는 것마저 사라지고 나면 고요한 안락(열반)에 들리라.'

라는 사구게(四句偈)가 있다.

젊을 때와 달리 나이가 들어가면 이따금 죽음을 떠올릴 때가 있다. 그런 때에는 지금의 내 삶을 생각해 본다. 결국 사라질 수밖에 없는 것이 우리의 숙명이라면 지금 살아있는 동안 잘 살아야 한다. 잘 산다는 것은 부자가 되고 높은 지위에 오르는 것과 같은 문제와는 차원이 다르다.

나는 마음 편하게 사는 것이 잘 사는 길이라고 생각한다. 마음이 편안하려면 건강도 괜찮아야 하고, 돈도 적당히 있어야 하고, 삶도 즐거워야 한다. 그런데 나이 든다는 것은 노쇠해지는 과정이다. 어찌 죽을 때까지 건강할 수 있겠는가. 또 일상이 매일 즐겁기만 할 것인가.

결국 마음 다스림이 필요하다. 마음을 잘 다스리면 좀 아픈 것도, 돈이 넉넉하지 않은 것도, 웬만큼 어려운 일도 편안하게 품을 수 있다. 나는 매사를 긍정적으로 여기려고 노력한다. 불편한 관계를 만들지 않으려고 애쓴다. 조금이라도 마음에 부담이 될 일은 될 수 있는 한 짓지 않는다. 지었으면 얼른 풀어버린다. 병이 나면 몸이 나를 살리려고 싸우고 있는 것이라고 해석한다. 반드시 나을 거라는 믿음을 갖는다. 아내가 잔소리를 시작하면 지금 저 사람이 '노래를 시작했구나' 생각하며 아내 바가지의 핵심만 챙긴다.

아침에 기상하면 먼저 명상부터 한다. 가부좌 자세를 하고 호흡에 집중하며 고요한 마음 상태를 만들어 본다. 달걀 세우기도 자주 한다. 달걀을 세우면서 정신을 집중한다. 모든 것은 마음먹기에 달렸다는 일체유심조(一切唯心造)를 되풀이해 외워 보기도 한다.

고향 선산에는 싱그러운 봄이 한창이었다. 향기로운 아카시아 꽃, 찔레꽃 향기가 바람에 날리는, 좋은 계절 5월에 나는 형님과 작별했다. 작은형님의 유해는 부모님 산소 바로 아래에 묻혔다. 우리 가족 묘원은 선산 꼭대기에 있는데 산이 좀 높은 편이다. 형님이 살아있는 동안 수시로 오르내리며 부모님 산소를 돌보았는데 이제 그가 영면에 들어간 것이다.

형님은 부지런하고 성실했던 모범 농부였다. 빈손으로 땅을 일구어 자수성가한 야무진 농부였다. 이젠 살림도 넉넉해지고 자식 5남매도 모두 잘 키워 살만해졌는데 야속한 세월은 그를 모셔간 것이다.

작은형님은 내 바로 위의 형이다. 나보다 아홉 살이나 많다. 아버지가 형님을 낳고 일제에 징용으로 끌려갔다가 해방이 돼서야 돌아오셨기 때문이다. 어릴 때의 형이 생각난다. 솜씨가 좋아 겨울이면 나에게 연(鳶)을 만들어 주고, 소나무를 깎아 팽이도 만들어 주었다. 내가 대학에 입학했을 때는 당신이 결혼식 때 입었던 양복을 선뜻 내주며 멋지게 입으라고 했다. 가난했던 어린 시절, 겨우내 고구마로 점심을 때우면서도 한시도 놀지 않고 새끼를 꼬아 가마니를 만들었다. 그걸 지게에 지고 시장에 나가 팔던 형님이었다. 이런저런 생각에 눈시울이 붉어지고 가슴이 먹먹해진다. 그러나 어찌겠는가. 형님을 위해 간절히 기도할 뿐이다.

"아름다운 5월에 형님은 떠나셨습니다. 이승에서 수고 많으셨습니다. 부디 좋은 곳으로 가시어 영원히 안락을 누리소서."

형님의 영정사진이 빙그레 웃고 있었다.

내 인생의 첫 번째 자가용

결혼식을 마치고, 우리는 신촌 처가에서 트럭에 혼수를 싣고 시골로 향했다. 내가 근무하던 학교는 오산 근처의 농촌 마을에 있었다. 그곳에서 신혼살림을 시작하려는 참이었다.

트럭을 운전하는 기사가 조수석에 함께 탄 우리를 힐끗 보며 말을 건넸다.

"새살림을 시골에서 차리나 봐요?"

"예."

"시골 아가씨가 서울로 시집오던데, 거꾸로네요?"

"예, 왜요? 그러면 안 되나요?"

기사는 웃으며 말했다.

"혼수 짐을 많이 날랐는데 이런 경우는 처음이거든요. 신부댁이 부자인가 봐요? 새 자가용까지 챙겨줬네요."

"자가용이요?"

"트럭 뒤에 반짝반짝 새 자전거가 실렸잖아요."

트럭 기사의 농담에 우리는 함께 웃었다.

자전거는 처가에서 혼수로 사준 것이었다. 시골 생활에 필요할 거라며 챙겨준 결혼선물이었다. 1972년, 반세기 전의 이야기다.

자전거는 단순한 탈것이 아니었다. 나에겐 자가용이었다. 남의 자전거를 빌려 타보기는 했지만 내 자전거를 가진 건 처음이었다. 학교는 집에서 4킬로미터쯤 떨어져 있었고, 매일 자전거로 출퇴근했다. 비가 오나 눈이 오나, 더운 여름과 추운 겨울에도 함께하는 자가용이었다.

학교로 가는 길은 과수원을 지나 논밭 사이로 구불구불 이어진 오솔길이었다. 출근길은 철마다 다른 얼굴로 다가왔다. 봄이면 산기슭 과수원에 하얀 배꽃이 흐드러졌고, 여름이면 들판 가득 푸른 벼가 물결쳤다. 가을이면 황금 들녘이 풍성했고, 겨울이면 산길 소나무 위로 하얀 눈이 소복이 내려앉았다. 무리 지어 등교하는 아이들의 천진한 모습도 사랑스러웠다.

농촌 사람들은 따뜻했다. 퇴근길에 만난 학부모가 밭에서 뽑은 무를 자전거 뒤에 실어주기도 하고, 고구마 자루를 건네기도 했다. 때로는 내가 자전거를 타고 들로 나가서 바쁜 일손을 거들기도 했다. 버드나무 아래에서 농부들과 함께 먹던 새참은 참 맛있었다. 주민들과 어우러진 농촌의 삶이 따뜻한 정으로 채워지던 시절이었다.

가을이면 자전거 뒤에 우리 아이를 태우고 황구지천 제방길을 달렸다. 들국화가 피고, 누런 황소가 풀을 뜯는 둑길엔 고추잠자리

떼가 한가롭게 날았다. 시장에 다녀오는 아내를 버스 정류장으로 자전거를 타고 마중 나가 짐을 받아오던 일도 자주 있었다. 그 자전거는 나와 함께 사계절을 달렸고, 여러 해를 함께 했다. 지금 생각해 보면, 그렇게 단출했던 삶이 오히려 가장 충만한 시절이었던 것 같다.

가끔 경인 아라뱃길을 걷는다. 쭉 뻗은 자전거 도로를 젊은이들이 무리 지어 씽씽 달린다. 보기만 해도 멋지고 신이 난다. 내 친구는 손자 둘과 함께 자전거를 타고 인천에서 부산까지 다녀왔다고 한다. 삼대가 함께 엮은 그 긴 여정은 아이들에게 평생 잊지 못할 추억이 되었을 것이다.

여행하면서 다른 나라의 자전거 문화를 눈여겨보았다. 덴마크 코펜하겐의 국회의사당 앞에는 자전거 수십 대가 세워져 있었다. 국회의원들이 출퇴근할 때 직접 타고 다니는 자전거라고 했다. 특별한 자전거가 아니라 어디서나 볼 수 있는 지극히 평범한 자전거였다. 그들은 퇴근길에 마트에 들러 장을 보고, 짐을 자전거에 싣고 귀가한다고 했다.

요즘은 많은 도시에 자전거 전용 도로가 있다. 독일 뮌헨 역시 복잡한 시내 중심에도 자전거 전용 도로가 따로 있었다. 걷는 사람들은 그 경계를 넘지 않았다. 아이들은 어릴 때부터 자전거를 배우고, 특히 자전거 운행 방법과 예절을 철저히 익힌다고 들었다. 방향을 바꿀 땐 손을 들어 신호를 보내는 습관이 몸에 배어 있었다. 뒤따르는 자전거를 배려하는 것이다. 자전거를 하나의 '교통' 으로 존중하는 문화가 인상 깊었다.

우리나라도 자전거를 타는 사람이 많아졌다. 그만큼 사고도 잦아졌다. 내 지인 중 한 명은 자전거 사고로 갈비뼈가 세 개나 부러졌다. 체계적인 자전거 교육이 필요하다. 복잡한 시내에서도 자전거 전용 도로에는 일반 보행자가 들어가 걷지 말아야 한다. 꾸준히 교육하면 시민의식이 고양될 수 있다. 인천시는 시민 전체를 자전거 보험에 가입시켜, 사고 시 보상받을 수 있도록 했다고 한다.

내 인생의 첫 자가용이었던 그 자전거는 오래전에 내 손을 떠났다. 이제 내 몸도 그 시절의 젊음이 아니다. 그래도 자전거를 타고 신나게 달리는 젊은이들을 보면 그 시절의 풍경이 여전히 내 마음 안에서 바퀴를 굴린다.

혼수로 받은 새 자전거 한 대, 그것은 단순한 이동 수단이 아니었다. 사계절의 아름다움, 사람들의 따뜻한 마음, 교사의 보람, 따스한 가족의 사랑이었다.

그 자전거는 내 인생에서 가장 아름다운 시절을 실어 나른 진짜 자가용이었다.

여름밤의 추억

무더운 여름이 시작되었다. 아버지는 풀을 빳빳하게 먹인 모시 적삼을 한껏 차려입고 장에 가셨다. 그날 부채 세 개를 사 오셨다. 부채는 더울 때 바람을 일으키는 도구지만, 모깃불 연기를 부칠 때도 쓴다. 파리나 모기를 쫓을 때도 필요하다. 여름을 나려면 부채가 필요했다.

여름 해가 기울고 들에 나갔던 가족들이 돌아오면 마당에 커다란 멍석을 깔았다. 삼복더위라 집안은 찜통이니 저녁밥은 마당에서 먹는 게 낫다. 마당가에는 모깃불을 피웠다. 들에서 싱싱한 풀을 베어다 쌓아놓고 태우면 풀이 타면서 연기가 피어올랐다. 연기를 부채로 부치면 맵기는 해도 모기는 도망갔다. 쑥이 타는 냄새는 향기로웠다.

멍석 위에서 가족들이 모여앉아 저녁밥을 먹었다. 상추와 쑥갓, 데친 호박잎에 보리밥을 얹고 된장을 올려 쌈을 싸 먹었다. 열무김

치와 보리고추장을 넣고 쓱쓱 비벼서도 먹었다. 찬물에 밥을 말아 먹으며, 풋고추나 오이를 고추장에 찍어 먹기도 했다.

칼국수도 자주 먹었다. 밀가루를 동그랗게 반죽해 홍두깨로 밀어서 접었다. 칼로 썰어 국수 가닥을 만들었다. 참기름에 볶은 호박 꾸미를 얹은 어머니의 손칼국수는 참 맛있었다.

저녁을 먹다가도 모기가 윙윙거리면 모깃불 연기를 부채로 부치곤 했다. 소나무 등잔 받침 위에서 등잔불이 희미하게 저녁 밥상을 비췄다. 가끔은 풍뎅이나 집게벌레가 날아들기도 했다. 저녁 식사가 끝나 가면 어머니는 무쇠 밥솥에 물을 붓고 주걱으로 저어 숭늉한 뚝배기를 마당으로 내오셨다. 보리숭늉은 지금의 커피보다 더 구수했다.

어머니는 밤참으로 가끔 감자나 옥수수를 쪄 주기도 했다. 옥수수는 매일 따지 않고 여러 날 기다렸다가 익은 후 한꺼번에 땄다. 여러 식구가 하나씩 먹기 위해서다. 옥수수수염이 시들시들 말라 가면 익었나 보느라고 껍질을 헤집어 보다가 어머니께 꾸중을 듣기도 했다. 지금의 길쭉한 옥수수보다 잘고 못생겼지만 찰지고 맛있었다.

저녁상을 물리고 나면 가족들은 각기 자기 시간을 보냈다. 형들은 마을 가운데 있는 돌다리에 가서 청년들과 밤이 이슥하도록 이야기를 나누었다. 어느 날은 등잔불 밑에서 '강의록' 이란 월간지를 읽기도 했다. 올해 구순(九旬)이신 맏형은 그 당시 매일 일기를 썼다. 지금까지도 그 일기장들을 보관하고 있으니 놀라운 일이다. 아마도 우리 가족의 역사책이 아닐까 싶다.

초등학생이던 나는 또래들과 숨바꼭질을 많이 했다. 달빛과 별빛만으로도 훤했다. 대나무밭, 울타리 뒤, 옥수수 밭골에 숨었다. 한참을 놀다 보면 숨으러 간 친구가 시나브로 집으로 가버렸다. 땀을 흘리며 놀다가 집에 오면 어머니는 등물해주셨다. 찬물에 전신이 오싹해지며 더위가 가셨다.

마당에 깐 멍석은 가족의 쉼터이기도 했다. 멍석에 누워 이야기를 나누며 쉬었다. 누워서 올려다보면 쏟아질 듯 초롱초롱한 별들이 밤하늘에 가득했다. 별들이 금가루를 뿌려놓은 듯 예뻤다. 하얀 은하수가 하늘 한가운데로 강물처럼 흘렀다. 어머니는 은하수가 초저녁에 대추나무골 쪽으로 돌아가 있으면 햅쌀밥을 먹는다고 했다. 여름내 보리밥만 먹이니 얼른 쌀밥을 먹이고 싶은 어머니의 아린 소망이었을 것이다.

이따금 별똥별이 떨어졌다. 밤하늘을 직선으로 가르며 떨어지다가 금세 사라졌다. 멋지고 예뻐서 탄성을 지르기도 했다. 그런데 별똥별이 떨어지면 어느 마을 누군가가 돌아가신 거란다. 그래서 별똥별이 떨어지지 않았으면 좋겠다고 생각했다.

어머니와 형들은 북두칠성, 카시오페이아, 북극성, 삼태성 같은 별자리를 손가락으로 가리키며 일러 주었다. 해와 달이 된 오누이 이야기, 견우와 직녀, 선녀와 나무꾼, 하늘 궁전의 옥황상제와 염라대왕 이야기도 밤하늘의 별을 보며 들었다. 어린 가슴에 밤하늘은 신비로운 꿈의 세계였다. 어머니는 하늘의 별 중엔 내 별도 있다고 하셨다.

산골 마을의 여름밤이 깊어 가면 개똥벌레가 마당 위에서 한가로이 날아다녔다. 이따금 개 짖는 소리, 외양간 소의 워낭소리, 풀벌레의 왁자한 울음소리가 합창처럼 들려왔다. 견공 누렁이도 댓돌 위에서 잠이 들었다. 산촌의 여름밤은 고요하고 평화로웠다. 어머니는 연신 부채를 부쳐 주며 들릴까 말까한 자장가로 어린 동생을 재웠다. 그 곁에서 나도 스르르 잠이 들곤 했다.

올해도 다시 여름이 다가온다. 작년에 쓰던 선풍기와 에어컨의 먼지를 닦으며 여름을 준비한다. 문득 어린 날의 여름밤이 떠오른다. 다시 그날처럼 별이 빛나는 밤하늘을 올려다보고 싶다. 숲에서 들려오던 왁자한 풀벌레 소리도 다시 들어보고 싶다. 외양간 암소의 워낭소리도 그립다. 이제는 전설 같은 옛이야기가 되었다.

부채 사 오신 아버지도, 칼국수를 만들어 주고 등물해주던 어머니도 보고 싶다. 마당 멍석 위에서 함께 보리밥을 먹던 형제들과도 두런두런 이야기를 나누었으면 좋겠다. 그날의 나를 찾는다. 나는 어디에 있는가.

당신이 곁에 있어 행복하오

5월은 눈부시다. 초록 이파리 위로 쏟아지는 햇살이 싱그럽다. 예년 같으면 아내와 함께 파란 잔디 위에서 신나게 파크골프를 즐기고 있을 때다. 하지만 지금 나는 대학병원 신경외과 63병동 11호실에 있다. 아내가 입원해 있는 병실이다.

이 방에는 세 명의 환자가 있다. 둥근 커튼으로 각자의 공간을 가려 놓았다. 옆자리에는 치매에 걸린 할머니가 누워있다. 넘어져서 등뼈를 다쳤다고 한다. 잠시 조용하던 할머니가 갑자기 사이다를 달라고 외친다. "아줌마, 우리 집에 놀러 와요."라며 말을 걸기도 한다. 앞쪽에는 허리에 복대를 감은 젊은 여자가 비스듬히 침대에 기대고 있다.

아내는 푸르스름한 환자복을 입고 하얀 침대 위에 누워있다. 뾰족한 금속 바늘이 팔목 혈관에 꽂혀 있다. '통증 조절 약' 이라고 쓴 수액(水液)이 링거대에 매단 주머니에서 방울방울 떨어진다. 아내가 가끔 얼굴을 찌푸린다.

오월의 긴 낮이 걷히고 병실 창가엔 땅거미가 내린다. 창밖이 어둑해지니 내 마음은 더 스산해진다.

아내는 가끔 무릎과 어깨가 아프다고 했다. 그러나 활동에 큰 어려움은 없었다. 지난해 초까지만 해도 함께 아라뱃길을 걷고, 파크골프를 즐겼다. 그런데 작년 여름부터 어깨 통증이 심해졌다. 침을 맞고, 약을 먹고, 여러 병원을 찾아다니며 치료했지만 별 차도가 없었다. 결국 회전근개 파열이라는 진단을 받고 수술을 예약했다.

어깨 수술 날짜를 기다리던 중에 허리 통증이 생겼다. 혼자 눕지도 일어나지도 못했다. 어깨 수술은 미루고 허리 치료부터 해야 했다. 여러 병원에 다녔으나 통증은 점점 심해졌고, 결국 대학병원에서 입원을 권유받았다.

골다공증이 심해서 수술치료가 최적의 방법이 아니란다. 함몰된 세 등뼈가 아물 때까지 움직이지 말고 똑바로 누워있으라고 했다. 길게는 서너 달이 걸릴 수도 있단다. 혼자 움직이지 못하니 손발이 되어 줄 사람이 필요했다.

처음 며칠은 내가 간병인을 했다. 나이 때문인지 병실 바닥 보조침대에서 쪽잠을 자며 아내를 챙기는 게 쉽지 않았다. 아들딸이 다 외국에 있으니 닁큼 도움을 받을 수도 없었다. 결국 외부 간병인을 부르게 되었다.

이제 아침에 병원으로 가서 아내를 살피고, 밤에는 집으로 돌아온다. 텅 빈 듯 적막한 집에 들어서면 찬바람이 분다. 밥도 빨래도 청소도 모두 내 몫이다. 아내가 할 땐 미처 몰랐던 평범한 일상의 수고가 얼마나 중요하고 번거로운지 새삼스레 느낀다.

오늘은 '부부의 날' 이다. 전에는 전혀 괘념치 않고 지나쳤는데, 오늘은 마음이 유난히 허전하다. 혼자 식탁에 앉아 대충 저녁밥을 먹으며 아내라는 존재의 크기를 다시 짚어본다.

'Happy wife, happy life' 라는 글을 본 적이 있다. 아내가 행복해야 삶이 편안하다는 말이 이제야 실감난다. 베이컨은 "아내란 젊은 남자에게는 연인이고, 중년에게는 반려자이며, 노인에게는 간호사다."라고 했다. 모두 맞는 말이다. 부부는 서로에게 가장 소중한 존재다.

살다 보면 다투기도 하고 서운할 때도 있다. 그래도 금세 마주 앉아 밥을 먹고, 나란히 누워 잠을 잔다. 서로가 곁에 있다는 사실만으로도 따뜻하다. 이 평범한 진실을 나는 요즘 절실히 깨닫는다.

아내가 퇴원해 집으로 돌아오면 꼭 이렇게 말해 주어야겠다.

"당신이 옆에 있어 정말 행복하오."

떡 사랑

하지가 가까워지면 감자를 캔다. 그래서 우리 고향에서는 감자를 '하지감자' 라고도 불렀다. 감자는 고구마처럼 구황작물이었다. 춘궁기를 넘느라고 힘들었던 농민들은 감자를 캐면 한시름 놓는다. 지금 젊은이들은 상상할 수도 없는 일이지만, 배고픔처럼 힘겨운 고통도 드물다. 지금 70세 이상의 노인들은 그런 배고픈 세월을 견디며 어린 시절을 산 증인들이다.

어머니는 흙이 덕지덕지 붙어있는 갓 캐온 감자를 커다란 자배기에 주르르 쏟았다. 물을 붓고 버럭버럭 씻으셨다. 그리고는 몽당숟가락으로 껍질을 부지런히 벗기셨다. 하지가 가까우니 날은 더워서 연신 어머니의 적삼에 땀이 배어나왔다. 솥에서는 붉은 팥이 끓고 있다. 껍실을 벗긴 감자를 솥에 넣고 찐다. 찐 감자를 절구에 넣어 찧어내더니 손으로 뚝뚝 잘라 팥고물을 묻혀 떡을 만드셨다. 지금 생각하면 감자 인절미다. 콩가루가 아닌 삶은 팥을 묻힌 감자

떡이다.

떡이 다 만들어지면 자식들을 불러 감자 인절미를 먹였다. 봄내 제대로 못 먹고 살았으니 감자 인절미라도 배불리 먹이고 싶었던 어머니의 사랑이었다. 요즘 감자떡은 그렇게 만들지 않는다. 쫄깃쫄깃한 감자전분 속에 맛있는 속을 넣어 송편처럼 만들어 먹는다. 그때는 냉장고가 없던 시절이다. 그냥 놓아두면 날이 더워 감자 인절미는 금방 쉰다. 모두 다 먹으라고 하시던 어머니의 말씀이 생각난다. 우리 형제들은 올망졸망 모여 앉아 그걸 맛있게 먹었다. 찹쌀로 만든 인절미와 달리 물컹하긴 했지만 배고팠던 때라 그래도 참 맛있었다.

나는 떡을 참 좋아한다. 떡과 김밥이 함께 있으면 나는 떡을 먼저 먹는다. 《삼국사기》에 유리이사금과 석탈해가 떡을 깨물어 이가 많은 사람이 왕이 되기로 했다는 기록이 있다. 아주 까만 옛날부터 우리 민족은 떡을 만들어 먹었나 보다.

떡은 특별한 경우에 먹는 별미이다. 결혼 잔치나 회갑 잔치가 있으면 꼭 떡을 만들었다. 옛날에는 잔치를 집에서 했다. 잔칫날이 가까워지면 인절미를 만든다. 힘이 센 동네 청년이 동원되었다. 시루에 쪄내어 김이 모락모락 나는 찹쌀을 넓적한 떡판에 쏟아 놓고 힘센 장정이 떡메로 내리친다. 곱게 으깨질수록 떡메에는 찹쌀이 더 잘 달라붙는다. 보통 힘이 세지 않고는 떡메를 떼어내기가 어렵다. 그래서 떡메에 연신 물을 묻혀가며 내리친다. 곱게 찧어지면 동네 아낙네들이 인절미도 만들고, 흰떡도 만들어 잔칫상에 내놓을 준비를 한다.

떡을 만들어 가정의 평안을 비는 고사를 지내기도 했다. 일 년 중 가장 큰 명절이었던 정월대보름에는 시루떡을 해 고사를 지냈다. 대보름 전야인 열나흘 밤에는 동네 아이들이 모여 쥐불놀이를 즐겼다. 논두렁 밭두렁의 마른 풀을 태워 벌레를 죽이려는 행사였다. 겨우내 송진이 있는 소나무 관솔을 잘라 양달에서 말렸다. 빈 깡통에 구멍을 숭숭 뚫어 철사를 길게 매단다. 바싹 말린 관솔을 깡통에 넣고 불을 붙인다. 철사 끈을 잡고 뱅글뱅글 돌리면 관솔이 활활 탄다. 그 불로 논둑의 마른 풀을 태웠다. 그리고 나중에는 큰 달이 둥실 떠 있는 밤하늘에 쥐불 깡통을 던지며 놀았다. 하늘에서 흩어지는 불꽃은 그 시대의 불꽃놀이였다. 밤이 이슥하도록 놀다가 집으로 들어오면 떡시루가 안방 윗목에 있었다.

떡시루 가운데에 놓인 기름 종지의 심지에는 가녀린 들기름 불이 켜져 있다. 가족이 다 모이면 어머니는 그 앞에서 알아들을 수 없는 주문으로 소원을 비셨다. 고사가 끝나면 시루떡을 그릇에 담아 부엌에도 장독대에도 대문 앞에도 놓아두었다. 잡귀가 들지 못하게 막아 집안의 평안을 기원하는 방술(方術)이었다. 귀신은 붉은 색을 무서워한다고 한다. 떡 중에서 굳이 붉은 팥고물의 시루떡을 한 이유가 그것이다. 고사가 모두 끝나면 시루떡을 조청에 찍어 먹었다. 고구마를 고아 만든 조청과 시루떡 맛이 어우러져 참 맛있었다.

내가 군인이었을 때 휴가를 나오면 어머니는 떡을 해 먹였다. 귀대할 때는 부대 전우들과 함께 나누어 먹으라고 떡을 만들어 싸주셨다. 내가 부대로 귀대하는 날, 전우들은 맛있게 그 떡을 먹었다. 늘 병영 식사만 하던 그들에게 어머니가 만들어 싸 주신 떡은 별미였을 것이다.

이사를 해도 떡을 했다. 여러 해 전에 지금 사는 집으로 이사할 때 아내는 떡 한 시루를 만들었다. 이웃에게 돌리며 이사 왔다고 신고했다. 아파트 이웃들은 모두 반갑게 받아주어 고마웠다. 떡을 가져가면 안 먹는다고 거절하거나, 문도 안 열어보고 문 앞에 놓고 가라는 사람도 있다고 해서 걱정했었다. 돌이나 생일을 맞이하면 축하 떡을 했다. 제사 때에도 떡은 반드시 제사상에 올렸다. 새로 가게 문을 여는 사람은 개업 떡을 만들어 손님과 나누어 먹으면서 앞으로 장사가 잘되기를 빌었다.

떡은 종류가 참 많다. 어느 때 왜 만드는가에 따라 떡이 달라진다. 떡의 재료에 따라 맛이 다르다. 색깔과 모양도 다양하다. 큰 떡집에 가서 다양한 떡들을 보면 예술품이라는 착각이 들 때도 있다. 행사장에서 케이크 대신 축하 떡을 자르면 소담스러워 훨씬 돋보인다.

우리 동네에 '떡 하나 사랑 하나' 라는 이름의 떡집이 있다. 그렇다. 우리나라 사람들에게 떡은 단순한 음식이 아니라 사랑이었다. 사랑을 베풀고 싶을 때 떡을 만들어 나누어 먹었다. 그런데 요즘 젊은이들은 떡을 좋아하지 않는 것 같다. 떡보다는 케이크나 피자를 더 좋아하는 것 같다. 입맛을 무어라 할 수는 없다. 다만 오랜 세월 좋은 때나 궂은일이 있을 때 떡을 만들어 나누어 먹었던 우리 민족의 따스한 사랑만은 잊지 않았으면 좋겠다.

시계에 깃든 추억

지금은 시계가 흔하다. 벽시계나 손목시계가 아니라도 휴대전화에도 있고, 자동차에도 있다. 우리 집에도 방마다 시계가 걸려 있고, 탁자 위에는 디지털시계가 있다. TV나 라디오에서도 항상 시간을 알려 준다.

내가 어렸을 때는 시계가 귀했다. 우리 산골 마을에는 시계 있는 집이 하나도 없었고, 학교에만 하나 있었다. 사람들은 새벽닭 우는 소리, 해나 달이 떠 있는 위치, 별자리의 움직임, 그림자의 방향, 배가 고픈 정도 등으로 시간을 대충 짐작했다. 정오에는 면사무소에서 '오~뽀~' 하고 사이렌을 울려 주었다. 들에서 일하는 농부는 그 소리를 듣고 점심을 먹었다.

옛사람들도 해시계, 물시계, 모래시계 같은 걸 만들어 시간을 측정하려고 노력했다. 시간은 효율적인 삶을 사는 중요한 요소이기 때문이다.

지금은 원자시계의 시대가 되었다. 3천억 년이 지나도 1초밖에 오차가 생기지 않는 시계가 개발되었다니 놀라운 일이다. 명품 시계도 있고 다이아몬드로 장식한 비싼 시계도 있다. 그래서 때로는 시계가 사회적 지위의 상징이 되기도 한다.

우리나라는 60년대부터 경제발전의 바람을 타고 집마다 벽시계가 걸렸다. 손목시계를 차는 사람도 많아졌다. 시계는 사치품이자 예물로도 쓰였다. 실제로 나는 결혼식에서 신부로부터 손목시계를 선물 받았다. 지금 그 시계를 차지는 않지만 우리 부부에게 의미 있는 시계라서 잘 보관해 놓았다.

며칠 전이다. 버스를 타고 귀가하는 중이었다. 옆자리에 앉은 젊은이가 말을 걸어왔다. 나더러 훌륭한 일을 한 사람 같단다. 내 손목에 찬 시계에 봉황이 그려져 있고 '대한민국 대통령' 이라고 씌어 있는 걸 본 모양이다. 훈장 받을 때 하사품으로 받은 시계다.

시계에 얽힌 씁쓸한 추억도 있다. 고등학교를 졸업한 해에 나는 대전에서 살았다. 운동 삼아 대전천을 자주 걸었는데 한번은 야바위꾼에게 속아 손목시계를 잃은 적이 있다. 순간의 욕심이 부른 어리석은 일이었다. 다행히 한 경찰관의 도움으로 시계를 되찾을 수 있었다.

사회 초년생이던 나는 그 일로 세상 이치를 조금은 배웠다. 부끄러운 일이었지만, 그 뒤 나는 그런 술수에 말려든 일이 없다. 좋은 경험이었다고 생각한다.

우리 집 거실에는 뻐꾸기시계가 걸려 있다. 그냥 흔히 보는 벽시계가 아니라 예쁜 조각품이다. 산속 예쁜 오두막집처럼 생겼다. 정시에는 뻐꾸기가 창문을 활짝 열고 나와 "뻐꾹~ 뻐꾹~" 노래하고 들어간다. 열두 시면 열두 번 노래한다.

이 시계는 22년 전에 중학교 동창들이 사준 것이다. 교장 승진 축하 선물이고, 집들이 선물이기도 하다. 지금까지 고장 한번 안 나고 잘 가고 있다. 뻐꾸기의 노래도 숲속에서 듣는 것처럼 여전히 청아하다.

어린 손주들이 우리 집에 오면 뻐꾸기 노랫소리가 신기해서 까치발을 서서 뻐꾸기를 올려다보았다. 그럴 적마다 내가 번쩍 안아 올려서 시계 가까이 다가가 뻐꾸기를 보여주곤 했다. 어느새 손주들이 자라서 나보다 더 키가 큰 대학생 · 고등학생이 되었다.

지금은 그들이 멀리 있어 자주 보지 못한다. 요즘은 혼자 뻐꾸기 노랫소리를 들으며 그 시절을 떠올린다. 그때가 그립고 손주들이 보고 싶다.

물건에도 추억이 깃들면 그리움이 된다.

참 잘한 선택

우리의 태어남은 숙명적이다. 절대로 탄생 조건을 선택할 수 없다. 그러나 삶은 선택의 연속이다. 무엇을 먹을지, 어떤 옷을 입을지, 누구를 만날지 등의 가벼운 일상도 내 의지가 반영된 선택 사항이다. 교육, 직업, 결혼 등의 중요한 선택은 그 사람의 일생을 바꾸어 놓기도 한다.

『성공하는 사람들의 7가지 습관』을 쓴 스티븐 코비는 "어떤 결정을 내리든, 그 선택은 당신의 미래를 결정짓는다."고 했다. 나에게도 인생의 향방을 결정지은 중요한 선택의 순간이 있었다.

스물여섯 살 되던 해 봄, 3년의 군 복무를 건강하게 마치고, 교정에 개나리가 곱게 핀 농촌 학교로 복직했다. 입대 전에 근무하던 학교는 아니었다. 오산 근교의 시골 학교였는데, 교사들은 대부분 수원이나 오산 자택에서 출퇴근했다. 나는 고향을 멀리 떠나온 총각 선생이라 학구 내 농가에서 하숙했다.

타향이지만 불편함은 없었다. 교육 경력은 짧아도 열정은 넘쳤다. 학생들이 좋아서 수업에도 정성을 다했다. 동료들과도 잘 어울리며 즐겁게 지냈다.

그런데 뜻밖의 일이 생겼다. 그해 가을이었다. 왠지 아침에 일어나면 눈꺼풀이 부석부석 부어 있었다. 피곤해서 그럴 것이라며 대수롭지 않게 여겼는데 점점 더 나빠졌다. 얼굴이 붓고 손발도 부었다. 학교 동료들과 하숙집 아주머니가 얼른 병원에 가보라고 재촉했다.

오산의 한 내과병원을 찾았다. 의사가 소변을 시험관에 받아 알콜램프 불로 끓였는데 두부처럼 엉겼다.

"단백질이 소변으로 빠져나가는 사구체신염이에요. 상태가 좋지 않습니다. 당분간 입원해서 치료하세요. 소금을 전혀 넣지 않은 반찬으로 식사해야 합니다."

막막했다. 우리 반 아이들이 걱정이었다. 고맙게도 교장 선생님께서 병을 먼저 고치라며 입원해서 치료하라고 배려해 주셨다.

입원은 했는데 식사가 문제였다. 지금은 병원에 입원하면 밥을 주지만, 그때는 그렇지 못했다. 보호자가 취사도구와 먹을거리를 가지고 병원으로 와서 환자에게 밥을 해주어야 했다.

내게 와서 밥해줄 만한 사람이 마땅치 않았다. 어머니는 뇌졸중을 앓고 회복 중이었다. 다른 가족 중에도 집안 살림을 내려놓고 한동안 나에게 와서 밥해줄 수 있는 한가로운 사람이 없었다. 그래서 고향 집에는 알리지도 않았다.

그때 서울의 J가 생각났다. 학생 때부터 알고 지내던 친구 같은 사이였다. 군 생활 중에도 더러 편지를 주고받고 했다. 혹시 와줄지도 모른다는 생각이 들었다. 하지만 그녀를 부르는 것은 쉬운 선택이 아니었다. 만약 그녀가 와서 나를 도와준다면 '고맙다' 는 인사로만 끝낼 수 없을 것 같았다. 결혼이란 단어가 떠올랐다. 선택 앞에서 많은 생각을 했다. 결국 나는 '연락' 을 선택했다.

그녀가 바로 병원으로 달려왔다. 상황을 살펴보고는 어른들께 말씀드려서 허락받고 오겠다며 돌아갔다. 다음날 취사도구를 가지고 언니와 함께 다시 병원으로 왔다. 가족들은 '결혼까지 할 생각이 있으면 가고, 동정심만이라면 가지 말라' 고 하더란다. 죽을병은 아닌지 분명히 확인하라고 해 언니도 함께 왔단다.

그 시절에는 남녀 관계가 지금과 달리 퍽 보수적이었다. 치료 결과가 불확실한 총각 환자를 아가씨가 혼자 돌보러 간다는 것은, 본인이나 가족에게 쉽지 않은 선택이었을 것이다.

러시아의 문호 안톤 체호프는 단편 「구혼」에서 "결혼은 단순히 사랑만으로 결정되는 것이 아니라 현실적인 문제다." 라고 썼다.

당시 나는 '병 치료' 라는 현실적인 문제가 있었다. 무염식을 해야 했지만, 요리를 해본 적이 없어서 직접 해 먹을 수도 없고, 식당에서 사 먹을 수도 없었다. 결국 나의 선택은 'J 부름' 이었다.

만약 그때 그녀를 부르지 않았다면 내 인생은 아주 달라졌을 것이다. 완치와 재발을 반복하며 긴 투병이 이어졌지만, 그녀는 끝까지 내 곁을 지켜주었다. 그녀가 해준 소금기 없는 반찬으로 밥을 먹으며 포기하지 않고 치료에 전념해 결국 완쾌했다.

어려울 때 도와준 J가 너무도 고마웠다. 건강해진 나는 신촌 R예식장에서 그녀와 결혼식을 올리고 부부가 되었다.

죽을병은 아니었던가 보다. 딸 아들 낳고 지금까지 잘 사니 말이다. 그녀는 나의 좋은 동반자이고, 여전히 곁을 지켜주는 든든한 아내다. 현실적인 문제로 출발했지만, 사랑으로 승화시킨 '참 잘한 선택' 이었다.

홍시 같은 사랑

지난여름 장마와 태풍으로 과일 농사가 어려웠는데, 감은 풍년인가 보다. 마트마다 단감, 홍시, 대봉이 수북이 쌓여 있다.

나는 감을 유난히 좋아한다. 잘 익은 감을 쟁반에 놓고 바라보면 파스텔화 같은 가을이 느껴진다. 며칠 전 고향에 갔을 때, 가지에 매달린 감이 예뻐서 사진을 찍어 친구에게 보냈다. 그는 가을 냄새가 물씬 난다며 좋아했다.

어릴 적 고향 마을, 우리 밭둑에는 감나무 두 그루가 있었다. 4월이면 겨우내 앙상했던 가지에서 새싹이 돋았다. 감의 새잎은 붉은색과 노란색이 알맞게 섞여서 예뻤다. 5월이 지나면 수수한 흰 꽃이 이파리 사이로 얼굴을 내밀었다. 꽃이 떨어진 자리마다 푸른 감이 맺혔다.

여름이면 무성한 잎이 그늘을 드리워 쉼터가 되었다. 여름을 지나며 토실해진 감은 가을 햇살에 노랗게 익어갔다. 단풍이 곱게 든 감나무에 노란 감이 주렁주렁 열린 모습은 한 폭의 그림이었다. 바라만 보아도 시가 되고 노래가 되었다.

감 따기는 쉽지 않았다. 감나무 가지가 약해서 꼭대기까지 올라갈 수 없기 때문이다. 긴 바지랑대 끝에 집게와 망을 달아 하나씩 비틀어 꺾었다. 어머니는 꼭대기 몇 개는 새들의 몫으로 남겨두라고 하셨다. 겨울이 오면 까치가 가지 끝의 홍시를 쪼아 먹곤 했다.

어머니는 감을 이웃과 나누셨다. 식구가 많은 집은 몇 개 더 담아 보내셨다. 입에 풀칠하기도 어려운 시절이었지만, 어머니의 손길은 따뜻했다. 열두 집이 옹기종기 모여 살던 산골 마을의 정이었다.

어머니는 늦가을이면 항아리 안에 감잎과 감을 켜켜이 쌓아 연시를 담그셨다. 싸락눈이 소리 없이 내리던 어느 밤, 어머니가 우리 오 남매를 불러 모았다. 불기 없는 골방에서 감항아리를 꺼내왔다.

뚜껑을 열자 감잎 사이로 발갛게 익은 홍시가 가득했다. 홍시를 한입 물자 달콤한 맛이 온몸에 번졌다. 차가워서 더 맛있었다. 그날 밤 가족이 둘러앉아 홍시를 먹던 모습이 지금도 생생하다. 어머니의 사랑 어린 그윽한 눈빛도 잊히지 않는다.

올해도 어머니 기일에 감을 제사상에 올렸다. 돌아가신 지 오래되었지만, 감을 보면 그때의 어머니 생각이 난다. 고향 밭둑의 감나무는 이제 고목이 되었다. 감이 성글게 달리고 크기도 작아졌다. 그나마 한 그루는 사라졌고 한 그루만 남아 있다. 세월의 무게가 고스란히 느껴져 마음이 아리다.

노계 박인로 선생의 〈조홍시가〉가 떠오른다.

반중 조홍 감이 고아도 보이나다
유자 안이라도 품엄즉도 하다마는
품어 가 반기리 업슬 새 글노 설워 하나이다

시조를 읊조리면 홍시처럼 달콤했던 어머니의 사랑이 떠오른다. 어린 시절에 가장 정겨웠던 기억은, 가족이 한자리에 모여 홍시를 나누어 먹던 그 겨울밤이 아닐까. 감처럼 곱고 달콤했던 어머니의 사랑이 그립다.

명절 소회

추석 명절이다. 어렸을 때는 명절을 손꼽아 기다렸다. 명절에는 쌀밥, 떡, 고기를 먹을 수 있었다. 옷, 양말, 신발도 사 주었다. 친척 집에 가고, 반가운 손님도 왔다. 또래들끼리 모여 재미난 놀이도 했다.

올해도 추석은 왔다. 차례상을 준비하느라 어떤 이는 명절증후군을 앓는다. 그래서 차례상 음식이 상업화되었다. 요즘은 가족이 모여 명절을 함께 보내는 집이 30%밖에 안 된단다. 대신 즐겁게 여행하는 사람이 많다고 한다. 그렇게 명절을 편하게 쇠는 게 현명한 방법일지도 모른다. 옛날에는 명절을 준비하는 일이 힘들었지만, 당연한 일로 받아들이며 고생했다.

노인들은 '우리 세대가 부모에게 효도하는 마지막 세대이고, 자식에게 버림받는 첫 세대'라고 푸념한다. 제사도 차례도 없어질 것이라고 보는 사람이 많다. 편해서 좋겠지만 그래도 옛 명절의 온기가 그립다. 결국 발걸음은 고향으로 향한다.

나는 명절마다 고향에 다녔다. 아내도 불평 없이 고향길에 따라 나섰다. 어머니가 생존해 계실 때는 자식이 오기를 기다리는 모습이 눈에 밟혀 고향에 갔다. 부모님이 돌아가신 뒤에는 차례를 지내고 성묘하러 고향에 갔다. 명절에 안 가면 외롭기도 하지만, 불효라는 마음이 들었다.

코로나가 극성이던 지난 몇 해는 고향에 가지 못했다. 고향 집에서 차례를 지내는 실황을 젊은 조카가 영상으로 중계해주어 화면을 보면서 절을 한 적도 있다. 아내가 대단한 효성이라고 했다.

이번 추석에는 버스를 타고 갔다. 전용 차로로 달리니 빨리 고향에 도착했다. 조카가 버스터미널까지 차로 마중 나와 고향 집까지 편하게 갈 수 있었다. 큰형님과 형수님이 반가워하셨다. 차례 음식을 준비하는 조카들과 질부들도 오랜만이라 반가웠다.

고향을 떠나 산 지도 수십 년이 되었건만, 언제나 내 마음의 뿌리는 고향에 있다. 고향 마을에 들어서면 동심으로 돌아간다. 산과 들은 옛 그대로인데 같이 놀던 죽마고우는 없다. 여름내 땡볕에 그을려 까맣던 아버지 어머니의 얼굴이 보고 싶다. 가난해도 순박하게 살던 옛날 마을 사람들이 떠오른다.

고향의 산과 들은 평화롭다. 벼들은 누렇게 익어간다. 산기슭의 밤나무는 입을 벌리고 여름내 땡볕에 익힌 알밤을 툭툭 떨어뜨린다. 길가에는 가을꽃 코스모스가 곱다. 고추잠자리가 한가롭게 노닌다. 어릴 때 가지고 놀던 탱자는 올해도 노랗게 익었다. 돌돌 흐르는 시냇물 소리가 정겹다.

올 추석은 전보다 썰렁하게 지냈다. 명절 때마다 우리 사 형제와 조카들 수십 명이 집안 가득 모여 차례를 지냈다. 올해는 그 수가 많이 줄었다. 지난 오월에 둘째 형님이 돌아가셨기 때문이다.

추석날 아침, 차례를 마치고 조부모님 산소부터 성묘했다. 산소로 가는 길은 오솔길이다. 사람들이 별로 다니지 않아 풀들이 길에 수북하게 자랐다.

조부모님 산소에 오르는 산길 주변에는 작년처럼 감나무에 홍시가 붉게 익고 있다. 가을꽃 구절초도 함초롬히 피었다. 그 고운 자태가 되레 나를 쓸쓸하게 했다.

아버지 어머니 산소는 산 정상에 있어서 한참 올라가야 한다. 계룡산 줄기가 굼실굼실 벋어오다가 힘차게 뭉쳐진 족두리봉 산마루다. 산이 높아 나무 사이로 들녘이 내려다보인다. 옆으로는 고속도로가 산 중턱을 타고 넘는다. 묘역은 양지바른 곳이다. 옛날에는 따스한 봄날, 마을 사람들이 이곳에 모여 봄놀이를 즐겼다고 한다. 좋은 명당이라고 여겼단다.

조카들이 아흔 살 형님을 앞뒤에서 부축하며 산소로 올라갔다. 부모님 산소 앞에 자손들이 줄지어 서서 성묘했다. 살아생전 좋아하셨던 술을 잔에 가득 부어놓고 절을 했다. 부모님 모습만 어른거릴 뿐 한마디 응답이 없으니 허무할 따름이다.

부모님 산소 아래에는 우리 사 형제가 묻힐 치표(置標)가 있다. 우리 형제가 영원히 잠잘 묏자리다. 작은형님은 몇 달 전 치표 해놓았던 둘째 묘에 이미 잠들었다. 내 자리는 세 번째, 바로 그 옆자리다.

내 뭍자리를 바라보는 마음이 착잡하다. 결국은 저 자리에 들기 위해 그렇게 먼 길을 달려온 것이 아니던가. 마음이 숙연해져 하늘을 올려다본다. 파란 하늘에 가을 햇살이 유난히도 눈부시다.

첫눈 데이트의 엘레지

첫눈이 내렸다. 밤새 많이 내렸다. 오늘도 함박눈이 펑펑 쏟아진다. 세상이 온통 하얗다. 소나무 가지 위에 소복소복 쌓인 눈이 예쁘다. 눈은 사람들의 마음을 설레게 한다. 특히 첫눈은 더 그렇다. 그리운 사람이 불쑥 찾아올 것만 같은 기대가 생긴다. 고운 추억이 아련히 떠오르기도 한다.

그런데 오늘은 걱정이다. 어깨랑 무릎이 아파 고생하는 아내가 병원에 가는 날이다. 오늘 처음 가는 큰 병원인데 꽤 멀다. 눈이 오지 않았다면 자동차로 함께 갈 참이었다. 오늘은 길에 눈이 많이 쌓여 운전하기가 어렵고 시간도 더 많이 걸린다. 아내가 전철을 타자고 한다. 아픈 다리로 눈길을 잘 걸어갈 수 있을지 걱정이 앞선다.

팔짱을 끼고 집을 나섰다. 언제 팔짱을 끼고 다정하게 걸어봤던가. 전설처럼 아득한 기억을 더듬어 본다. 헤아려 보니 오십삼 년 전이다. 군 복무를 마치고 시골 학교에서 근무했다. 겨울방학을 며칠 앞둔 때였다. 서울 아가씨가 학교로 총각 선생을 만나러 왔다. 추운데도 미니스커트를 입었다. 동글동글한 무늬가 예쁘게 그려진 외투를 말끔하게 차려입었다.

퇴근 시간 무렵부터 눈이 쏟아지기 시작했다. 그날 우리는 팔짱을 끼고 눈 내리는 시골길을 걸었다. 학교 앞 넓은 길을 따라 들녘을 지나고, 내 하숙집으로 넘어가는 야트막한 산 오솔길을 한참 걸었다. 오늘처럼 눈이 펑펑 내렸다. 흰 눈이 산과 들에 하얗게 쌓여 호젓하고 포근하게 느껴졌다. 짧은 겨울 해가 점점 어두워졌다. 회색 하늘에서 내리는 하얀 눈이 우리의 만남을 축하해 주는 듯했다. 오순도순 정겹고 즐거웠다.

그런데 결혼 후, 아내는 팔짱을 끼거나 손을 잡고 걷는 걸 즐기지 않았다. 신혼 초에는 시골 사람들 눈에 곱게 보이지 않을 수도 있다며 조심했다. 아이를 키우며 바쁘게 살 때는 팔짱을 끼고 다정히 걸을 마음의 여유를 챙기지 못했을 것이다.

오늘은 첫눈을 맞으며 팔짱을 끼고, 손을 잡고 눈길을 걸었다. 거친 손이지만 따스했다. 마음까지도 따뜻해졌다. 그날의 추억이 곰실곰실 피어오른다.

길에서 아는 사람을 만났다. 첫눈 데이트 나가느냐며 멋지다고 웃는다. 아내가 절룩절룩 걸으니 병원 가는 중임을 알 것이다. 아내도 나도 그냥 싱긋 웃었다.

눈길은 미끄럽다. 걷기가 불편한 아내는 내 손을 꼭 잡고 조심조심 걸었다. 전철역이 평소보다 멀게 느껴졌다. 에스컬레이터를 탈 때도 나는 곁에 서 있었다. 아내는 그때도 내 손을 꼭 잡고 의지했다.

전철을 세 번 갈아타며 1시간 40여 분 걸려 마지막 역에 내렸다. 여전히 밖에는 함박눈이 펑펑 내렸다. 역에서도 병원은 십여 분 남짓 걸어야 한다. 아내가 지쳤는지 몹시 힘들어하며 내 손을 놓지 않는다. 택시를 타기로 했다. 손을 꼭 잡고 눈을 맞으며 한동안 기다리고 있었다. 역에는 택시가 자주 오는 곳인데, 눈 때문인지 시간이 꽤 지나도록 한 대도 오지 않았다. 카카오T로 호출했다. 아내를 부축하여 택시에 태웠다. 택시 기사도 나이가 들어 뵌다. 그의 부인도 무릎이 아파 고생한다며 걱정해준다.

의사는 친절했다. 그간의 병력을 자세히 물었다. 사진을 찍어 관절의 상태를 살피고 치료계획을 설명했다. 아내는 의사가 마음에 드나 보다. 진통 주사 덕인지 마음이 편해진 까닭인지 사뭇 아내의 표정이 밝아졌다. 걸음걸이도 가벼워졌다.

병원을 나서니 눈이 그쳤다. 택시를 타고 역으로 가려고 했는데, 아내가 그냥 걷자고 한다. 눈길을 걷고 싶은 모양이다. 손을 잡고 천천히 걸었다. 몇 번이나 괜찮으냐고 물었다. 걸을 만하단다. 갑자기 무릎이 좋아졌을 리는 없는데 첫눈에 홀린 모양이다.

역 가까이 오니 다시 눈이 내리기 시작한다. 점심때가 한참 지났다. 마땅한 식당이 얼른 눈에 띄지 않았다. 함박눈을 맞으며 팔짱을 끼고 골목을 뒤져 가까스로 식당을 찾았다. 얼큰한 생선 매운탕이 몸을 녹였다. 밖에는 여전히 함박눈이 내렸다.

점심을 다 먹었는데도 여전히 눈이 펑펑 쏟아진다. 좀 쉬어 가려고 식당을 나서 카페를 찾았다. 카페는 텅 비었다. 진한 커피 향이 매혹적이다. 마침 귀에 익은 노래 대니 보이(Danny Boy)가 흘러나왔다. 바깥 풍경과 어울려 노래가 더 감미롭다. 긴 머리를 질끈 묶은 젊은 여인이 갸웃한 미소로 우리를 바라본다. 눈이 많이 오는 날에 노인들이 어쩐 일인가 싶은 모양이다. 아내는 커피를, 나는 생강차를 시켰다. 생강의 진한 향이 목줄을 타고 싸하게 흘러내린다.

마주 앉은 아내를 가만히 바라본다. 옛날 그녀는 피부가 희고 고왔다. 당시 내가 근무하던 학교는 버스 정류장에서 6km 떨어진 먼 거리에 있었다. 비포장 시골길을 걸어서 나를 찾아왔던 발랄한 아가씨였다. 하이힐을 즐겨 신던 건강한 다리였다. 세월은 풋풋하던 그녀의 젊음을 퇴색시켜 오늘 내 앞에 놓았다.

불교에서는 "모든 것은 무상하며, 이것이 생멸의 이치"라고 가르친다. 생로병사야 어쩔 수 없는 일이지만 안쓰러운 마음이 든다. 카페 창밖에는 여전히 눈이 펑펑 내린다. 올겨울 첫눈이다. 11월에 내린 눈으로는 117년 만의 큰 눈이란다.

엘레지는 애절한 곡, 슬픈 사연의 노래다. 오늘처럼 첫눈이 내리는 날, 부부가 건강해서 다정히 팔짱을 끼고 데이트를 즐긴다면 얼마나 멋질까. 첫눈 데이트의 엘레지인가.

그래도 참 좋았다. 병원 다녀오는 길이었지만, 오랜만에 첫눈을 맞으며 손잡고 함께 걸었으니 행복했다. 첫눈은 축복이다. 아내가 얼른 건강했으면 좋겠다.

제3장

보리밭

—꽃피는 날의 사색

벚꽃길을 걸으며

벚꽃이 활짝 핀 화창한 봄날이다. 거리에는 꽃물결이 일렁인다. 오늘은 모든 일을 접고 꽃구경만 하기로 했다. 아내에게 함께 가자고 하니 좋아한다. 먼저 가까운 아라뱃길을 한 바퀴 돌았다. 강가에 심은 벚나무가 화사하게 꽃을 피웠다. 강바람에 살랑이는 벚꽃이 햇볕을 받아 반짝인다.

이어서 인천 벚꽃 명소인 서부천으로 갔다. 길가 성당 주차장에 차를 세우고 밖으로 나오니 활짝 핀 벚꽃이 성큼 시야에 들어온다. 벚나무들이 눈부신 꽃을 고슬고슬 머리에 한가득 이고 있다. 수억 마리의 나비 떼가 모여들어 나풀거리는 느낌이다.

성당 앞에서 바라본 꽃길은 한 폭의 그림이다. 서부천 양쪽에 벚꽃이 줄지어 늘어섰고, 저만치 보이는 다리 위에는 정자(亭子)가 고즈넉하게 서 있다.

벚나무는 겨울 냉기를 이겨내고 함성처럼 꽃을 피워 자신의 존재를 알린다. 화사함을 뽐내며 사람의 마음을 들뜨게 한다. 벚꽃에

홀려 꽃길로 나온 상춘객들은 사진을 찍으며 꽃처럼 웃는다. 아이들도 비눗방울을 날리며 신이 났고, 같이 온 반려견도 덩달아 뛰논다. 품바 아저씨의 가위질 소리도 경쾌하다. 무심정(無心亭)에 걸터앉은 노인의 표정도 무심하기는커녕 꽃처럼 환하다. 나도 즐겁다.

문득 수양버들 가지에 눈길이 멈춘다. 벚꽃 나무들 사이에 버드나무 몇 그루가 몰래 서 있다. 버드나무의 연두색 새순은 수면까지 길게 늘어져 살랑댄다. 아기 손처럼 가녀린 손짓이 벚꽃과 어우러져 봄날의 흥을 한껏 돋운다.

벚꽃이 흐드러지게 핀 서부천 옆 도로 이름이 '살라리로' 라고 한다. '살라리' 라는 옛말은 '추수 마당' 을 뜻하기도 하지만, '형장(刑場)' 이라는 의미로도 쓰였다고 한다. 갑자기 망나니의 칼날이 연상되어 몸이 오싹해진다.

근처에 교회와 성당은 있지만 절이 없으니, 대신 '무심정' 이라는 정자를 세워 형장에서 사라진 영혼을 달랜다고 한다. 어쩌면 꽃으로 넋을 위로하기 위해 벚나무를 많이 심었는지도 모른다.

어디서 왜가리 한 마리가 날아와 냇물에 앉는다. 날씬한 다리와 길쭉한 목이 우아하다. 사람들이 가까이 다가가 바라보아도 날아가지 않는다. 벚꽃에는 눈길도 주지 않는다. 조심스레 발을 옮기며 물속 먹이를 찾을 뿐이다. 배가 고픈 모양이다.

한동안 꽃길을 설었더니 배가 출출하다. 칼국수 집 앞에서 한참 줄을 섰다. 칼국수가 참 맛있다. 식당 밖 가득한 벚꽃의 운치가 입맛까지 돋우나 보다.

봄마다 피는 벚꽃이지만, 볼 때마다 가슴이 설렌다. 단지 꽃이 아름다워서만은 아니다. 교정의 봄 풍경이 떠오르기 때문이다. 내가 근무하던 학교마다 벚꽃이 피었다. 벚꽃이 피면 새 학기가 시작되고, 새로운 얼굴들을 만났다. 새로운 이야기를 써 내려 갈 첫 페이지였다. 설렘과 기대, 약간의 걱정도 공존하던 새봄이었다.

이제는 교정을 떠났지만, 봄이 오면 여전히 그때의 정감이 되살아난다. 또 벚꽃길을 걸으면 오래된 추억도 그리워진다. 함께 꽃길을 걸으며 즐거워했던 친구들이 보고 싶다. 팔짱을 끼고 담소를 나누며 꽃길을 걸었던 고운 사람과의 추억도 떠오른다.

벚꽃은 오래 머물지 않는다. 온 힘을 다해 활짝 꽃을 피우고, 며칠 후면 미련 없이 흩날려 떨어진다. 우리의 삶도 그렇다. 지금 아무리 빛나도 결국엔 스러지고 만다.

옛사람이 이르기를 '꽃은 열흘 붉지 않고(花無十日紅), 사람은 백일 좋을 수 없다(人不百日好)' 고 했다. 영원하지 않기에 더욱 소중하고 애틋한 것이다, 우리 인생도 벚나무처럼 온 힘을 다해 예쁜 꽃을 활짝 피우고, 때가 되면 후회 없이 물러설 수 있어야 한다.

벚꽃이 나에게 일러준 삶의 교훈이다.

봄비는 단비

오늘은 식목일이고 한식이다. 아침부터 봄비가 보슬보슬 내린다. 비는 부드러운 손길로 이제 막 피어나는 꽃봉오리를 어루만져준다. 봄비는 자분자분 내려서 메마른 대지를 촉촉하게 적시고 땅속으로 스며든다. 겨우내 굳어있던 흙을 부드럽게 풀어주고 땅속 생명들에게 새봄의 기운을 불어넣는다.

봄이 오면 농부들의 손길이 바빠진다. 요즘은 영농기술이 좋아져 농사짓기가 수월해졌다. 이앙기로 모내기하면 쉽고 빠르다. 드론으로 농약을 뿌리고, 콤바인이 벼를 베어 현장에서 탈곡까지 해준다. 예전 같으면 상상도 못했을 일이다.

밭은 경운기나 트랙터로 갈고, 로터리를 치며 비료를 뿌린다. 파종기가 씨앗을 심어준다. 감자, 고구마 등은 전용 수확기(收穫機)가 캐준다. 비닐하우스에서는 사철 싱싱한 채소와 과일이 생산된다.

내가 어렸을 때는 인력으로 농사를 지었다. 유일하게 소를 농사에 이용했을 뿐이다. 소가 쟁기를 끌어서 논을 갈고 밭을 일구었다. 쟁기질할 줄 아는 머슴은 상일꾼이라고 새경도 더 많이 받았다.

당시 우리 동네에는 소가 한 마리밖에 없었다. 모두 그 소를 돌아가며 빌려 썼다. 소를 하루 빌려 쓰려면 예약이 필요했다. 예약이 되면 쓰기 3일 전부터 풀을 베어다 먹이고 여물을 쑤어다 주어야 했다. 소를 하루 부린 삯은 사람이 품으로 갚았다. 그 집의 일을 무료로 이틀 해주어야 했다.

낫과 호미 같은 재래식 농기구로 농사를 지었으니 맨손으로 지은 거나 마찬가지다. 허리 펼 날 없이 고생하며 일하신 부모님을 생각하면 지금도 마음이 아리다.

나는 농촌 출신이지만 농사를 도맡아 지어본 적은 없다. 가족이 짓는 농사를 가끔 거들었다. 섬마을 학교 사택에 혼자 살 때, 마당 끝에 조그만 텃밭이 있었다. 거기에 푸성귀를 심어서 반찬으로 먹었다. 상추, 가지, 고추, 오이, 토마토, 들깨 같은 작물을 심어 바로 먹으니 싱싱하고 맛있었다.

아침 일찍 일어나 이슬 내린 텃밭을 살피면 기분이 상쾌했다. 물을 주고 풀을 매는 수고도 농부의 마음으로 하면 즐겁다. 거둔 채소는 직원들에게 나누어 주고도 남았다. 집에 가져와 가족과 함께 먹고 이웃과 나누어 먹기도 했다.

몇 해 전 일이다. 구청 소식지에 주말농장을 분양한다는 기사가 실렸다. 친구 K와 함께 신청했더니 둘 다 당첨되었다. 넓은 밭을 다섯 평씩 나누어 놓았다. 내 밭 옆에 친구 밭이 있어 더 좋았다.

삽으로 땅을 일구고 퇴비를 사다 뿌렸다. 그리고 상추, 쑥갓, 고추, 토마토, 완두콩, 들깨 등을 심고 가꾸었다. 가물면 옆 냇물에서 물을 길어다 주었다. 일하는 동안은 힘들어도 근심은 멀리 사라졌다.

농작물은 주인의 발짝 소리를 듣고 자란다고 했다. 땅은 정직하고 작물은 순수하다. 주인이 흘린 땀만큼 되돌려 준다. 밭에 작물이 풍성하니 부자가 된 마음이었다.

청정한 채소를 먹고 싶어서 비료도 농약도 주지 않았다. 그래도 잘 자랐다. 무공해 채소라서 마트에서 사 먹는 것보다도 훨씬 맛있게 느껴졌다. 오뉴월 땡볕에서 땀 흘려 일하고, 상추와 쑥갓을 한 소쿠리 뜯어와 삼겹살을 싸 먹으면 꿀맛이었다. 막걸리 한잔 곁들이면 세상 부러울 게 없었다.

지금은 구청의 주말농장이 없어졌다. 그런데 서울에 사는 제자 M이 농장을 한다며 해마다 채소를 고루고루 담아 택배로 보내준다. 밤, 고구마, 땅콩도 들어있다. 이것들이 그냥 저절로 자란 게 아닐 것이다. 땀과 정성이 담긴 선물이라 더욱 고마웠다. 전라도에 사는 제자 S는 마을 산에서 직접 뜯었다는 취나물을 한 상자 보내주었다. 향긋한 산나물 내음 속에 제자의 마음이 전해졌다.

먹을거리는 자연이 베푼 선물이다. 거기에 사람의 노고와 정성이 더해져 식탁에 오른다. 옛날과 달리 요즘은 먹을 게 풍족하니 감사하다. 나는 식탁에 앉을 때마다 은혜와 노고를 떠올리며 '공양기도문' 을 읊고 숟가락을 든다.

"거룩한 삼보에 귀의하오며 이 음식을 받습니다. 이 공양이 있기까지 수고한 많은 인연에 감사합니다. 모든 생명에 부처님의 가피가 가득하소서. 사바하!"

날은 땅거미가 지는데 밖에는 아직도 비가 내린다. 이 비가 땅을 적시고, 생명을 키울 것이다. 봄비는 단비다.

정이 깃든 삶의 흔적

우리 집에는 고물 가구가 몇 개 있다. 옛날 고려 · 조선시대의 값 나가는 고가구는 아니다. 그러니 방송 '진품명품' 에 내놓아 값을 매길 필요는 없다.

월세와 전세를 전전하다 마흔이 넘어서야 내 집을 마련했다. 아파트가 많지 않던 시절이라 단독주택을 샀다. 그때 서민들은 남의 집에서 세를 살면 부엌 딸린 방 한두 개를 얻어 살았다. 식탁 놓을 공간이 없어 밥상을 놓고 방바닥에 앉아서 식사했다. 우리도 직장 가까운 집으로 옮겨 다니며 그렇게 살았다.

집을 장만하니 마흔다섯 평 주택이 대궐처럼 넓어 보였다. 남의 집 갓방에서 주눅 들어 살던 아이들이 우리 집이 생겼다며 좋아하던 모습이 아직도 생생하다.

집은 거실에서 주방까지 반질반질한 나무 마루가 깔렸다. 이제 주방에는 밥상 대신 식탁을 놓아야 했다. 아내와 여러 가구점을 다녔다. 주방과 잘 어울리는 짙은 원목 4인용 식탁을 골랐다. 단순하면서 은은한 금색 무늬 위에 유리판을 덮은 식탁은 꽤 육중했다. 의자도 가죽으로 씌워 고급스러움을 더했다. 그 식탁에서 우리 가족은 오랜 세월 함께 식사하며 정겹게 살았다. 김치, 깍두기, 된장찌개, 삼겹살까지 식탁과 함께했다. 하루가 식탁에서의 아침 식사로 시작되었고 식탁에서 끝났다.

식탁은 단순히 밥만 먹는 도구가 아니었다. 가족이 모여 기쁨을 나누고, 걱정을 풀어내는 사랑의 터였다. 아이들의 이야기를 들어주고, 당부와 가르침도 자연스럽게 이루어졌다. 아이들이 성장하며 점점 바빠지자 아내와 둘이서만 식탁에 앉는 시간이 늘었다. 그때마다 젊고 고왔던 둘의 모습이 바래가는 것을 느꼈다.

그래도 식탁은 여전히 멀쩡하다. 앉으면 흘러간 삶이 영상처럼 흐른다. 넷이서 모여 도란도란 이야기하며 함께 밥 먹던 시절이 참 행복했음을 느낀다.

우리 집에는 또 다른 고물 가구 장롱이 있다. 지금은 아파트에 붙박이장이 있어 장롱을 새로 사는 일이 드물지만, 그때는 신부 혼수 1번이 장롱이었다. 아내도 혼수로 장롱을 준비했다. 결혼 후 남의 집에서 세를 살 때 그 장롱은 요긴하게 쓰였다.

그러나 새로 산 우리 집에는 맞지 않아 새 장롱을 샀다. 까만 옻칠에 자개 수를 놓은 장롱이다. 네 개 문짝에는 사계절 전원생활의 모습을 자개로 장식했다. 당시 자개장은 고급 장롱이었고, 값도 꽤 비쌌다. 지금도 우리 안방에 그대로 있다.

장롱도 우리 삶의 앨범이다. 출근할 때 장롱 속에서 옷을 꺼내 입고, 퇴근 후 제자리로 돌려놓으면 하루가 정리되었다. 아내는 장롱 앞에서 옷을 골라 주거나 벗은 옷을 받아 걸어주었다. 우리 부부만의 참한 시간이었다.

옻칠과 나프탈렌 냄새가 나는 장롱은 오히려 정겹게 느껴졌다. 옷과 이불은 물론 중요한 서류까지 넣어둔 장롱은 가족을 따스하게 품는 든든한 존재였다.

퇴직 후 매일 출퇴근할 일이 없어진 지금은, 장롱 앞에 멍하니 서서 옛 추억을 떠올리며 창밖을 바라보곤 한다. 장롱은 말없이 그 자리에 서 있다.

처음 산 단독주택에서 17년 살고, 지금까지 몇 번 아파트로 이사했다. 이사할 때마다 식탁, 장롱, 돌절구 등 고물 가구를 가져갈지 버릴지 고민했다. 젊은 자식들은 아파트엔 어울리지 않는다며 새 가구로 바꾸자고 했다. 하지만 우리는 버리지 못했다. 새로 사려면 돈이 드는 게 아까워서가 아니라, 그 가구들은 정이 들었기 때문이다. 그들은 우리와 함께 살아온 또 다른 우리다. 손때 묻은 골동품에는 지난 세월의 희로애락이 스며있다.

정이란 사람과 사람 사이에만 존재하는 게 아니다. 삶의 흔적에도 깃든다. 오래 탄 자동차를 폐차할 때의 아쉬움, 함께 살았던 애완동물이 사라졌을 때의 섭섭함도 깃든 정 때문이다. 비록 골동품이 되었지만, 식탁과 장롱은 긴 세월 우리와 함께한 정든 동행이다. 우리가 살아 있는 날까지 함께할 것이다. 아직 쓸 만하기도 하니 오랜 세월 함께한 정을 쉽게 버릴 수는 없다. 정이란, 삶을 따스하게 이어주는 보물이기 때문이다.

나는 정에 약한가 보다. 정(情) 초코파이를 유달리 좋아한다.

돌탑 고갯길

이제 완연한 봄이다. 남녘으로부터 꽃 소식이 전해진다. 여기에도 진달래 꽃망울이 맺혔다. 곧 봄꽃들의 잔치가 펼쳐질 것이다. 온갖 풀들은 차가운 땅을 딛고 돋아날 것이다.

가깝게 지내는 P님이 아침에 영상 카톡을 보내주었다. 신나게 봄을 즐기는 사람들의 모습이 멋지다. "연분홍 치마가 봄바람에 휘날리더라~"로 시작하는 옛 가수 백설희의 노래도 애절하다. 옛 고향의 서낭당(성황당) 돌탑 고갯길이 머릿속에 아련하게 떠오른다.

내가 어릴 적에 살던 고향 마을에는 좀 가파른 고갯길이 하나 있었다. 읍내를 오가려면 이 고개를 넘어야 했다. 길은 황톳길이었고 달구지가 다닐 만큼 넓은 편이었다. 우리 마을 사람들뿐만 아니라 인근의 다른 마을에 사는 사람들도 이 길로 많이 다녔다. 오가는 행인이 사철 꽤 많은 편이었다. 자동차가 드물던 시절이라 모두 걸어서 다녔다. 읍내 관청에 일 보러 가는 사람도, 먼 길 나들이 가는 사람도 이 고갯길을 넘어 다녔다. 친정에 가는 아낙네도, 시장에 가는 영감님도 이 길로 다녔다. 처가에 조랑말을 타고 가서 소달구지에 신부를 싣고 오는 새신랑은 이 고개를 넘으며 싱글벙글 좋아했다. 추운 겨울, 벼 가마니를 등에 얹고 이 고개를 헉헉거리며 넘는 소는 내뿜는 입김이 얼어서 턱에 고드름이 달리기도 했다.

이 길 고갯마루에는 양쪽에서 올라온 사람들이 잠시 쉬어가는 쉼터가 있었다. 쉼터래야 둔덕에 갖다 놓은 앉기 편한 넓적한 돌 몇 개뿐이다. 그래도 추운 겨울이 아니면 사람들은 대부분 여기서 쉬어갔다. 오가는 사람이 만났다. 산에서 나무를 해 지게에 지고 내려온 사람과 읍내 장에 다녀오는 사람이 만나 두런두런 이야기를 나눈다. 장에서 들은 이야기, 쌀값 시세, 인근 마을의 대소사가 이 고갯마루 쉼터에서 다른 마을로 많이 전해졌다.

쉼터 옆에는 돌탑이 하나 있었다. 근사하게 쌓은 멋진 탑은 아니다. 원뿔 모양으로 생긴 돌무더기다. 이 돌탑은 언제 누가 만들기 시작했는지 모른다. 내가 어릴 때부터 그렇게 있었다. 돌탑 옆에는 당산(堂山)나무가 서 있었다. 나뭇가지에 가끔 오색 천이 걸려 있어서 을씨년스럽기도 했다. 이 고갯마루에 오면 남녀노소 누구나 하는 일이 있었다. 먼저 돌을 하나 주워서 합장하여 절하고 돌탑에 올려놓는 일이다. 누가 시키지 않아도 대개 그렇게 했다.

돌탑 옆에는 개나리가 여러 그루 있었다. 따스한 봄이 되면 노란 개나리꽃이 피어 오가는 사람들을 반겼다. 고갯마루 양쪽 산에 진달래가 피면 온 산이 꽃동산이었다. 아이들은 산에 올라가 놀며 진달래꽃을 따먹기도 하고, 꺾어다 항아리에 예쁘게 꽂아두기도 했다. 봄바람이 불면 고갯마루 언덕에 모여앉아 냉이도 캐고 쑥도 캤다.

정월대보름 전날 밤에는 쥐불놀이하던 아이들이 이곳으로 모였다. 동네 아주머니들이 떡시루를 머리에 이고 고사(告祀)를 지내러 오기 때문이다. 가족의 건강과 가내의 행운을 빌고서 떡은 그 자리에 그냥 놓고 갔다. 나도 관솔불이 타고 있는 쥐불놀이 깡통을 들고 어머니를 따라 여러 번 거기에 갔다. 대보름 전야의 둥그런 달이 산하를 고요히 비춘다, 어머니는 떡시루 앞에서 합장하고 작은 목소리로 소원을 빌었다. 하얀 소지(燒紙)를 촛불에 태워 하늘로 날리셨다. 어머니의 신비로운 모습이 지금도 고스란히 남아있다.

그때는 5일장이 섰다. 40리 길 읍내 장에 가서 일을 보았다. 걸어서 귀가하려면 해 짧은 겨울엔 으레 어두운 밤에 돌아오곤 했다. 아버지가 장에 가셔서 늦으면 어머니는 화롯불에 된장찌개를 올려놓았다. 아버지 저녁밥을 놋그릇에 담아 따끈한 아랫목 포대기 속에 묻어 놓았다. 그리고 나를 불러 마중을 보냈다. 종이 등(燈)에 등잔불을 넣어 들고는 고갯길 돌탑에 가서 아버지를 기다렸다. 어두워서 보이지는 않았다. 기침 소리나 말소리가 들리면 등불을 몇 번 높이 들어올렸다. 아버지는 내가 나와 있다는 것을 알아차리셨다. 아버지 손에는 대개 생태 몇 마리가 들려져 있었다. 명절이 가까운 날은 옷이나 신발을 사 왔다. 여러 번 입어보고 신어보면서 좋아했다.

나는 젊어서 고향을 떠났다. 공부 때문에 떠났고, 직장 때문에 고향에 가서 살지 못했다. 그래도 부모님이 거기에 사셔서 자주 고향을 찾아갔다. 버스 정류장에서 내려 돌탑 고갯길을 걸어 넘었다.

아이들이 태어난 후에는 명절이면 곱게 한복을 입혀 고갯길을 넘어 고향에 다녔다.

그런데 지금은 그 산줄기를 따라 고속도로가 뚫렸다. 옛 고갯길의 돌탑은 사라졌다. 이따금 그 시절을 돌아본다. 하얀 무명옷을 입고 고갯길을 넘어 다니던 옛사람들의 모습이 보인다. 가마 타고 돌탑 고갯길을 넘어 시집가던 이웃집 누나의 모습도 생생하다. 노랑 저고리에 연분홍 치마를 곱게 입은 신부는 손수건으로 연신 눈물을 훔치며 고갯길을 넘었다.

나의 어린 시절 추억이 맺혀 있고, 젊은 꿈이 영글었던 고향의 돌탑 고갯길이 봄이면 더 그립다.

보리밭

가만히 옛 추억에 잠기면 파란 보리밭에 일렁이는 바람 소리가 들리는 듯하다. 그리고 가곡 '보리밭' 을 즐겨 부르던 그분의 모습이 아련하게 떠오른다.

정월 대보름이 지나면 응달 소나무밭에 남아있던 눈도 서서히 녹고, 냇물의 얼음장도 얇아진다. 아직 봄이라고 하기엔 이른데도 버들강아지는 먼저 눈을 뜬다. 이때쯤이면 언 땅에서 겨울을 이겨낸 보리도 서서히 기지개를 켜고 일어날 준비를 한다.

보리는 가을에 씨를 뿌린다. 그러면 겨울 추위 전에 살짝 이파리 두어 장만 내밀고는 하얀 눈 이불을 덮고 꽁꽁 언 땅에서 겨우내 죽은 듯 견뎌낸다. 그러다가 봄 햇살이 따스해져 양지바른 언덕에 아지랑이가 아물거리면 깨어나 자라기 시작한다.

파란 보리는 청소년의 모습이다. 하루가 다르게 쑥쑥 자라는 모습이 청소년의 젊음처럼 풋풋하고 싱그럽다. 봄비를 흠뻑 맞고 나면 윤기가 흐르고 생기가 돈다.

요즘은 보리밭을 보기가 쉽지 않다. 농촌에도 보리밭이 거의 사라졌다. 도시에 사는 젊은 세대는 보리밭에 대한 감흥이 없을 성싶다. 농촌에서 태어난 나는 보리밭을 보며 자랐다. 보리가 중요한 식량이었던 때라 밭에는 거의 보리를 심었고, 봄이면 들판은 보리 물결이었다. 푸른 보리가 물결치는 들녘은 바다 같았다. 산자락의 화사한 살구꽃이 보리밭을 굽어보고 미소 짓는 듯했다. 보리 이삭이 패면 종달새가 지저귀고 보리는 누렇게 익어갔다.

내가 젊은 날 함께 일했던 A님은 직장 윗분이었는데, 인상이 좋고 너그러운 성격이라 누구나 좋아했다. 나를 신임해서 중요한 보직을 맡기고, 고생한다며 늘 격려하고 챙겨주던 고마운 어른이었다. 나를 알아주고 믿어주는 게 고마워서 일도 참 열심히 했다. 여러 해 함께 근무하면서 정이 많이 들어 그분이 퇴임한 후에도 자주 찾아뵈었다. 내가 승진했을 때 자신 일처럼 기쁘다면서 가깝게 지낸 옛 동료들을 불러 축하 회식 자리를 마련해 주기도 했다.

그분은 노래방에 가면 꼭 '보리밭' 을 불렀다. 그때는 저녁 회식이 끝나면 으레 노래방에 가서 한바탕 신나게 노래를 부르며 스트레스를 풀었다. 웃어른이라 제일 먼저 노래를 부르곤 했는데 언제나 '보리밭' 이었다. 나중에는 그분에게 물어보지도 않고 아무나 '보리밭' 을 입력하였다. 그분 역시 마다하지 않고 그 노래를 불렀다. 섬마을에서 보리밭을 보며 사신 분이라 보리밭에 남다른 정서가 배어 있었을 것이다.

"보리밭 사잇길로 걸어가면 뉘 부르는 소리 있어…"

굵직한 목소리로 특유의 감정을 실어 열창하던 모습이 지금도 생생하게 떠오른다.

그분은 암으로 여러 해 고생하다가 몇 해 전에 돌아가셨다. 보리가 파랗게 자랄 즈음이었다. 부음을 듣고 빈소를 찾아 영정 앞에 서니 '보리밭'을 부르던 모습이 떠올랐다. 애절한 '보리밭' 곡조처럼 향로에서 특유의 향기가 하늘거렸다. 그분은 나고 자란 섬으로 돌아가 보리밭 사잇길로 운구되어 영원히 잠들었다. 그가 잠든 언덕 아래 넓은 밭에는 파란 보리가 빼곡하게 도열하여 그를 지켜보는 듯했다.

나를 믿고 인정해 주는 그분이 좋아서 최선을 다해 일하던 젊은 시절이 그립다. 지금쯤 보리가 파랗게 자랄 것이다. 그분이 부르던 '보리밭' 노래가 들리는 듯하다.

비 오는 날의 잡담

장마라더니 요즘 부쩍 비가 많이 내린다. 다행히 이곳은 흐리기만 할 뿐, 오늘은 비가 주춤했다. 그러나 충청도와 전라도, 경상도 지방엔 폭우로 큰 피해가 발생했다. 인명 피해 소식까지 들려온다. 앞으로도 비가 계속 내릴 것이라니 걱정이다.

지구 곳곳이 고통을 호소한다. 폭우, 폭염, 대형 산불…. 기후변화가 가져온 재앙들이다. 빙하가 녹고 만년설이 흘러내리니 더 이상 예전의 지구가 아니다. 인간의 욕심과 무분별한 개발이 지구의 역습을 불렀다.

"순천자는 흥하고 역천자는 망한다." 공자의 이 말은 『명심보감』에 실려 있는 구절이다. 2,500년이 지난 지금에도 여전히 진리로 통한다. 인간이 순리를 따르고 겸손하게 살아야 할 이유가 바로 여기에 있다. 지구를 얕잡아보고 욕심껏 개발한 대가는 혹독하다. 이제라도 자연의 질서를 되새기며 겸허히 살아야 한다. 하루빨리 장마가 물러가고 평온한 일상이 돌아오길 바란다.

비는 물이고, 물은 생명의 근원이다. 물이 없으면 인간은 물론 어떤 생명체도 살 수 없다. 비가 제때 내려야 농사도 되고, 마실 물도 안정적으로 공급된다. 옛날엔 가뭄이 심하면 왕조차 기우제를 지내며 자신의 부덕을 탓했다.

어릴 적, 가뭄 속 모내기철이면 농부들은 냇바닥을 삽과 곡괭이로 며칠씩 파서 지하수를 끌어올렸다. 형과 함께 바가지로 물을 푸던 기억이 생생하다. 그렇게 힘겹게 물을 대고 나면 농부들의 얼굴엔 비 오듯 땀이 흘렀다.

긴 가뭄 끝에 비가 내리면 기쁨은 이루 말할 수 없다. 옆집 아주머니는 단비를 맞으며 덩실덩실 춤을 추었다. 집에서는 부침개를 부치며 온 가족이 웃고 떠들며 좋아했다. 어머니가 만든 호박 꾸미 얹은 칼국수도 참 맛있었다. 온 가족이 둘러앉아 맛있게 먹던 옛 기억도 비 오는 날이면 떠오른다.

비가 내려 들에 나가지 않는 날이면 아버지는 마루에 앉아 잎담배를 썰었다. 때로는 고장 난 우산을 고치기도 했다. 그 우산은 학교 갈 때 쓰는 내 전용 우산이었다. 사라진 지 오래지만, 아버지의 손놀림은 여전히 내 기억에 또렷하다.

그 시절 농부는 비가 내려도 일을 해야 할 때가 많았다. 비를 맞으며 고구마순을 심고, 벌레를 잡고, 쇠꼴을 베었다. 제대로 된 우비가 없어 종이 포대나 도롱이를 입고 일했다. 흠뻑 젖은 옷에서 줄줄 떨어지는 빗방울, 젖은 옷을 무겁게 걸치고 들에서 일하던 농부들의 모습은 사라진 풍경이 되었다.

이번 장마에 고향에도 피해가 클까 걱정된다. 시가지가 잠기고 강물이 불어났다. 친지에게 안부를 묻자, 큰 피해는 없지만 모두 긴장하고 있다고 했다. 빗물은 순식간에 마을을 덮을 수 있다. 군 복무 시절, 소양강 범람으로 병사 한 명이 강물에 휩쓸려 내려가 하류에서 발견된 일이 있었다. 그가 매달렸던 나뭇가지가 오랫동안 강가에 남아있었다. 그 나뭇가지는 보는 이의 가슴을 아프게 했다.

비는 이름도 많다. 안개비, 이슬비, 보슬비, 가랑비, 장대비, 봄비, 여우비, 실비, 궂은비, 약비, 단비…. 이름만으로도 정감이 묻어난다.

비는 그리움이다. 비가 내리면 찾아올 사람도 없는데 창밖을 내다본다. 차분하게 가라앉은 가슴에 그리움이 살랑인다. 옛 추억이 새삼스레 떠오르기도 하고 잊었던 얼굴이 그려지기도 한다.

비는 사람의 감성을 자극한다. 빗속을 혼자 걸으며 사색에 젖는다. 좋은 사람 둘이서 우산을 함께 쓰고 걸으면 정겹다. 비는 노래가 되고 그림이 된다. 떡갈나무에 떨어지는 빗방울 소리는 시가 되고, 연못 위에 그리는 동심원의 파문은 마음속 깊은 곳을 울린다.

비는 정화수다. 대지를 적시며 먼지를 깨끗하게 씻어낸다. 소나기가 한바탕 쏟아지고 난 후의 바람은 청량하다. 비 걷힌 하늘에 그려놓은 무지개는 또 얼마나 예쁜가. 비 오는 날이면 나의 마음은 조용히 과거로 떠난다. 그리운 사람들을 만나고 옛 기억을 찾아 잠시 머문다. 어쩌면 비는 그런 시간을 선물해주는 좋은 친구인지도 모르겠다.

걸음 속 미학

내 건강 비결은 걷기다. 스트레스를 받거나 우울하면 걷는다. 걸으면 다리만 튼튼해지는 게 아니라 마음도 편안해진다. 오늘도 아라뱃길을 걸었다. 길은 강가를 따라 나 있다. 물살을 가르며 배가 지나가고, 유니폼을 차려입은 바이커들의 자전거 행렬이 멋지다. 강물은 반짝이고 물 위로 솟구쳐 뛰어오르는 물고기도 보인다. 평화로운 여름 풍광을 즐기며 강둑을 걸었다.

나는 아라뱃길 남측 '바람 소리 언덕길' 을 좋아한다. 둥글게 솟은 언덕이 강을 보듬고, 물길은 바다의 어귀로 이어졌다. 언덕에는 풀들의 잔치가 한창이다. 무궁화가 피고 해당화도 피었다. 한여름이라 무성하게 자란 풀 내음이 향기롭다. 봄에는 꽃잔디가 예쁘게 핀 꽃길이었다. 언덕길을 걷다가 냉이도 캐고 고들빼기도 캤다. 지금은 씀바귀 잎이 나풀거린다. 바다 쪽으로 걷다 보면 메타세콰이어가 줄지어 서서 하늘을 떠받친 '나무다리 길' 이 나온다. 그늘이 좋아 더위를 식힐 수 있다. 길옆에는 우거진 억새가 강바람에 부스

럭거린다. 매미 소리를 들으며 강가 정자에 올라가 주변 경관을 둘러보면 머리가 한결 맑아진다.

운동의 기본은 걷기다. 돌아보면 열심히 걸어서 여기까지 왔다. 초등학교 때부터 2km쯤 되는 흙길을 걸어서 학교에 다녔다. 초등학교 1, 2학년 어린이의 종종걸음으로는 꽤 멀었다. 보자기에 둘둘 만 책보를 허리에 매고, 양철 필통 속에서 달그락거리는 몽당연필 소리를 들으며 걸어서 학교에 다녔다. 물론 그때부터 건강을 생각하며 걸은 것은 아니다. 걸을 수밖에 없어서 걸었지만 내 건강의 바탕은 그때 다져진 게 아닌가 싶다.

중학교는 더 멀리 다녔다. 우리 마을에서 6km쯤 떨어진 면사무소 소재지에 중학교가 있었다. 우리 마을에서 가장 높은 산을 넘어야만 했다. 그 산 고갯길 이름이 '쌍계 고개' 였다. 눈이 오나 비가 오나 그 산을 넘어 학교에 다녔다. 아침 등굣길은 바빴다. 일찍 아침밥을 먹고 고갯길을 숨 가쁘게 넘어야 학교에 늦지 않았다. 눈 내린 겨울날에는 운동화에 새끼줄을 감고 산에 오르기도 했다. 산마루에 오르면 30리 밖 계룡산까지 보였다. 산 고갯길에서 산토끼도 보고 더러는 노루도 만났다.

중학교 때 '개교기념 학생마라톤대회' 를 하면 고갯길을 넘어 다니는 학생들이 상을 많이 받았다. 매일 아침저녁 등산하는 건각(健脚)들이기 때문이었다. 힘겨운 학교 길이었지만, 그때 다져진 체력으로 건강하게 지내왔다는 생각이 든다.

도시 길은 걷기에 마땅치는 않다. 그래도 나는 거의 날마다 걷는다. 근린공원에 나가 걷기도 하고, 마을이나 아파트 주변을 돌기도 한다. 학교 운동장은 흙을 밟을 수 있어서 좋다. 코로나로 잠겼던 교문이 열렸다. 열심히 운동장을 걷는다. 신발을 벗고 맨발로 운동장을 걷기도 한다. 발바닥에 느껴지는 감촉이 알싸해 기분이 좋아진다.

날씨가 몹시 춥거나 더우면 대형마트 매장에 들어가 걷기도 한다. 매장이 넓어서 진열대 사이로 걸을 수 있다. 겨울에는 따뜻하고 여름에는 시원해서 좋다. 손님이 많이 몰리는 시간은 피하고 저녁 시간을 이용한다. 열심히 걸어도 뭐라 하지 않는다. 그래도 걷기만 하고 그냥 나오면 미안하니까 뭔가 하나는 산다.

숲속 오솔길을 걷는 것은 고단한 마음을 편안하게 다독일 수 있어 좋다. 산정호수 둘레길이 아니어도 좋다. 계곡에 맑은 시냇물이 흐르고, 다람쥐나 청설모가 재롱부리는 산길이면 행복하다. 숲길을 걸으면 청량한 산바람이 온몸을 편안하게 어루만져준다. 나무 계단 길보다는 자연 그대로의 흙길이 더 정감이 난다. 나는 계양산 솔밭길을 자주 걷는다. 잘 자란 소나무가 싱그럽다.

산길의 정경은 계절마다 다르다. 가지에 새싹이 돋고 진달래가 피는 봄 산의 오솔길은 화사한 기운이 감돈다. 짙푸른 여름 산 오솔길은 싱그러움이 가득하다. 단풍 든 가을 산의 정경은 고운 그림이다. 사색이 한층 더 깊어진다. 하얀 눈이 소복하게 쌓인 겨울 산길을 걷노라면 마음속의 부질없는 잡념들이 스멀스멀 사라진다. 열심히 걸으면 건강도 좋아지고, 마음의 수양도 된다. 우리 마을에는 계양산, 할메산, 가현산의 오솔길이 걷기에 좋다. 혼자 걸으면 사색하기 좋고 함께 걸으면 정겨움이 배가 된다.

히포크라테스는 '최고의 약은 바로 걷는 것' 이라고 했다. 허준의 《동의보감》에도 "약으로 고치는 것〔藥補〕보다는 음식으로 고치는 것〔食補〕이 낫고, 음식으로 고치는 것보다는 걸어서 고치는 것〔行補〕이 낫다." 고 했다.

철학자들도 걷기를 예찬했다. 니체는 '진정 위대한 모든 생각은 걷기로부터 나온다' 고 했고, 키에르케고르도 '걸으면서 쫓아버릴 수 없을 만큼 무거운 생각이란 하나도 없다' 고 했다.

나는 자랄 때 매일 논밭 사잇길을 걸어 다녔다. 마을에서 들녘으로 황톳길이 구불구불 이어졌다. 밖으로 통하는 길이었다. 길옆에는 시냇물도 함께 흘렀다. 벼가 누렇게 익어가던 가을 길이 특히 기억에 남는다. 어린 시절로 돌아갈 수 있다면, 코스모스 피고 메뚜기가 폴짝거리던 내 고향 시골길을 다시 걷고 싶다.

인생길도 결국 걷기다. 언제 끝날지 모를 그 길을 우리는 오늘도 걷는다. 걷다가 더 이상 걸을 수 없을 때 거기가 막다른 길이다. 걸을 수 있을 때 좋은 인연과 함께 아름다운 길을 자주 걸어야겠다. 나는 내일도 걷는다. 나의 길을 간다.

국화 향기 속에서

거리를 걷다 보니 가까운 드림파크에서 내일부터 일주일간 국화 전시회를 연다는 현수막이 걸려 있다. 발걸음을 멈추고 자세히 살펴보았다. 올해도 전시회에 꼭 가봐야겠다는 마음이 들었다. 깊어가는 가을에 국화 향기를 만나는 것은 마음을 편안하게 다스릴 수 있는 좋은 시간이다.

가을은 단연코 국화의 계절이다. 국화는 사군자 중 하나로 품격이 다르다. 다른 꽃들은 따뜻한 계절에 꽃을 피우건만, 국화는 찬 서리를 맞으며 꿋꿋하게 꽃을 피운다. 그 고고한 절개가 과연 군자의 기상이다.

국화의 은은한 향기가 바람을 타고 번질 때면 마음이 절로 고요해진다. 현애작(懸崖作)처럼 작은 송이부터, 접시만 한 대국(大菊)까지 크기도 다양하다. 흰색 · 노랑 · 보라 · 분홍빛 등 색채 또한 다채롭다. 하나하나의 꽃송이가 모여 만들어내는 풍경은 가을이 빚어낸 축복이다.

국화를 떠올리면 예전에 근무하던 학교의 '국향(菊香)의 밤' 축제가 생각난다. 농업 전공 교사 한 분이 1년 내내 정성을 들여 국화를 길렀다. 봄에는 모종을 심고, 여름에는 병충해를 막으며 모양을 예쁘게 만드느라고 애썼다.

정성으로 길러낸 국화들은 가을이면 예쁜 작품으로 태어났다. 교문부터 현관과 복도, 층계까지 전시되어 학교 구석구석을 환하게 물들였다. 화분 사이에는 학생들의 시화(詩畵)가 함께 전시되었다. 한반도 모양으로 만들어져 큰 도시마다 꼬마전구가 반짝이던 국화 작품은 아직도 눈에 선하다. 그때의 교정은 국화와 시, 그림이 어우러진 동화 나라 세상이었다. 잔잔한 음악과 시 낭송이 흘러나와 분위기를 띄웠다.

"한 송이 국화꽃을 피우기 위해 봄부터 소쩍새는 그렇게 울었나보다…" 서정주 시인의 시 〈국화 옆에서〉와, "국화야 너는 어이 삼월동풍 다 지내고 낙목한천(落木寒天)에 네 홀로 피었는다~…" 이정보의 시조는 국화축제 방송의 단골이었다.

'국향의 밤' 축제는 학생과 학부모, 지역 주민이 함께 관람했다. 모두가 은은한 국화 향기 속에서 잠시나마 마음의 평화를 얻었다. 꽃송이가 사람의 마음을 열고, 향기 한 줄기가 삶의 깊이를 더한다는 것을 느꼈다.

국화의 으뜸은 들국화다. 나는 크고 화려한 국화보다 들국화를 좋아한다. 화려하지 않지만 소박하고, 향기는 그윽하되 지나치지 않다. 들국화는 일부러 기르지 않는다. 아무 데서나 자라다가 찬

서리가 내릴 때쯤 활짝 피어난다. 그 참한 향기는 매혹적이다.

아침이슬을 머금고 함초롬히 피어 있는 들국화를 보면, 문득 수줍던 첫사랑이 떠오른다. 그 단발머리 소녀의 맑은 미소처럼 들국화는 늘 내 마음을 설레게 한다. 또한 냇가 언덕이나 호젓한 산길, 그리운 이의 무덤가에서 마주하는 들국화는 언제나 나를 겸허하게 만든다.

들국화는 고요한 향기요, 절제된 아름다움이다. 눈부시게 피어나기보다 묵묵히 찬바람을 견디며 향기를 나눈다. 화려하지 않아도 아름다울 수 있고, 말하지 않아도 세상을 위로할 수 있다는 것을 들국화는 가르쳐 준다.

나는 국화가 피는 계절이 오면, 삶의 무게를 잠시 내려놓고 나 자신을 돌아본다. 우리의 마음도 국화 향기처럼 은은해야 하지 않을까. 화려한 찰나보다 국화처럼 향기로운 마음으로 살아가고 싶다.

돌지 않는 바람개비

경인 아라뱃길 강가를 걷다 보면 내 눈길을 붙드는 풍경이 있다. 강변 언덕에 대형 바람개비가 줄지어 서 있는 모습이다. 초등학교 때 열심히 외웠던 '빨주노초파남보', 빨강에서 보라까지 무지개 일곱 빛깔의 바람개비가 강을 따라 길게 늘어서 있다. 세어보니 일곱 쌍이다. 모두 49개의 바람개비가 강가에 한 줄로 길게 늘어서서 돌고 있다. 햇살이 비치고 물결이 잔잔하면 바람개비의 일곱 색깔이 강물에 어리어 반짝인다. 마치 무지개가 땅으로 내려와 바람과 함께 춤추는 듯하다.

바람개비가 도는 모습은 예쁘다. 바람을 머금은 날개들이 일제히 회전하며 저마다의 빛깔로 노래한다. 여러 빛깔의 큰 바람개비가 함께 도니 축제라도 벌인 듯하다. 내 마음도 덩달아 달뜬다.

바람개비도 개성이 있다. 자세히 보면 돌아가는 속도가 모두 다르다. 신나서 빨리 도는 바람개비가 있다. 남 눈치를 보며 적당히 도는 것도 있다. 귀찮은 듯 돌다 말다 꾀부리는 것도 있다. 남이야

돌든 말든 꿈쩍 않고 전혀 돌지 않는 바람개비도 딱 하나 있다.

강바람이 불면 바람개비들은 돈다. 높다란 다리 위로 전동차가 덜컹거리며 지나가면 반갑다고 뱅글뱅글 돈다. 강물 위로 물살을 가르며 배가 지나가면 손을 흔들 듯 회전하며 좋아한다. 그런데 다섯 번째 파랑 바람개비 하나만은 고집스럽게 멈추어 서 있다. 절대로 돌지 않는다. 세찬 바람이 불어와도 끄덕하지 않는다. 강물이 하얗게 부서져 파문이 일어도 못 본 척한다. 겨울 철새 떼가 강 위로 날아들어도 그 바람개비는 꿈쩍하지 않는다. 48개의 바람개비 모두가 자신의 개성대로 어울려 춤을 추어도. 파랑 하나만은 묵묵히 침묵을 지킨다.

처음에는 고장 난 것이겠지 여기고 무관심했다. 그런데 언제부터인가 모두가 재미있어 웃는데 혼자만 웃지 않는 생경함이 느껴졌다. 볼 때마다 입 다물고 서 있는 그 파랑 바람개비에서 단순한 결함 이상의 무엇이 느껴졌다.

돌지 않는다는 건 어쩌면 거부가 아니라 기다림일지 모른다. 세상 돌아가는 모습에 불만이 많아서 돌지 않을 수도 있다. 해탈을 향한 깊은 명상에 잠겨 있기 때문일 것 같기도 하다. 돌지 않는다는 것은, 조용히 세상을 바라보는 또 다른 방식일 것이다. 움직이지 않음으로써 오히려 더 큰 이야기를 우리에게 들려주고 있는지도 모른다.

나는 그 앞을 지날 때마다 묻는다.

"언제쯤 돌래? 널 돌게 하고 싶어."

그러나 곧 생각을 고친다.

"굳이 돌지 않아도 괜찮아. 멈춤 또한 하나의 길이니까."

많은 사람이 세상은 끊임없이 돌아가야 한다고 생각한다. 하지만 혼자만 돌지 않고 묵묵히 서 있는 파란색 바람개비는 다른 길을 보여준다. 모두가 흔들릴 때 혼자라도 멈추어 바르게 설 힘이 필요하다고 일깨워 준다. 고요 속에서 더 깊은 바람을 품는 법을 알려준다.

오늘도 아라뱃길을 걸으며 그 파랑 바람개비를 바라본다. 여전히 돌지 않는다. 그것은 결함이 아니라 또 하나의 의미다. 언젠가 고요를 깨고 그도 신나게 빙글빙글 돌아갈 날이 오리라. 그 순간이 언제든, 나는 그것을 새로운 계절의 시작처럼 기다릴 것이다.

예쁘게 버린다는 것

폐품을 분류해서 버리는 일은 이제 일상이 되었다. 며칠 전 일이다. 재활용품을 종류별로 구분해서 수거 장소로 들고 나갔다. 비가 부슬부슬 내렸다. 그런데 땅바닥에 액자 하나가 널브러져 비를 맞고 있었다. 대형 가족사진 액자였다.

중앙에 나이 든 부부가 앉아 있다. 그 주위에는 자식들로 보이는 네 젊은이와 손주들이 둘러서서 웃고 있는 사진이었다. 퍽 화목해 보였다. 어느 집 벽에 걸려 있던 사진이 분명하다. 소중한 사진이 지금은 맨바닥에 버려진 채 비를 맞고 있다.

애처롭고 씁쓸한 마음이 들어 액자를 한쪽에 세워놓았다. 아내도 어이없고 서글프다고 했다. 집에 들어와 거실에 걸려 있는 우리 가족사진을 새삼스레 바라보았다.

나에게도 버려야 할 것들이 많다. 값나가는 물건도 아닌데 애착 때문에 버리지 못한 채 붙들고 있는 것들이다. 책장에 빼곡하게 꽂혀 있는 책들이 그렇다. 이미 읽은 책은 물론, 앞으로도 읽을 것 같지 않은 책은 버려야겠다. 돋보기를 쓰고도 읽기 힘든 오래된 책들도 버려야겠다. 읽은 책의 지식과 지혜만 남기면 되지 않겠는가.

내 방에는 기념패, 감사패, 표창패가 30여 개쯤 있다. 한때는 자랑스러워 집안 곳곳에 진열해두기도 했던 것들이다. 지금은 상자에 넣어 보관하고 있다. 주신 분들의 고마움만 가슴에 담고 버릴 것이다.

사진도 버려야 한다. 옛 앨범을 펼치면 빛바랜 부모님의 흑백사진이 반갑다. 학창 시절의 젊음, 결혼식 때의 사랑, 아이들과 즐거웠던 흔적이 사진 속에 담겨 있다. 여행 사진을 보면 그때의 모습이 떠오른다. 많은 인연이 사진 속에 남아 있다. 그러나 기억으로만 곱게 남기고 버릴 것이다. 훗날 아무렇게나 버려지는 것이 싫다.

상자 속에는 업무 수첩이 가득 들어있다. 직장에서 일할 때, 일의 계획과 과정을 기록하고 결과를 분석해서 수록해 둔 업무수첩이다. 생생한 내 기록이니 자서전이라도 쓰게 되면 참고할 일이 있을 것 같아 보관했다. 그러나 이제는 버려야겠다. 내가 했던 일들이 특별한 게 아니라는 생각이 들기 때문이다.

가장 버리기 힘든 것은 편지와 일기장이다. 젊은 시절 주고받은 손 편지는 느낌이 다르다. 등잔불 밑에서 펜촉에 잉크를 찍어 정성스럽게 쓴 편지를 품고, 먼 우체국까지 걸어가 우표를 사서 붙이고, 빨간 우체통에 넣던 기억은 전설처럼 아련하다. 마을 어귀에서 집배원을 기다리던 마음은 설레기만 했다. 그 시절 주고받은 편지들을 내용에 따라 세 묶음으로 묶었다. 표지에 붓글씨로 가족, 친구, 사랑이라고 써 보관해 왔다. 그 편지들을 읽으면 그때로 다시 돌아간다. 그래도 버려야 한다. 훗날 누가 이걸 애틋한 맘으로 다시 읽겠는가.

일기도 참 오래 써 왔다. 나는 어린 학생 시절부터 지금까지 종이 일기장에 그날의 생활과 생각을 써왔다. 고전적인 방법이지만 나에겐 그 방법이 더 친숙하고 편하다. 연말에는 1년 동안 써온 일기장에 연도를 써서 보관했다. 그렇게 써온 일기장이 몇 보따리가 되었다. 그러나 내가 사라지고 나면 누가 이걸 펼쳐보겠는가. 남은 자들에게 짐만 될 성싶으니 역시 내가 버릴 것이다.

버릴 것은 눈으로 보이는 것만이 아니다. 핸드폰 속의 전화번호도 지워야 한다. 내 핸드폰에는 1,129개의 전화번호가 저장되어 있다. 아직도 통화를 하는 사람은 몇 명뿐이다. 영영 떠난 사람도 많고, 옛날 전화번호도 수두룩하다. 이름이라도 기억하고 싶은 정으로 지우지 못했다. 그러나 이제 꼭 필요한 번호만 남기고 다 지울 것이다.

버릴 때는 예쁘게 버려야 한다. 빗속에 버려진 대형 가족사진처럼 눈살 사납게 버리면 안 된다. 애틋한 마음으로 버려야 여운이 길게 남아 오래 함께 할 수 있다.

소중하게 간직해 온 것들을 버린다는 것은 쉬운 일이 아니다. 살아온 흔적이기 때문이다. 남에게는 하찮게 보일지라도 나에게는 열심히 가꾸어 온 삶이다. 그래서 집착하게 된다. 그러나 이젠 버릴 수밖에 없다. 결국엔 육신까지도 버리고 떠날 우리가 아니던가.

불교 경전 금강경에는 "무릇 있는 바 상(相)은 다 이것이 허망하니, 만약 모든 상이 상 아님을 보면 곧 여래를 보리라"라는 말씀이 있다. 집착이 부질없음을 일깨우는 가르침이다.

법정 스님도 〈무소유〉에서 "무엇인가를 갖는다는 건, 다른 한편 무엇인가에 얽매인다는 것"이라고 말씀하셨다.

이제 해가 더 저물기 전에 하나씩 버려야겠다. 애착을 내려놓을수록 먼 길 떠나는 마음이 홀가분하지 않겠는가.

가을을 싣고 온 우정

시골 초등학교에서 함께 공부했던 L은 나의 오랜 벗이다. 그의 맑은 눈빛에는 진지함이 어려 있다. 시련을 잘 견뎌내며 묵묵히 자기 앞길을 열어왔다. 도리에 어긋나는 행위는 그냥 지나치지 못하는 정의로운 친구이기도 하다.

우리는 세월 따라 각자의 인생을 살아왔다. 나는 아직도 도시의 가쁜 생활 속에 머물러 있지만, 그는 서울살이를 마무리하고 김천의 두메산골로 훌훌 내려갔다. 전기도 들어오지 않는 산속에서 그는 비어 있던 집을 손수 고쳐 살기 시작했다.

어느 해에는 집에 불이 나서 모두 타버렸다고 했다. 얼마나 당혹스러웠을까 싶어 안타까웠다. 그래도 그는 주저앉지 않았다. 다시 집을 지었단다. 세월이 빚은 그의 단단한 모습이다.

그는 거기서 스스로 길을 내고 좁은 산길을 넓혔다. 시냇물 위에 다리를 새로 놓았다. 처음에는 사람만 다니던 길이었는데 이제는 차가 다닐 수 있을 만큼 넉넉해졌다고 한다. 그는 도시의 편리함을 떠나 불편한 산골의 삶을 택했지만, 거기서 땅을 일구고 오가는 계절과 자연을 벗하며 참살이의 맛을 즐기고 있다.

요즘은 그 친구 귀가 어두워져 전화로는 대화가 어려워 안쓰럽다. 그래서 주로 문자로 안부를 전한다. 며칠 전, 그에게서 메시지가 왔다.

"나는 잘 지내고 있네. 요즘 버섯 채취 시기라 송이버섯 조금 땄는데 혼자만 먹기 미안해서 조금 보내려고 하네. 주소 좀 바로 보내주게."

짧은 문장이었지만, 그 안에는 정이 가득 담겨 있었다. 요즘 자연산 송이버섯이 얼마나 귀한가. 나이 든 다리로 산속을 헤매며 힘들게 땄을 텐데, 그것을 나에게 보내려고 한단다. 고마운 우정이 가슴으로 밀려들었다.

며칠 후에 커다란 택배 상자가 도착했다. 택배 상자를 열자 향긋한 솔향이 거실에 퍼졌다. 송이버섯 한 상자, 호두 한 자루, 땅콩 한 자루, 된장 한 통, 들기름 한 병이었다. 그의 손끝에서 빚어진 가을이 고스란히 담겨 왔다.

그에게 메시지를 보냈다.

"친구야, 이게 웬일인가. 김천의 가을이 몽땅 우리 집으로 왔네 그려. 송이버섯을 보내준다더니 호두, 땅콩, 된장, 들기름까지…, 고생해서 얻은 걸 이렇게 앉아서 받아먹으니 미안해서 어쩌나. 아무튼 친구를 생각하며 맛있게 잘 먹겠네."

그날 저녁, 송이버섯을 구워 소금 기름장에 찍어 먹었다. 향긋한

버섯 향이 코끝에 스칠 때는 마치 산속 바람이 이는 듯했다. 한잔 술을 곁들이니 마음이 절로 따뜻해졌다. 이 향은 단지 송이버섯의 향이 아니라 친구의 정이 밴 향이지 않은가.

귀가 어두워 통화도 쉽지 않은 친구지만, 그의 마음은 여전히 또렷하고 깊다. 산골의 고요 속에서도 누군가를 떠올리고, 그 사람을 위해 흙과 땀을 정성으로 빚었다. 그걸 담아 산기슭에 부는 바람에 띄워 보낸 것이다.

그것은 단순한 음식이 아니라 오랜 세월을 건너온 우정의 선물이다. 나는 통화가 어려운 친구 대신 그의 아내에게 전화하여 고맙다는 인사를 전하려고 했다. 하지만 연결되지 않았다.

가을빛이 곱게 물든 아파트 정원 단풍나무가 예뻐서 창문을 여니, 선선한 바람이 밀려왔다. 슬그머니 송이버섯의 솔향과 함께 친구의 마음이 내 곁으로 날아와 앉는 듯했다. 멀리 떨어져 있어도, 말로 다 하지 않아도 진심은 이렇게 전해진다. 선물 상자에 담긴 산골의 향기와 함께 오랜 세월의 우정을 싣고 가을은 그렇게 내게로 왔다.

나는 오늘도 그 향을 음미하며 마음속으로 되뇐다.

'친구야, 그대가 보내준 가을 덕분에 내 맘이 참 향기롭다네. 고맙소.'

동지섣달 꽃 본 듯이

꽃은 누구나 좋아한다. 우리나라뿐만 아니라 세계적으로 꽃 축제가 많이 열린다. 전시장마다 꽃을 구경하러 몰려드는 사람들로 북적인다. 진귀한 꽃들이 저마다 자태를 뽐내고, 꽃으로 장식한 조형물 앞에는 사진을 찍는 사람들의 웃음이 가득하다.

가까운 경인 아라뱃길에 나가면 매화동산이 있다. 봄에 매화가 피면 그 고운 자태를 보려는 시민들로 붐빈다. 공원 울타리에는 노란 개나리가 봄소식을 알리고, 뒷동산의 연분홍 진달래는 곱다. 공원 가득 흐드러진 벚꽃은 화사하고, 학교 울타리의 목련은 우아하고 고고하다. 한여름 산기슭의 참나리는 화려하고, 늦가을 산길의 들국화는 청초하다. 계절마다 피어나는 꽃들은 언제 보아도 반갑다.

우리 민요 '밀양아리랑' 에는 "동지섣달 꽃 본 듯이 날 좀 보소" 라는 노랫말이 있다. 꽃을 보기 어려운 겨울철에 고운 꽃을 본 것처럼 사랑해 달라는 뜻이다. 요즘은 한겨울에도 꽃을 볼 수 있지만, 옛날에는 추운 겨울에 꽃을 보기란 쉽지 않았다. 그래서 설중매와 동백이 더욱 사랑받았다.

지난 1월 초순은 유난히 추웠다. 그런데 우리 집 난초가 꽃대를 밀어 올리더니 적황색 꽃을 피웠다. 겨울꽃이 아닌 난초가 추위 속에서 피니 더없이 반가웠다. 꽃잎 세 장이 길쭉하게 펴졌다. 흔한 노란 꽃이 아니라 붉은 바탕에 노란 줄무늬가 선명한 특이한 빛깔이었다. 거기에 파란 줄무늬까지 섞여 있다. 꽃주머니 가운데 빛깔은 샛노란데 붉은 반점이 눈처럼 두 개 찍혀 있어서 사람의 얼굴을 연상하게 했다.

한 해의 시작인 정초(正初)에 핀 꽃이니, 올해 좋은 일이 가득할 길조(吉兆)라고 여겨져 기분이 좋았다. 난초를 거실 탁자에 올려놓았다. 부드러운 난향이 그윽하게 퍼진다. 그 향기가 좋아 하루에도 몇 번씩 다가가 냄새를 즐긴다.

난초는 매화 · 국화 · 대나무와 함께 사군자 중 하나다. 유교문화권에서 난초는 군자의 기상과 절개를 상징하며, 순결함과 고결함의 표상으로 여겨졌다. 그래서 옛 화가들이 즐겨 그렸다. 난초의 부드러운 곡선은 보는 이의 마음을 편안하게 한다.

난초가 피자 동백나무에도 꽃망울이 맺혔다. 몇 해 전, 친구가 멀리 이사하며 잊지 말자고 동백 분재 두 화분을 주고 갔다. 흙 대신 왕모래에 심은 분재라 관리가 쉽지 않았지만 정성스럽게 돌보았다. 동백은 추운 베란다에서 겨울을 났다. 사철 푸른 잎이 삭막한 겨울 풍경을 부드럽게 만들어 주었다.

야생 동백과 달리 분재 동백에서 꽃을 보기란 쉽지 않다. 그런데 분재 두 그루 중 한 동백에서 꽃송이 하나가 피기 시작했다. 난초 향기에 들떠있는데 동백꽃까지 보게 되니 반가움은 두 배가 되었다. 작은 꽃망울이 점점 부풀어 오르며 꽃으로 피어나는 모습을 하루에도 몇 번씩 들여다보았다.

"꽃 피는 동백섬에~" 노래를 흥얼거리며, 젊은 날 걸었던 여수 오동도의 동백숲과 강진 백련사의 동백나무를 떠올렸다.

한 덩이로 뭉쳐 있던 꽃잎이 하나둘 펼쳐질 때마다 신기했다. 활짝 핀 붉은 동백 속에 샛노란 꽃술이 가지런히 나타났다. 분재가 한결 조화롭고 생기가 넘쳤다. 그 모습을 카메라에 담아 화분을 주고 간 좋은 친구와 멀리 있는 아들딸에게 보냈다. 예쁘다며 빨리 보고 싶다는 답장이 왔다.

추운 겨울을 견뎌내며 예쁜 꽃으로 치장한 난초와 동백은 "동지 섣달 꽃 본 듯이 날 좀 보소" 노래하며 우리 집을 찾아온 꽃 손님이다. 한겨울에 찾아온 그 꽃들은 새해의 인사처럼 반갑고 고마웠다. 난초와 동백이 혹한을 이겨내고 꽃을 피운 것처럼, 우리도 어려움을 잘 견디며 행복의 꽃을 활짝 피워야겠다.

제4장

수재의 반란

— 사람냄새 나는 세상

돼지꿈

돼지꿈을 꾸었다. 그냥 보통의 돼지가 아니다. 덩치가 엄청나게 크고, 꿀꿀거리는 소리가 우렁차다. 고향 선영(先塋) 뒷동산 기슭을 멧돼지 한 마리가 내려오는 꿈이었다. 산마루 양지바른 곳엔 부모님 산소가 있고 우리 형제들의 치표(置標)가 있다.

예부터 돼지꿈은 복 꿈이고 돈이 생기는 꿈이라고 했다. 이 돼지는 분명 뒷산의 부모님이 보내신 돈뭉치란 생각이 들었다. 그런데 암만 생각해도 돈이 생길 일이 없다. 그때 퍼뜩 복권 생각이 났다. 복권을 사려고 집을 나섰다. 아내가 어디 가느냐고 물었지만 대답하지 않았다. 좋은 꿈은 혼자만 알고 있어야지 발설하면 운(運)이 샌다고 들었기 때문이다. 우리 동네 복권 파는 집에 가서 복권 두 장을 샀다. 돌아오는 발걸음이 사뿐사뿐 가볍다. 토요일에 추첨이니 아직도 나흘이나 남았다.

복권 1등에 당첨되면 얼마나 받는지 인터넷을 검색했다. 엄청 많은 돈이다. 이 돈을 다 어디에 쓰지? 먼저 3분의 1쯤 뚝 떼어서 내 통장에 넣어두자. 이 돈은 순전히 공돈이니까 남을 위해서도 써야 한다. 그래야 돈을 점지해주신 부모님도 좋아하실 것이다. 어려운 학생들의 장학금으로 쓰거나, 곤궁한 사람들을 돕는 일에 쓰고 싶다. 소소한 기부는 해왔지만 흡족하게 돕지는 못해 아쉬웠다. 이제 손 큰 기부를 할 수 있다고 생각하니 마음이 흐뭇하다.

고향에 별장처럼 근사한 집을 지어야겠다. 고향의 들녘과 저수지가 훤히 내다뵈는 산기슭에 집을 짓겠다. 정원은 돌과 나무가 어우러져 고풍스럽고 그윽한 정취가 감돌아야 한다. 물레방아가 도는 연못을 만들어 잉어를 기르고 연꽃도 피워야겠다. 집을 다 지으면 우리 형제-조카들은 물론 지인들도 모두 불러 근사한 집들이를 하고 싶다. 어릴 때 함께 놀던 고향 친구들을 자주 불러 분수 가에서 바비큐 파티도 하면서 정겹게 살아야겠다.

그래도 돈이 남으면 또 어디에 쓸까? 동생에게 집을 사 주어야겠다. 몇 해 전에 사업에 실패해서 오래 살던 좋은 집을 팔고 고생하며 사는 동생이 늘 안쓰럽다. 서울에는 집값이 비싼데 사 줄 수 있을까? 좀 변두리로 나오거나 지방이라면 가능할지도 모른다. 착한 동생의 얼굴이 어른거린다.

돈이 남으면 아내가 좋아하는 여행을 가야겠다. 마침 올해는 금혼식을 맞는 해다. 신혼여행처럼 금혼식 여행을 간다는 생각에 가슴이 설렌다. 이제 나이가 있어 장거리 비행은 힘겨우니 비즈니스석을 타야겠다. 여행업체의 단체관광도 따라다니기 힘드니 느긋하게 즐길 수 있는 자유여행을 하겠다. 여행지에서는 현지 가이드를 쓰겠다. 알래스카에 가서 에스키모인도 만나보고 이글루에서 잠도 자보고 싶다. 남극의 펭귄도 찾아보고, 아프리카의 사막을 맨발로 걸으며 이글거리는 햇살을 받아보고 싶다. 부자들이 이용한다는 이탈리아의 알프스 돌로미티 휴양지나, 유명한 건축가 가우디의 손길이 스친 바르셀로나의 구엘 별장에 가서 편안한 휴식을 즐기고 싶다. 독특하고 맛있는 음식도 먹어보고, 코끝에 그윽한 향이 번지는 고급 와인을 마셔봐야겠다. 아내도 참 좋아할 것을 생각하니 얼굴에 미소가 번진다. 돼지꿈은 참으로 달콤하다.

마침내 복권을 추첨하는 날이 되었다. 다른 날 아침보다 일찍 눈이 떠졌다. 그렇게 빨리 가던 시간도 오늘은 굼벵이처럼 느리다. 저녁을 먹고 추첨 시간이 점점 다가오니 자꾸만 시계를 쳐다본다. 속내를 모르는 아내가 왜 자꾸 시계를 보느냐며 무슨 약속이라도 있느냐고 묻는다. 그래도 나는 복권 이야기는 하지 않았다. 혹시라도 좋은 기운이 빠져나갈까 싶어서다. 아내를 깜짝 놀라게 하고 싶었다. 드디어 추첨 시간이 되었다. 메모지와 볼펜을 가지고 TV가 있는 거실 소파에 앉았다. 복권은 안 가지고 나왔다. 책갈피에 넣어 내 방 책꽂이에 아무도 못 보게 꽂아두었다.

TV에서 추첨 방송을 시작한다. 남녀 두 진행자가 뭐라고 이야기를 나눈다. 빨리 추첨이나 하지 왜 시간을 끄나 싶다. 마침내 초대된 인사가 시작 버튼을 누른다. 이상한 소리와 함께 여러 개의 동그란 번호 공이 라인을 따라 빙그르르 구른다. 그중 한 개가 당첨 홀에 들어갔다. 그렇게 일곱 개의 당첨 번호가 선정되었다. 당첨

번호가 확정될 때마다 부리나케 메모지에 적는다. 부푼 기대가 한 가슴이다. 고향에 지을 별장도 스쳐지나가고, 동생의 웃는 얼굴도 떠오른다. 호수가 내다뵈는 근사한 별장의 발코니와 와인에 취한 아내의 볼그레한 뺨도 보인다.

당첨 번호를 쓴 메모지를 들고 내 방으로 돌아왔다. 의자에 앉아 잠시 눈을 감고 마음을 진정시켰다. 1등에 당첨되어도 기절하지 않게 해달라고 기원했다. 그리고 마침내 복권을 꺼내 하나하나 맞춰보았다. 복권은 한 장에 다섯 줄이다. 두 장을 샀으므로 열 줄이다. 그중 한 줄만 1등에 당첨되면 된다. 첫째 장 다섯 줄을 다 맞추었는데 맞지 않았다. 살짝 실망감이 들었다. 아직 한 장이 남아있다. 나머지 한 장의 번호를 꼼꼼하게 또 맞춰본다. 그런데 이게 웬 일인가. 꽝이다. 혹시 2등이라도 맞았는지 다시 맞춰 본다. 또 꽝이다. 3등, 4등, 5등, 모두 꽝이다. 이럴 수가 있나. 그럼 그 돼지꿈은 뭔가. 개꿈인가.

아내에게 돼지꿈 이야기와 복권 산 이야기를 했다. 아내가 웃으며 말했다. 그런 건 아무나 맞는 게 아니란다. 평소 와이프에게 지극정성으로 잘해야 맞는다고 했다. 밥도 하고 설거지도 하고 빨래도 하면서 왕비처럼 잘 모셔야 당첨된다고 했다. 그래서 내가 말했다. "안 되길 잘했네." 그리고 함께 웃었다.

이번 복권은 당첨되지 않았다. 그래도 이따금 복권을 사야겠다. 복권을 사고 발표하는 날까지 좋은 꿈을 꾸느라고 참 행복했기 때문이다. 결국 우리는 행복하기 위해 사는 게 아닌가.

젊었을 때는 꿈이 참 많다. 미래에 대한 무지갯빛 고운 꿈으로 언제나 설렜다. 그런데 나이가 들어 보니 꿈도 설렘도 거의 사라졌다. 무덤덤하게 세월을 그냥 엮어갈 따름이다. 그런데 돼지꿈을 꾸고 복권을 산 후 추첨하는 날까지는 꿈을 꾸었다. 설렘도 있어 행복했다. 게다가 복권 기금은 좋은 일에 쓴단다. 맞으면 좋고, 당첨이 안 돼도 남을 돕는 일이 아닌가. 돼지꿈이 개꿈이 되더라도 말이다.

꾸물꾸물

전 직원 90여 명이 관광버스를 타고 1박 2일 속리산으로 여행을 가는 날이었다. 떠날 시간이 다 되어 출발 인원을 점검했다. S가 아직 오지 않았다. 지금처럼 휴대전화가 있었다면 오고 있는지, 아니면 못 오는지 알아보면 될 일이다. 그때는 휴대전화가 없었다. 올 때까지 마냥 기다릴 수밖에 없었다. 버스에 탑승한 일행들의 눈이 모두 밖을 응시하고 있었다.

어찌된 일인지 30분이 지나도 S는 나타나지 않았다. 그때까지 안 오니 여행을 못 갈 사정이 생겼을지 모른다는 생각이 들기도 했다. 많은 일행을 계속 기다리게 할 수가 없었다. 결국 인솔 책임자의 판단으로 그냥 출발했다. 같은 부서라서 그를 잘 아는 나는 은근히 걱정이 되었다. 그 사람 워낙 꾸물대는 사람이라 오고 있을지도 모른다는 생각이 들었기 때문이다.

속리산에 도착하여 그날의 관광 일정을 소화하고 오후에 숙소로 갔다. S가 거기에 와 있었다. 반갑기도 하고 의아하기도 했다. 출발 장소에 늦게 도착해 보니 관광버스가 이미 출발하고 없어서 시외버스를 타고 왔단다. 나 같으면 집으로 도로 가고 말았을 텐데, 참 대단하다고 했다. 와이프에게 욕먹을까봐 집으로 못 가고 속리산까지 힘들게 찾아왔단다.

그는 착하고 능력 있는 사람이라 별로 탓할 게 없는데 동작은 참 굼떴다. 회의를 소집하면 거의 매번 시간이 지나서 제일 꼴찌로 온다. 함께 나누어준 과제도 내용은 잘 작성하는데 기일 안에 제출하는 경우가 드물다. 회식을 하면 제일 늦게 와서 제일 늦게 일어난다. 몸에 밴 '꾸물꾸물' 버릇이다.

지금 내가 그를 닮아가고 있다. 나는 행동이 그리 느린 사람은 아니었다. 그런데 퇴직을 하고 집에 안주하다 보니 은연중에 퍽 느려졌다.

지난 토요일 오후, 고향에 갈 일이 생겼다. 오랜 시간 운전하기가 버거워 터미널에 가서 버스를 타고 가기로 했다. 미리 인터넷을 검색해보았다. 우리 집에서 버스터미널까지 가려면 시청역에서 전철을 한 번만 갈아타면 된다. 걸리는 시간은 45분이다. 충분한 시간을 두고 가면 좋을 텐데, 전철은 정확하니까 소요 시간을 계산했다. 10분 전쯤 도착할 수 있도록 출발했다. 너무 일찍 도착해 오래 기다리는 것도 지루하다고 생각했다. 전철을 타러 가다가 지갑에 현금이 얼마 없는 걸 알았다. 은행에 들러 ATM에서 현금을 찾았다. 결국 타야 할 전철을 타지 못하고 다음 전철을 타서 5분을 까먹었다.

버스터미널 역에 내리니 딱 5분 남았다. 전철역에서 버스터미널까지 걸어가려면 4분쯤 걸린다. 승차권을 사야 한다. 멀리 가니까 화장실도 다녀와야 편하다. 마음이 조급해졌다. 이번 버스를 놓치면 다음 버스는 두 시간 후에나 있다. 할 수 없이 무거운 가방을 등에 지고 뛰었다. 숨이 차 헉헉거린다. 그때 문득 속리산에 혼자 왔던 S가 떠올랐다. 뛰면서 혼자 웃었다.

사람은 누구에게나 남다른 습관이 있다. 좋은 습관은 권장할 일이다. 나는 매일 샤워하는 습관이 있다. 아내가 가끔 우스갯소리를 한다. 당신이 물을 조금만 아껴 썼으면 빌딩을 하나 샀을 거란다. 피부 건강에 좋지 않다고는 하지만 샤워를 자주 하는 건 나쁜 습관은 아닌 것 같다.

문제는 좋지 않은 습관이다. 의자에 앉으면 계속 다리를 흔드는 습관, 손톱을 깨무는 습관, 머리를 계속 말았다 풀었다 하는 습관, 코를 킁킁거리는 습관, 말을 하려면 눈을 유달리 깜빡이는 습관도 좋지 않은 버릇이다. 그러나 그런 습관들은 보기는 거북해도 자신의 문제니까 다른 이에게 피해는 별로 주지 않는다. 뒤에서 흉 잘 보는 습관, 고자질하는 습관, 남의 말 가로채는 습관, 돈 꾸어 가고 안 갚는 습관, 속이는 습관, 거짓말하는 습관 같은 것은 다른 사람에게 피해를 줄 수 있으니 좋지 않은 습관이다.

'세 살 버릇 여든까지 간다' 는 속담이 있다. 좋은 습관은 계속 이어가야 하지만 나쁜 습관인 줄 알면 하루속히 고치도록 노력해야 한다.

미국의 심리학자 윌리엄 제임스는, "생각이 바뀌면 행동이 바뀌고, 행동이 바뀌면 습관이 바뀌고, 습관이 바뀌면 인격이 바뀌고, 인격이 바뀌면 운명도 바뀐다." 고 했다.

오랜 세월 계속되는 습관이 그 사람의 운명을 결정지을 수 있다니 하찮게 생각할 문제가 아니다. 퇴직 후, 나도 모르게 생긴 꾸물거리는 버릇을 고쳐야겠다.

"약속 시간 15분 전, 당신은 어디에 있는가?

약속 시간 15분 전, 당신의 위치는 곧 당신의 오늘 위치를 말해준다. 그리고 그것은 내일의 위치를 예고해 준다."

이는 김영식의 〈10m만 더 뛰어봐〉에 있는 글이다. 인쇄해서 내 책상 유리판 밑에 넣어두었다. 약속 시간보다 먼저 도착하여 잠시 기다리는 시간은 여유롭고 행복한 시간이다. 믿음을 주고 성공을 약속받는 시간이다.

이제 다시는 시간에 늦어 허둥대는 일이 없도록 여유 있게 살아야겠다.

신문지 한 다발의 사색

지금은 초등학생들도 어린이 신문을 읽는다. 내가 어렸을 때의 사정은 달랐다. 나는 중학생 때부터 신문을 읽었다. 내가 신문값을 내고 본 것은 아니다.

나는 우리 마을에서 제일 높은 산을 넘어 중학교에 걸어서 다녔다. 6km쯤 떨어진 면사무소 소재지에 중학교가 있었다. 우체국 집배원이 매일 학교로 배달을 왔다. 그는 나를 찾아 우리 동네 우편물을 주었다. 나더러 전해주라는 것이다. 멀어서 힘드니까 나에게 맡기는 것이었다.

우편물 중에는 이장님이 보는 일간신문이 있었다. 그걸 가방에 넣고 집에 오다가 산마루에 앉아 한참씩 그 신문을 읽었다. 요즘도 아침에 일어나면 현관문을 열고 나가 신문을 가져다 읽는 것이 내 첫 일과이다.

다 읽은 신문지는 차곡차곡 가지런히 쌓아 둔다. 신문지는 매주 월요일마다 폐휴지로 배출된다. 작년 봄, 며칠간 나들이했다가 돌아오니 현관문 앞에 신문이 수북이 쌓여 있었다. 여러 날 치를 한꺼번에 금방 읽을 수 없어서 우선 쌓아 놓았다.

그 뒤 한꺼번에 버리려고 매일 오는 신문지도 읽으면 쌓아 놓았다. 그렇게 얼마가 지나니 쌓인 신문지가 무릎 높이쯤 되었다. 신문지가 많아지니 폐지로 버린다는 게 왠지 아깝다는 생각이 들었다.

한때 신문지는 요긴하게 쓰였다. 물건을 싸는 포장지로, 곡식 가루나 낱알을 모으는 깔개로, 붓글씨를 쓰는 연습지로 썼다. 장판지나 벽지의 초벌도 신문지로 발랐다. 물에 불려 밀가루 풀과 섞어서 종이 그릇을 만들어 쓰기도 했다.

종이가 귀했던 시절에는 신문지 한 장도 함부로 버리지 않고 활용했다. 그런데 지금은 좋은 게 많이 나오니 신문지는 폐지로 버려진다. 재생된다고는 하지만 그런 시절을 살아온 나는 왠지 아깝다.

이제 쌓아 놓은 신문지 높이가 내 어깨에 닿을 만큼 높아졌다. 아내는 왜 안 버리고 모아 두느냐고 잔소리한다. 그래도 이렇게 많이 모은 신문지들을 폐지로 내다버리기엔 아깝다는 생각이 들었다. 그런데 이걸 재활용할 데가 없다.

작년 겨울, 몹시 추운 날 밤이었다. 사찰에서 명상 공부를 마치고 귀가하던 중이었다. 사거리 횡단보도에서 신호를 기다리며 서 있었다. 날씨는 춥고 좀 늦은 시각이라 사람들도 별로 없었다.

그때 폐지를 모으는 할머니가 손수레를 끌고 나타났다. 손수레에는 헌 종이 상자 몇 개와 신문지 한 다발이 담겨 있었다. 여전히 할머니는 여기저기를 두리번거리며 폐품을 찾는 듯 보였다. 꽤 추운 날 밤인데 할머니는 맨손이다. 장갑도 끼지 않았으니 얼마나 손이 시리겠는가. 내가 말을 걸었다.

"장갑이라도 끼시지 왜 맨손으로 일하세요?"

"실장갑이 있는데 젖어서 그걸 끼면 손이 더 시려요."

"하나 더 사서 끼세요."

지폐 한 장을 꺼내 드리고 횡단보도를 건넜다.

그 후, 내가 쌓아 놓은 신문지를 폐지 모으는 분들에게 드리면 좋겠다고 생각했다. 거리에 나가면 그런 분들을 눈여겨 찾았다. 쉽게 눈에 띄지 않았다. 이왕이면 우리 아파트 가까운 곳에서 일하는 분이면 더 좋겠다고 생각했다.

그분이 온다면 우리 아파트 밑에 신문지를 내려다놓았다가 손수레에 실어드리면 된다. 그리고 밥값이라도 좀 얹어드려야겠다고 생각했다. 마침내 어느 날 길가에서 폐품을 모으는 할머니 한 분을 만났다.

"우리 집에 신문지를 많이 모아놓았는데 가져가시겠어요?

"집이 아파트 아니에요?

"예, 아파트예요."

"그 아파트는 폐품을 안 모으나요?

"매주 월요일마다 분리수거하는데요."

"그럼 우리는 못 들어갈 거예요."

나는 미처 생각 못한 일이다. 아파트에서는 업자와 계약하고 입주민이 내놓은 폐지를 납품하는 것이란다. 나는 세상 물정 모르는 우물 안 개구리구나 싶었다.

나의 작은 마음씀이 누군가에게 도움을 줄 것이라고 상상했다. 그런 생각을 하는 동안은 기분이 좋았다. 실행은 못했지만 밑지지는 않았다고 자위해 본다.

저기요, 여기요

친구들과 공원에서 걷다가 점심을 먹으려고 한식당에 갔다. 점심시간이 조금 지난 때라 식당은 한산했다. 50대쯤으로 보이는 여성이 주문받고 식사를 챙겨주었다.

식사 중에 한 친구가 밥 한 공기를 더 주문했다.

"아줌마, 여기 밥 한 공기 더 주세요."

"……"

"아줌마, 여기 밥 한 공기 더 달라니까요!"

"……"

식당 여성은 대꾸가 없다. 식당은 조용하고 먼 거리도 아닌데 못 들을 리가 없다. 잠시 시간이 흘렀다. 친구가 자리에서 일어나 종업원에게 다가갔다. 그제야 그녀가 밥 한 공기를 꺼내 들고 우리 식탁으로 온다. 밥공기를 털썩 내려놓고는 퉁명스럽게 한마디 한다.

"아줌마가 뭐예요!"

"……"

눈길도 주지 않고 휙 돌아서 가버린다. 친구들은 멍하니 서로 얼굴만 쳐다보았다. 그러니까 못 들은 게 아니다. 아줌마라고 부른 것이 기분 나빠서 골이 난 것이다.

나이는 들어 보여도 미혼일 수 있다. 그렇다면 아줌마라는 소리가 듣기 싫었을 것이다. 모르는 여성은 '이모' 라고 부른다는데, 습관대로 아줌마라고 불렀으니 미혼이라면 그분 마음이 상했을 법도 하다.

'아줌마' 는 가장 흔히 쓰는 정겨운 호칭이었다. 친척 어른들을 부를 때도, 기혼 여성을 부를 때도 으레 쓰던 말이었다. '아줌마' 라는 말에는 정과 넉넉한 품이 배어 있지만, 이제는 누군가의 자존심을 건드리는 소리가 되었다.

'아저씨' 라는 호칭도 사정은 비슷하다. 친척 어른이나 모르는 남자를 가리키던 평범한 호칭이 거북스러운 이름이 된 것이다. 학창 시절에 국군 위문편지를 쓰면 첫머리는 언제나 '군인 아저씨께' 였다. 군인은 우리를 지켜주는 고마운 남자였기에 '아저씨' 라는 말 속에는 신뢰와 감사가 배어 있었다. 이제는 '군인 오빠' 가 더 환영받는다고 한다. 심지어 남학생들마저 군인을 '형' 이 아닌 '오빠' 라고 부른다니, 시대의 흐름이 아무래도 낯설다.

아무튼 요새는 아줌마 아저씨 호칭을 함부로 썼다가는 예의 없는 무례한 사람으로 치부되기 쉽다. 부르는 목소리가 높으면 시비거는 사람으로 취급될 수도 있다. 그래서 요즘은 아저씨 아줌마 대신 '삼촌' 이나 '이모' 라고 해야 한다.

노인들도 요즘은 어르신이라고 부르면 별로 달가워하지 않는다. 나이 든 걸 놀리는 느낌이 든단다. 백화점에서는 싸잡아 고객님이라고 부른다. 남성, 여성이란 표현도 차별이라며 그냥 '사람' 으로만 보는 것이다. 우리만 그런 게 아니다. 미국에서도 오랫동안 써왔던 여성 승무원 스튜어디스(stewardess)가 남녀 차별을 없앤다고 그냥 승무원(flight attendant)으로 바뀐 지 한참 되었다.

요즘은 아예 이모, 삼촌도 아닌 '저기요' '여기요' 라고 부르는 게 제일 무난하다고 한다. 이는 사실 호칭도 아니다. 그러나 두루뭉술해서 남녀노소 누구에게나 쓸 수 있고, 듣는 이를 기분 나쁘게 하지 않으니 마음 편해서 쓰는 것이다.

호칭은 부르는 말이다. 호칭을 들으면 관계를 알 수 있다. 직업이나 지위도 짐작할 수 있다. 옛날 대가족 시대에는 친척 간의 호칭이 매우 복잡했다. 그러나 특별히 외우지 않아도 서로 부르는 호칭을 수없이 들으니 자연스럽게 익혀 어려움 없이 썼다. 요즘은 아이를 많이 낳지 않아 친척 관계가 단순하다. 그래서 얼마 전까지도 익숙하게 썼던 도련님, 당고모, 재당숙 같은 호칭을 젊은이는 잘 모를 성싶다.

말도 생멸(生滅)한다. 많은 사람이 쓰면 그 말이 자리를 잡는다. 그 과정에서 새롭게 쓰이는 호칭이 사람에 따라 금방 익숙하지 않을 수도 있다. 그 식당의 여성 종업원처럼 기분 나쁘게만 생각할 게 아니다. 기분 나쁜 이유를 설명해 주면 더 좋게 소통되지 않겠는가.

그날 점심은 허기는 채워주었지만 뒷맛은 개운하지 않았다. 작은 해프닝이 마음에 남은 까닭은 시대가 낯설게 변해가는 울림이 배어 있었기 때문이다.

카드를 가져가세요

벌써 오래전 이야기다. 우리 아파트에 '음식물 쓰레기 종량기'라는 기계가 설치되었다. 전에는 음식물 쓰레기통에 그냥 버렸다. 하지만 새로 설치된 기계는 충전된 전용 카드를 꽂아야만 뚜껑이 열린다. 음식물 쓰레기를 버리면 무게에 따라 카드에서 요금이 차감된다. 일반 신용카드는 사용할 수 없어 별도의 카드를 써야 했다.

그 기계는 친절하게도 음성으로 안내를 했다. 음식물 쓰레기가 처리되고 나면 "카드를 가져가세요."라고 일러준다. 하지만 소리가 낮고 작아 귀가 어두운 노인들에겐 잘 들리지 않는다. 주변에 소음이라도 있으면 거의 들을 수가 없다. 우리 부부도 몇 번 카드를 기계에 꽂아둔 채 깜빡 잊고 그냥 온 적이 있다.

음식물 쓰레기를 버리고 비닐봉지와 장갑을 정리하고 손까지 씻고 나면, 카드 빼 오는 걸 잊곤 했다. 기계는 "카드를 가져가세요."라고 말했겠지만 우리는 듣지 못하고 아무 생각 없이 돌아오곤 했다. 문제는 그 사실조차 몰랐다는 것이다. 다시 버리러 갈 때쯤 돼서야 카드가 없다는 걸 알게 되었다. 옷 주머니를 뒤지고, 가방을 뒤적이고, 지갑 속 카드를 모두 꺼내 보아도 없으면 그제야 기억이 났다. 아, 지난번에 또 기계에 꽂아두고 그냥 왔구나.

충전된 돈이 아까운 건 둘째 치고, 당장 써야 하니 난감했다. 나이 들어 깜박깜박 잊는 것도 서러운데, 이런 일이 반복되니 속상하기도 했다. 그래서 우리는 카드 여백에 아파트 동과 호수를 또박또박 써넣었다. 혹시 착한 이웃이 발견하면 관리사무소나 우리 우편함에 넣어줄지도 모른다는 희망에서였다.

그날 밤에도 아내는 음식물 쓰레기를 들고 카드를 찾다가 보이지 않는다며 또 놓고 온 것 같다고 했다. 아내는 빈 카드와 지폐 한 장을 건네며 말했다.

"추운데 미안하지만 카드 충전 좀 해 와요."

나는 구시렁거리며 외투를 걸치고 모자를 눌러썼다. 영하의 찬바람 속을 걸어 충전기를 향해 나섰다. 충전기는 우리 집에서 10여 분쯤 걸어야 도착하는 전철역 구내에 있었다. 충전을 마치고 돌아오며 기계를 다시 확인해보고 싶었다. 혹시 누가 위에 올려놨을지도 모르니까. 그러나 기계 위에도 주변에도 카드는 없었다.

아파트 입구에 들어서자 이번엔 편지함이 떠올랐다. 카드에 동 호수를 써놓았으니 혹시나 하는 마음으로 우편함 쪽으로 발길을 돌렸다. 겉으로는 아무것도 없어 보였다. 덮개를 들어 올려 속을 자세히 들여다보았다. 아! 거기 바닥에 우리 음식물 쓰레기 카드가 놓여 있었다.

참 반가웠다. 오래 못 본 친구를 다시 만난 듯했다. 분명 누군가가 카드에 쓰여 있는 동과 호수를 보고 우리 편지함에 넣어준 것이다. 누구인지는 알 수 없지만 카드를 넣어준 이웃이 고마웠다. 기쁜 마음에 엘리베이터가 내려오기를 기다릴 수가 없었다. 계단을 헐떡이며 걸어 올라가 문을 열고 아내에게 알렸다. 아내가 고마운 사람이라며 환하게 웃었다.

예상은 맞았다. 동 호수를 써두어서 카드가 돌아왔다. 카드에 남은 돈은 많지 않았지만, 우리가 늘 쓰던 것이기에 애착이 갔다. 더구나 필요할 때 곁에 있어야 하는 존재니 더욱 소중하게 느껴졌다.

이번 일을 통해 나는 한 가지를 더 얻었다. 우리 아파트에 습득한 것을 주인에게 돌려주는, 마음 따스한 사람이 함께 살고 있다는 사실이다.

사람들은 흔히 사는 게 나아질수록 인정은 더 메말라간다고 걱정한다. 요즘은 같은 층에 살면서도 서로 잘 모른다. 그런데 누군가가 귀찮고 번거로웠을 텐데도 습득한 카드를 우리 우편함에 넣어주었다. 그 배려가 추운 겨울의 내 마음을 녹여주었다.

"카드를 가져가세요."

기계의 차가운 음성이 아니라 따뜻한 이웃의 목소리로 들리는 밤이었다.

구멍 난 양말

어떤 사람이 우리 동네 S은행 앞에서 양말을 팔고 있다. 인도에 널따란 좌판대를 펴놓고 양말을 수북하게 쌓아놓았다. 은행 앞이고 버스 정류장도 가까운 데다가 사람들이 많이 오가는 큰길이라 장사가 잘된다. 아내도 거기서 양말을 샀다.

다른 물건은 하나도 없다. 양말뿐이다. 같은 종류의 양말을 세 개, 다섯 개, 열 개씩 묶어 놓고 '3천 원', '5천 원', '8천 원' 이라고 써놓았다. 종류도 많고 색깔도 다양하다. 남자용 여자용은 물론이고 남녀 혼성용도 있다. 양복용, 운동용, 등산용, 덧신, 캐주얼 패션 양말도 있다. 목이 긴 양말도 있고, 발목만 살짝 덮는 짧은 양말도 있다. 발가락 양말도 있고, 겨울에는 수면양말도 판다.

그곳을 지나노라면, 내가 어릴 적에 어머니가 해진 양말을 깁던 모습이 떠오른다. 집 뒤 대나무밭을 스치는 차가운 바람 소리가 을씨년스럽고, 뒷동산 소나무 숲에서 부엉이 울음소리가 음산하게 들리던 겨울밤, 어머니는 희미한 등잔불 옆에서 구멍 난 양말을 기우셨다.

그때는 무명실로 짠 양말을 신었다. '목(木)양말'이라고 불렀다. 며칠 못 신고 금방 해져서 구멍이 뚫렸다. 지금 같으면 버리겠지만, 물자가 귀했던 때라 기워서 다시 신었다. 식구가 많으니 매일 기워야 했다. 낮에는 다른 일을 하니 양말을 깁는 일은 밤에 하셨다.

시집올 때 장만해 온 네모난 반짇고리에는 항상 실패와 가위가 있었고, 작은 바늘부터 굵은 바늘까지 여러 개가 실패에 꽂혀 있었다. 밤이 깊어지면 졸기도 하고, 바늘에 손가락을 찔려 깜짝 놀라기도 하며 양말을 기우셨다.

덧댈 천도 많지 않아서 색깔을 맞추기는 어려웠다. 원래의 양말 색과 어울리든 말든 덧대 기웠다. 기운 자리가 눈에 확 띄었지만, 그런 양말을 신어도 전혀 부끄럽지 않았다. 누구나 그랬으니까.

본디 한복을 입던 우리 조상들은 양말이 아니라 버선을 신었다. 한복에는 양말보다 버선을 신어야 구색이 맞고 잘 어울렸다. 아버지는 외출할 때면 한복에 버선을 신고 갓을 쓰셨다.

개화기 이후 서양 문물이 전해지면서 양복이 한복을 대신했고, 버선 대신 양말을 신게 되었다. 양말은 버선보다 신고 벗기가 편하지만, 당시의 양말은 쉽게 닳아 금방 구멍이 났다. 얼마 후에 나일론 양말이 나왔다. 나일론 양말은 목양말보다 질겼고, 대량생산으로 값도 저렴해 주부들이 편해졌다.

지금의 면양말은 맵시가 나고 질기며 착용감도 좋다. 그때의 양말은 신고 걸으면 자꾸 옆으로 돌아가서 양말 바닥이 발등 위로 올라오기도 했다. 또 발목이 흘러내려 벗겨지기 일쑤였다. 양말 신은 발목에 까만 고무줄을 감고 다니기도 했지만, 별로 도움이 되지 못했다.

요즘처럼 사철 양말을 신지도 않았다. 여름에는 거의 맨발로 다녔다. 운동화를 신고 학교에 갈 때만 양말을 신었다. 좋은 양말을 일 년 내내 신으면서, 구멍 난 양말을 깁던 어머니의 모습을 떠올려본다.

양말 때문에 곤혹스러운 일이 있었다. 가을비가 내리던 날이었다. 수업을 마치고 업무를 처리하고 있는데, 교장 선생님께서 교실로 찾아오셨다. 전에 함께 근무하던 K선생님의 모친이 작고하셨다며 퇴근 후 함께 조문하자고 하셨다. 내 차를 타고 가겠다는 뜻이다.

퇴근 시간이 되었다. 교장 선생님은 벌써 내 차 옆에서 우산을 들고 기다리고 계셨다. 실내화를 벗고 구두로 갈아 신었다. 그런데 뒤꿈치 느낌이 이상했다. 까만 양말 뒤꿈치에 동전 크기만 한 구멍이 뚫려 맨살이 드러났다.

조문을 가면 절을 해야 하는데 양말에 구멍이 났으니 난감했다. 나 혼자 가는 게 아니니 양말을 사러 돌아다닐 수도 없다. 퍼뜩 기발한 생각이 떠올랐다. 교실로 다시 들어가 구멍 난 양말 속의 맨살에 매직을 까맣게 칠했다. 양말 색깔과 꼭 맞지는 않았지만, 그냥 두는 것보다는 나았다. 조문을 가서 두 번 절을 했다. 상제는 다섯 명이나 되었고, 대기하는 조문객 여러 명이 보고 있었다. 절할 때 뒤꿈치가 신경 쓰였다.

그 이야기를 아내에게 했다. 아내는 다 보인다며 슬픈 상제들을 속으로라도 웃긴 건 잘한 일이라며 웃었다. 그때부터 양말을 신기 전에 해진 곳은 없는지 살피는 습관이 생겼다.

양말은 혼자서는 할 일이 없다. 반드시 짝을 이루어야 제 역할을 한다. 다정한 부부처럼 늘 함께 일한다. 겨울에는 발을 따뜻하게 감싸준다. 바닥과 맞닿아 오염되기 쉬운 발을 보호해 준다. 낮은 곳 신발 속에 숨어 자기가 하는 일을 드러내지 않는다.

양말은 사랑이다. 크리스마스가 되면 산타클로스가 양말 속에 선물을 넣어준다. 예전 어른들은 명절마다 가족과 이웃에게 양말 한 켤레를 선물하곤 했다. 그것은 양말이 아니라 사랑이었다.

오늘 나는 양말 한 켤레 속에 깃든 사랑을 다시 떠올려본다. 낮은 자세로 묵묵히 봉사하고 사랑을 베푸는 값진 삶을 생각해 본다.

꿀

M은 고등학교 동창이다. 나는 시골에서 중학교를 졸업하고 시내 고등학교로 진학했다. 1학년 때 그와 같은 반이 되었다. 둘 다 시골 출신이라 금세 가까워졌다. 큰 눈이 선하고 서글서글한 성격이 마음에 들었다.

고등학교 3년 동안 우리는 항상 붙어 다녔다. 하숙집도 함께 얻어 한 방에서 먹고 자며 공부했다. 좋은 대학에 가자며 서로를 격려했다. 졸리면 운동장에 나가 노래를 부르며 잠을 쫓던 기억이 생생하다. 주말이면 시골 우리 집이나 그의 집에 가서 어른들을 뵙기도 했다. 그의 아버지는 6 · 25전쟁 때 돌아가셨다. 외아들이라 어머니에게는 정말 귀한 존재였다.

스무 살이 되던 해, 우리는 대학 입학시험을 보았다. M은 합격했고 나는 떨어졌다. 그때는 수능이 없었다. 가고 싶은 대학 학과에 곧바로 응시했다. 내 실력으로는 힘 부친 대학에 응시했던 것 같다.

대학 입학시험에 실패하자 아버지는 단호하셨다.

"집에서 농사나 지어라."

햇볕 따스하던 그해 봄날, 그날도 나는 아버지를 따라 들에 나가 농사일을 거들었다. M이 예고도 없이 찾아왔다. 고등학생 때의 까까머리를 스포츠머리로 기르고, 길쭉한 T자를 들고 온 모습이 공대생다웠다. 부러운 모습이었다.

그날 밤 우린 밤새도록 이야기를 나눴다.

"너 정말 농사나 지으며 살 거니?"

"그럼 어떻게 하니?"

"공부를 잘했잖아. 더 공부해서 내년에 시험 다시 봐야지."

"시골에서 살면 농사일이 바빠서 공부만 할 수가 없어."

"그럼 집을 나가서 공부하면 되잖아."

"우리 아버지는 돈 안 주셔. 낙방했으니 농사나 지으라고 하셨어."

"그래? 그럼 무조건 책 보따리 싸 들고 나한테 와라."

"어쩌려고?"

"방법을 찾아보자."

며칠 후, M과 약속한 날에 공부할 책들을 들고 그를 찾아갔다.

아버지는 여전히 단호하셨다.

"나가는 건 네 맘대로 해라. 돈은 못 대준다."

무일푼으로 무작정 그를 찾아갔다.

M은 대학 근처에서 하숙하고 있었다. 내가 찾아가니 변두리에 자취방을 얻어놓았으니 자취하자고 했다. 어머니가 보내주는 하숙비로 자취를 하면 두 사람이 먹고 지낼 수 있을 거라고 했다. 나 때문에 고생을 자처한 것이다. 그도 귀한 집 외아들이긴 하지만, 어머니 혼자 농사를 지어 형편이 넉넉한 것도 아니었다. 미안하기도 하고 고맙기도 했다. 그가 학교에 가면 나는 자취방에서 혼자 공부했다.

1년 후, 나도 대학 시험에 합격했다. 공부할 수 있게 도와준 M 덕분이었다. 대학이 서로 다른 지역이라 우리는 헤어졌다. 그 후로도 자주 만나 끈끈한 우정을 이어갔다. 졸업 후, 그는 전국을 누비며 고속도로를 닦고 다리를 놓았다. 나는 교사가 되어 학교에서 학생들을 가르쳤다. 3년간의 군 생활을 할 때도 1년에 한 번 휴가를 나오면 집보다 그를 먼저 찾아갔다.

우리의 우정은 결혼하여 아이를 낳아 키우면서도 계속 이어졌다. 우리가 소개한 것도 아닌데 공교롭게도 M의 부인은 내 아내와 여중·고 동창이다. 더 살갑고 친근했다. 나는 수도권에서 학교를 옮겨 다니며 살았고, 그는 지방에 살았다. 그래도 가끔 아이들까지 데리고 서로를 방문하며 옛이야기를 나누곤 했다. 휴대폰이 생긴 후로는 자주 전화하고 카톡을 주고받으며 안부를 전했다. 우리의 우정은 노년에 이르기까지 숭늉처럼 구수하기만 했다.

어느 날, M이 서울 큰 병원에 입원했단다. 놀란 마음으로 달려가 보니 간암 말기란다. 야위어 핼쑥한 모습에 가슴이 먹먹했다. 오히려 그는 담담했다. 괜찮을 거라며 걱정하는 나를 되레 위로한다. 이 친구에게 진 신세를 아직 다 못 갚았는데 어쩌면 좋은가.

M은 퇴직한 후 충청도 시골에 예쁜 집을 짓고 벌꿀을 쳤다. 퇴원하여 집으로 내려가더니 꿀을 한 병 보냈다. 특별히 좋은 꿀이라더니 향이 참 좋다. 나는 전화를 하거나 카톡을 보내 병마와 싸우는 그를 위로했다. 그도 병세와 심경을 자세히 알려주었다.

얼마 뒤 M의 부음을 들었다. 영정 앞에 서니 다리가 후들거렸다.

M이 하늘나라로 간 후에도 오랫동안 주고받은 카톡을 지우지 못했다. 카톡 대화와 사진을 보며 그리워한다. 요즘 아침마다 꿀물을 한잔씩 타서 마신다. M이 보내준 꿀 병에 그의 이름을 큼지막하게 써놓고는 아끼느라고 먹지 못했다. 요즘은 그걸 한 숟가락씩 물에 타서 마신다. 꿀물을 마시노라면 그의 따스한 정이 가슴속에 감미롭게 흐른다. 잔잔한 미소가 떠오른다. 목소리도 들린다. 보고 싶다.

그리운 친구야. 꿀이 참 달구나. 하늘나라에 가면 다시 만나자. 못다 한 고마움 꼭 갚을게.

촛불 파티와 동동주 잔치

“생일 축하합니다. 사랑하는 아버지(할아버지)~ 생일 축하합니다.”

거실 중앙 찻상 위에 까만 초코케이크가 놓여 있다. 둥근 케이크 한가운데 ‘Happy Birthday’ 라는 글씨가 보인다. 오십 살짜리 굵은 초 하나, 열 살짜리 초 두 개, 가는 초 여러 개가 나란히 꽂혀 있다. 분홍색 촛불이 하늘거린다. 맞은편에 앉은 손자의 그림자가 벽에 크게 드리운다. 가족이 둥글게 모여 생일 축하 노래를 부른다. 나는 촛불을 서너 번 불어 끈다. 손자가 축하 폭죽을 터뜨린다. 연기와 화약 냄새가 거실에 퍼진다. 사위는 열심히 사진을 찍는다.

딸과 사위가 “아버지, 건강하게 오래 사세요.”라고 인사하며 현금 봉투를 내민다. 손자는 축하 편지를 주며 인사한다. 공부 때문에 오지 못한 손녀는 축하 카드를 써 보냈다. 멀리 독일에 사는 아들은 화상 전화를 걸어와 얼굴을 마주 보며 축하 인사를 한다. 축하금은 이미 송금 받았다.

가족들은 케이크를 맛있게 먹는다. 나는 단 걸 좋아하지 않아서 살짝 맛만 본다. 진한 단맛이 입안에 오래 남는다.

내 실제 생일은 다음 주 금요일이다. 평일에는 모이기 어려워 주말인 오늘 미리 생일파티를 했다. 괜찮은 고깃집 2층 방에서 오붓하게 식사하고, 커피숍에 들러 담소를 나누었다. 요즘은 집에서 음식을 장만할 필요가 없다. 돈만 있으면 손쉽게 파티를 치를 수 있다. 참 좋은 세상이다.

작년 내 생일은 프랑스 스트라스부르에서 맞았다. 알퐁스 도데의 「마지막 수업」 배경이 된 도시이다. 구텐베르크 광장 골목의 이태리식당 노천 테이블에서 아들네 가족과 생일 축하 파티를 열었다. 케이크는 며느리와 손녀가 사 왔다. 식당 주인이 초를 두 개 챙겨주었다. 우리 가족이 생일 노래를 부르고 촛불을 끄자 주변의 서양인들이 미소로 함께 축하해 주었다.

달팽이요리, 연어 스테이크, 파스타 등 낯선 음식이 색다른 맛을 주었다. 낯선 도시에서 맞이한 첫 노천 생일파티는 오래 기억될 특별한 경험이었다.

생일을 생각하면 가장 먼저 아버지의 생신이 떠오른다. 음력 시월 스무아흐레, 가을걷이가 끝난 텅 빈 들녘에 그때쯤이면 서늘한 바람이 불기 시작했다.

내가 초등학생 때, 아버지 생신날 아침에 동네 어른들을 모셔 오는 일은 내 몫이었다.

"오늘 저희 아버지 생신이신데, 오셔서 아침 식사하시라고 모시러 왔습니다."

동네 집마다 뛰어다니며 이렇게 외치면 어른들은 기다렸다는 듯 대답했다. 마을 어른들은 각 집의 가장(家長) 생일을 정확히 기억하고 있었다. 해마다 그날이 오면 어른들을 모셔 와 아침 식사를 대접하는 일이 오랜 관습이었다.

어머니는 며칠 전부터 생일상을 준비하셨다. 미리 술을 담가 장만해둔 동동주와 막걸리, 시루에 찐 인절미, 직접 맷돌로 간 두부, 그리고 미역국, 잡채, 불고기, 홍어 무침 같은 생일 특식을 준비했다.

당시 부엌은 오롯이 어머니 혼자의 몫이었다. 아들만 내리 넷을 낳아 어머니 일손을 도울 딸이 없었기 때문이다. 초대된 마을 어른들은 남녀로 나뉘어 우리 집에서 식사했다. 이런저런 세상 이야기를 나누었다. 아버지는 마을 어른들의 생신 축하를 한 몸에 받으며 흡족해하셨다. 잔치가 끝나면 걸인들까지 찾아왔다. 어머니는 그들에게도 정성껏 음식을 대접하셨다.

어느 해에는 두부 때문에 잔치가 취소되었다. 아버지는 말랑한 두부를 좋아하셨는데, 어머니가 서둘러 물기를 뺀다고 무거운 돌을 올린 탓에 두부가 단단해졌다. 마음에 들지 않는다며 아버지는 생신 잔치를 아예 못하게 하셨다. 그날 동네 어른들은 아침밥을 굶어야 했다.

어머니는, 아버지 생전에는 자신의 생일상은 차려본 적이 없다. 아버지 돌아가신 뒤에야 자식들이 어머니 생신을 챙길 수 있었다.

지금 돌이켜보면 그때의 생일잔치는 퍽 고된 일이었다. 부모와 웃어른을 섬기려는 효성과 마을 공동체의 따뜻한 정이 깃들어 있었기에, 힘들어도 감내하며 생일잔치를 했다. 오늘날은 형식도 방식도 달라졌다. '촛불 파티'와 '동동주 잔치'의 모습은 아주 다르다.

겉모습은 달라도 효심과 사랑만큼은 이어가야 할 소중한 마음이다. 생일은 단순한 기념일이 아니다. 부모의 은혜를 되새기고, 가족의 사랑이 모이는 날이다.

새끼줄로 묶은 정

밖에서 요란한 기계음이 들린다. 사다리차를 세워놓고 이삿짐을 내린다. 우리도 아홉 번의 이사를 했다. 좋은 집 찾아다닌 게 아니다. 열네 번이나 전근했기 때문이다.

지금은 이사가 수월해졌다. 전문업체에 맡기면 편하다. 오래전에는 이사를 직접 해야 했다. 힘든 일이었다. 이사 날짜가 잡히면 짬 날 때마다 짐을 쌌다.

그 당시 이삿날은 이웃이나 형제, 친구, 직장 동료의 도움을 받았다. 서로 품앗이였다. 인력으로 운반하는 힘든 일이었지만 자장면을 시켜 먹으며 즐겁게 했다.

이삿짐은 트럭에 실었다. 빼곡하게 이삿짐을 싣고 밧줄로 동여매고 달렸다. 새집에 가서도 짐을 내리고 옮길 사람이 필요하니 지인들이 트럭에 타고 함께 가기도 했다.

이사를 하고 나면 떡을 했다. 떡시루를 이사 온 집 안방에 갖다 놓고, 새집에서의 평안과 부귀를 기원했다. 떡을 이웃에게 돌리며 인사를 했다. 떡을 받는 주민들도 새 이웃이 생겼음을 기뻐했다.

집안 살림이 웬만큼 정리되고 나면 집들이도 했다. 친척, 친구, 직장 동료 등을 편안한 그룹별로 나누어 몇 차례 초청했다. 이사를 하면 많은 사람이 모여 새 집터를 다져 주어야 부자가 된다고 했다. 주인은 맛있는 음식과 술을 준비했다. 초대받은 손님은 벽시계, 거울, 그림 액자, 양초 등을 선물했다. 덕담을 나누며 밤이 이슥하도록 흐뭇한 시간을 보냈다.

지금도 내 기억에 또렷이 남아있는 이사가 있다. 오산 근교 농촌 학교에 근무할 때다. 제대 후 총각으로 부임하여 그곳에서 결혼하고 남매를 낳았다. 마을 어르신이 빈집을 내주어 집세도 안 내고 7년이나 살았다.

우리 부부는 동네 사람들과 잘 어울려 지냈고, 사랑을 많이 받았다. 우리 아이들은 동네의 귀여운 '아가' 였다. 서로 안아주고 예뻐해 주었다. 업고 나가 들녘 밥을 먹이고, 집에 안고 가서 돌봐주는 아주머니도 있었다. 정이 많이 들어 고향처럼 느껴졌다. 그런데 시흥군 바닷가 학교로 전근 발령이 났다. 마을 사람들은 멀리 간다니 섭섭하다고 했다. 몇 사람은 집으로 초대해 송별연을 열어주기도 했다.

이사를 며칠 앞두고 마을 어른 한 분이 손수 짚으로 꼰 새끼줄을 들고 찾아왔다. 안전하고 옮기기 좋게 장항아리와 김칫독, 그릇들을 탄탄하게 묶어 주었다. 솜씨가 얼마나 좋은지 새끼줄로 얽어맨 올망졸망한 항아리들이 수제 예술품 같았다.

이삿날은 마을 사람들이 도와주었다. 트럭에 짐을 다 싣고 작별 인사를 나눌 때는 섭섭한 마음에 콧등이 시큰했다. 한동안 잡은 손을 놓지 못했다. 그때 한 아주머니가 같이 가겠다며 트럭에 올라탔다. 그러자 나도 같이 가겠다며 두 아주머니가 또 탔다. 앞좌석에는 아기들 때문에 자리가 없었다. 세 사람은 트럭 위 짐 사이에 앉아서 갔다. 한동안 국도를 달린 트럭이 시골길로 접어들었다. 당시에는 버스도 다니지 않는 비포장도로였다. 뽀얀 먼지를 날리며 새 집에 도착하니 뉘엿뉘엿 해가 기울었다.

대충 짐을 들여놓아 주고 세 분은 다시 되짚어 나갔다. 하룻밤 자고 내일 일찍 가라고 잡았지만 식구들 때문에 가야 한단다. 면 소재지까지 시오리를 걸어 나가서 기차와 버스를 갈아타며 돌아가야 했다. 자꾸만 뒤돌아보던 모습이 지금도 눈에 선하다. 따스한 정이 가슴에 진하게 새겨졌다.

시끄럽던 밖이 조용하다. 이삿짐을 다 내렸나 보다. 기계를 이용하니 편하고 빠르다. 이제 떠나면 그만이다. 정든 이웃이 없으니 헤어지는 섭섭함도 없다.

이사 간 곳에서도 이웃과 친하게 지내기 어렵다. 그러니 이사 떡을 해서 돌릴 필요도 없다. 그냥 살면 된다. 집들이는 사라진 지 오래다. 가성비(價性比) 낮은 부질없는 일이다. 요즘은 스스럼없이 남의 집을 방문하는 시절도 아니니 올 사람도 없다.

그런데 이런 현상을 읊조리는 내 가슴에 찬바람이 이는 까닭은 무엇일까. 아파트라는 큰 집에서 조밀하게 연결되어 살면서도 저마다 외롭게 떠 있는 섬처럼 버텨내고 있는 현대인들, 그들을 향한 연민일까. 자기만의 담을 쌓고 알량한 자존심으로 살아가는 서글픈 독야청청을 보는 안쓰러움일까.

이사는 단순히 주소를 옮기는 일이 아니다. 그 속에는 떠남의 아쉬움, 새 출발의 설렘, 그리고 사람 사이의 정이 스며있어야만 한다. 지금은 편리함이 사람의 마음을 대신하고, 효율이 정을 밀어내는 시대가 아닌가 싶다.

그러나 아무리 세상이 달라져도 사람과 사람 사이의 온기만큼은 잃고 싶지 않다. 나는 오늘도 새끼줄처럼 길고 단단히 묶여 있던 정, 그 따스했던 정을 그리워한다.

사랑방의 춘향전

여름방학을 맞아 인문학 강좌가 새로 시작되었다. 강사님이 독후감 쓰기 숙제를 냈다. 이런저런 책들을 떠올려보았다. 그런데 《춘향전》이 뇌리에서 자꾸 어른거린다.

내가 춘향전을 읽은 것은 아득한 옛날이다. 지금은 책이 흔하지만 그때는 책이 귀했다. 책이라야 오직 교과서뿐이었다. 그런데 우리 집에는 몇 권의 책이 있었다. 5일장에 가면 땅바닥에 잡동사니를 펴놓고 파는 상인이 있었다. 거기서 아버지가 사 오신 춘향전, 심청전 같은 책이었다.

춘향전 책 표지에는 미모의 춘향이가 그넷줄을 잡고 서 있는 그림이 알록달록 예쁘게 그려져 있었다. 그 모습은 어린 나에게 동화 속 공주처럼 느껴졌다. 글자는 누런 종이에 한글로 쓰여 있었다. 교과서에도 한자가 섞여 있던 때라서 온전히 한글로 쓴 소설을 읽는다는 것은 신선한 일이었다.

춘향전의 글씨는 위에서 아래로 내려 쓴 세로쓰기였다. 또 'ㅏ'

대신 지금은 없어진 '아래 아(·)' 자로 표기되었다. 띄어쓰기 없이 모든 글자를 붙여 써서 문장의 단락을 잘 헤아리며 읽어야 했다.

아버지는 짬이 날 때마다 춘향전을 노랫가락처럼 구성지게 소리 내어 읽었다. 농한기에는 아버지가 읽어주는 고전 이야기를 들으려고 마을 사람들이 우리 집 사랑방으로 모여들었다. 그들은 희미한 등잔불 밑에 모여앉아 춘향 이야기를 들었다. 등잔불빛은 희미했지만, 춘향과 이몽룡의 이야기는 선명하게 살아났다. 사람들은 숨죽이며 이야기에 빠져 있다가, 탐관오리의 횡포가 나오면 혀를 차며 분노했다. 춘향의 꿋꿋한 대사에는 감탄하며 신나 했다. 지금도 그 모습이 지워지지 않고 남아있다.

그때 나는 단순히 글을 읽는 재미만 느낀 것이 아니었다. 춘향의 이야기는 옳은 일 앞에서 당당해야 한다는 가르침이었다. 한번 맺은 약속은 끝까지 지켜야 한다는 교훈이기도 했다. 그리고 불의에 맞서는 용기를 일러주었다.

세상은 바라만 본다고 변하지 않는다. 누군가 용기를 내어 뛰어들어야 조금씩이라도 바뀐다. 나 또한 정의를 외치는 자리에 함께 해 보았다. 불의에 굴하지 않으려 애쓰며 작은 힘이나마 보태려 했던 시간이었다. 그 길은 쉽지 않았지만 힘들 때마다 내 마음 한구석에서 춘향의 목소리가 들리곤 했다.

세월이 흐르며 제도와 삶의 모습이 달라졌다. 그래도 '춘향전'이 던지는 메시지는 여전히 살아있다. 불합리와 모순은 형태를 달리해 여전히 우리 곁에 남아 있다. 용기와 투지가 여전히 필요하다. 사랑과 정의를 위해 당당히 맞서는 춘향과 이몽룡의 이야기는 오늘을 사는 우리에게도 또렷한 울림을 준다.

오늘도 나는 사랑방에서 춘향전을 읽어주시던 아버지의 목소리를 떠올린다. 희미한 등잔불 아래서 울리던 그 구성진 가락이 들린다, 숨죽여 경청하던 마을 사람들의 모습이 보인다. 어린 시절의 그 정경은 내 마음에 예쁘게 그려진 동화가 되었다.

수재의 반란

경인지역 동창회 일을 맡았다. 가을 모임을 준비할 때가 되었다. 날짜와 장소를 정해 단체 카톡방에 올리면 된다. 그런데 단톡방에 이름이 없는 친구가 한 명 있다. 웬일인지 단톡방으로 초대가 안 된다. 주소록에 전화번호는 있으니 통화는 가능하다. 그에게 전화를 걸었다.

"동창 모임을 11월 1일 수요일에 할 건데 참석할 수 있지?"
"응, 알았어. 며칠이라고 했지?"
"11월 1일 수요일."
"그래 참석할게. 며칠이라고 했어?"

그 친구는 나와 초 · 중학교 동창이다. 그는 머리가 좋아 언제나 1등을 했다. 중학교를 수석 졸업한 그는 고등학교에도 수석으로 입학했다. 그는 수재(秀才)였다. 그러나 형제는 많고 집은 가난했다. 고등학교를 중도 포기했다. 그 후 독학으로 공부해서 공무원 시험에 합격했다. 나중에는 5급 공무원 시험에도 합격하여 서울 어느 구청의 고위직 공무원이 되어 많은 일을 하고 퇴직했다. 그랬던 그가 오늘은 동창 모임 날짜를 얼른 기억하지 못한다.

그는 동창 모임에서도 언제나 리더였다. 오래 회장을 맡아 수고했다. 애경사도 잘 챙겼다. 해마다 동창들과 관광도 하고, 밤을 새우며 우정을 다졌던 것도 그의 노력 덕분이었다. 그런데 오늘은 그가 동창회 날짜를 자꾸 되묻는다.

그는 부부 공무원이었다. 집안 형편이 넉넉하다. 아들은 의사가 되었다. 지금은 남부러울 게 없는 그다. 술과 담배는 입에 대 본 일이 없다. 꾸준히 운동해 육신은 아주 건강하다. 이제 노후를 즐겁게 살면 된다. 기르던 애완견을 고향 선산에 묻어줄 만큼 정이 있는 친구다. 부부가 함께 교회에 나가는 성실한 기독교인이니 신의 가호도 충만할 것이다. 그런 그가 방금 일러준 날짜를 기억하지 못하고 연신 또 묻는다.

그는 동창회를 시작한 40여 년 전, 첫 모임부터 동창회 상황을 기록으로도 남겼다. 얼마나 자세히 기록했는지 그때의 상황이 훤히 보인다. 가히 '동창 실록' 이다. 친구들이 그걸 뭐 하려고 그렇게 정성스레 쓰느냐고 물으면 역사는 중요한 것이라 했다. 참으로 꼼꼼하고 성실한 친구다. 그랬던 그가 오늘은 왜 동창 모임 날짜를 얼른 기억하지 못하는가.

얼마 전부터 동창들이 걱정하기 시작했다. 아무래도 이상하다는 것이다. 대화가 전 같지 않다고 했다. 가끔 메시지를 보내는데 그답지 않게 뭔가 심상치 않단다. 나도 뭔가 이상한 조짐이 들었다. 그래도 나이 먹어 그러려니 하고 좋은 쪽으로 생각했다. 가족이 알고 있는지 모르겠다고 걱정하는 친구까지 생겼다.

지난 동창회 때 일이다. 참석을 독려했다가 길을 잃으면 어쩌나 걱정되었다. 가까이 사는 동창 두 명이 그를 데리고 왔다. 만나보니 신수는 좋아 보였다. 대화에도 큰 문제가 없었다. 어렸을 때 이야기를 어제 일처럼 생생하게 설명했다. 초등학교 3학년 때 국수 뽑는 기계에 손이 끌려들어가서 오른손 네 개 손가락이 한 마디씩 잘려나갔다고 했다. 그래도 울지 않았고, 치료 의사에게 글씨만 쓸 수 있게 해달라고 애원했다고 한다. 그의 손가락 모양은 모두 알고 있었지만 그렇게 된 사연은 처음 들어 가슴을 적셨다.

오래된 이야기를 잘 기억해 내니 아무 문제가 없나보다고 안심했다. 그런데 조금 지나자 아까 했던 그 이야기를 다시 시작하는 것이다. 친구들 모두는 그냥 묵묵히 또 들었다.

가끔 경찰서에서 길을 잃고 배회 중인 아무개 씨를 찾는다는 문자메시지가 온다. 그때마다 가족들이 얼마나 애가 탈까 하는 생각이 들었지만 큰 관심은 없었다. 대개는 나이 많은 노인들이니 그럴 수도 있겠다고 여겼다. 그랬던 내가 어릴 적 수재였던 친구가 길을 잃을까 걱정해야 하니 얼른 받아들여지지 않는다. 수재의 반란이다.

의학이 발달하고 식생활이 좋아져 수명이 많이 늘어났다. 그러나 오래 사는 것만이 좋은 건 아니다. 건강하지 못해 침대에 누워 장수하는 것은 별 의미가 없다. 사는 날까지 뜻있고 보람 있게 살아야 한다.

어느 약국에 써 붙였던 건강 명언을 읊어본다.

"돈을 잃는 건 조금 잃는 것이고, 명예를 잃는 건 많이 잃는 것이고, 건강을 잃는 건 다 잃는 것이다."

한때 반짝이던 수재의 지성이 다시 빛나기를 바란다. 사랑하는 내 친구가 건강히 우리 곁에 오래 머물기를 간절한 맘으로 기도한다.

참 좋은 중독

12월에 접어든 날씨는 쌀쌀했다. 그러나 막상 골프장에서 운동을 시작하니 햇살이 좋고 바람도 잔잔해 그리 춥지 않았다. 겨울을 맞은 잔디는 노랗게 물들어 양탄자처럼 부드럽다. 알록달록 차려입은 백여 명의 남녀가 잔디 위에서 파크골프를 즐긴다. 곳곳에서 즐거운 웃음소리가 들린다.

아내와 함께 갔는데 우연히 클럽 회원들을 만났다. 미리 약속한 것은 아니지만 자연스럽게 네 명이 한 조가 되어 라운딩을 시작했다. 처음 만난 이들과도 금세 팀을 짤 수 있는 것이 파크골프의 매력이다.

저만치 깃대가 꽂혀 있고, 그 아래에 공을 넣어야 할 홀(hole)이 있다. 티잉 그라운드에서 티샷을 날리면 빨강, 노랑, 파랑, 알록달록한 공들이 노란 잔디 위를 쏜살같이 굴러간다. 40미터 남짓한 파3도 있고, 120미터가 넘는 파5도 있다. 페어웨이에는 벙커와 러프가 있어 만만치 않다. 공이 그린에 잘 올라가면 동반자의 "굿샷!"

칭찬에 마음이 들뜬다. 벙커에 빠지거나 OB가 나면 아쉬움이 크다.

파크골프는 일본 홋카이도에서 시작되었다. 공원(park)과 골프(golf)의 합성어로 일반 골프를 간소화한 생활 스포츠다. 클럽 하나만 있으면 누구나 쉽게 배울 수 있다. 경기장도 가까운 곳에 많아 접근성이 좋다. 오늘 입장료는 2,200원인데 65세 이상은 그 절반만 받는다. 세계 15개국에서 400만 명 이상이 즐긴다고 하니 이미 세계적인 생활 스포츠라 할 만하다.

우리나라에는 2000년 진주 남강 둔치에 첫 파크골프장이 생겼다. 지금은 전국에 300여 곳으로 늘었다. 대한파크골프협회 통계(2022년)에 따르면 등록 인원만 10만6천 명이 넘는다. 비등록 회원까지 합하면 실제로는 훨씬 많을 것이다. 각종 대회가 열리고, 대표 선수를 뽑아 국제대회에도 참가한다.

골프장에 대해 환경 훼손 논란이 있지만 파크골프장은 다르다. 산이나 숲을 깎지 않고, 강이나 냇가의 둔치 같은 풀밭에 잔디를 입혀 만든다. 둔치 본래의 기능을 크게 해치지 않으면서 경관은 오히려 단정해진다. 나는 순기능이 훨씬 크다고 본다.

무엇보다 파크골프는 노인들에게 더없이 좋은 운동이다. 힘겨운 동작 대신 폭신한 잔디 위를 걷고, 공을 치며, 친구들과 담소를 나눈다. 걷기와 놀이가 어우러져 지루하지 않다. 모르는 사람도 금세 친구가 된다. 하루도 거르지 않고 즐기는 이들도 많다. '좋은 중독'이라 부를 만하다.

2021년 통계에 따르면, 65세 이상 노인은 전체 인구의 16%이지만 진료비는 43.4%, 무려 41조 원을 쓴다고 한다. 젊은 세대의 부담이 커질 수밖에 없다. 그러나 파크골프는 노인을 건강하게 한다. 젊은 세대의 짐이 덜어진다. 건강한 노인은 행복하다. 국가적으로 장려할 만한 운동이다.

파크골프는 한겨울 혹한기를 빼고 사철 즐길 수 있다. 꽃이 활짝 핀 봄날과 노랗게 물든 가을이 가장 좋다. 좋은 벗과 어울려 파크골프를 하면 재미있고 즐겁다. 주로 개인 경기라 실수해도 남에게 피해를 주지 않아 마음이 편하다. 때로는 자장면 내기도 한다. 운이 좋아 홀인원을 하면 그날은 대박이다. 동반자가 찍은 기념사진이 단톡방에 올라오면 축하 메시지가 줄줄이 이어진다. 그러면 홀인원 턱을 내기도 한다.

일반 골프는 여전히 고급 스포츠 이미지가 있다. 비용이 만만치 않고, 사전에 팀을 짜 멀리까지 나가야 한다. 그러나 파크골프는 가볍다. 대중교통으로 가까운 경기장에 혼자서라도 가면 된다. 거기서 만난 누구와도 어울려 저렴한 비용으로 즐길 수 있다. 꾸준히 걸으니까 건강해지고, 벗을 사귀니 외롭지 않다.

나는 내일도 파크골프장에 갈 것이다. 파크골프 중독인가 보다. 참 좋은 중독이다.

제5장

빛바랜 수건, 선명한 기억

— 추억은 언제나 봄빛

빛바랜 수건, 선명한 기억

나는 수건 부자다. 욕실 벽장에 수건이 가득하다. 주변에 나누어 주었지만 아직도 많이 남아있다. 돈을 주고 사지는 않았다. 직장에 근무할 때 받은 기념 수건들이다.

옛날부터 한국 사람들은 찾아온 손님을 빈손으로 그냥 보내지 않았다. 집에서는 주로 먹을거리를 들려 보냈지만, 잔치나 행사에 온 손님에게는 보통 기념 수건을 주었다. 수건이 가장 무난한 선물이었기 때문이다.

나는 학교에서 근무했다. 학생들의 잔치인 체육대회가 해마다 열렸다. 학부모 단체에서 기념 수건을 준비해 내빈에게 선물했다. 체육대회에 수고한 교직원들에게도 하나씩 주었다. 학교장이 되어서는 인근 학교의 체육대회나 기관의 행사에 내빈으로 참석하면 기념 수건을 주었다. 이렇게 수건이 모여 꽤 많아진 것이다.

선물로 주는 기념 수건에는 행사 이름과 날짜, 주는 기관이나 사람 이름이 새겨져 있다. 이 글자들은 오랜 세월이 지나도 좀처럼 지워지지 않는다. 수건이 낡고 색깔이 바래도 언제 누구에게 받은 기념 수건인지 알 수 있다.

수건을 쓰다 보면 이 문구들이 눈에 들어온다. 기념 수건에 새겨진 이름의 주인공을 떠올려 본다. 이미 돌아가신 분도 많다. 그래도 그때 그의 모습이 연상된다. 표정이 보이고 목소리가 들린다. 그날의 행사 모습이 되살아나기도 한다. 슬그머니 미소가 지어질 때도 있다. 특별히 친근하게 지냈던 사람이면 그리움이 번진다.

결혼기념 수건을 보면 주인공들이 지금도 신랑 신부로 떠오른다. 이미 학부모가 된 그들인데도 아직 수건 속에는 신랑 신부 모습 그대로다. 체육대회 기념 수건에는 파란 하늘의 만국기와 넓은 운동장의 함성이 새겨져 있다.

교육부 지정 '연구학교 발표 기념 수건'을 보면 눈시울이 뜨거워진다. 30년 전, 인천 S 학교 교무부장으로 근무하던 때였다. 교육부로부터 '교육과정 연구학교' 지정을 받고 2년 동안 눈코 뜰 새 없이 바쁘게 뛰었다. 전국의 교육전문가를 불러 연구 성과를 발표했다.

그때도 기념 수건을 만들어 전국에서 온 손님과 수고한 교직원들에게 나누어 주었다. 그 수건을 가만히 바라보면 함께 고생하던 동료들의 얼굴이 떠오른다. 보고서를 쓰던 연구부장, 발표 영상에 매달리던 G선생님, 분주했던 직원들의 모습이 그 수건의 글자에 담겨 있다. 이제는 모두가 그리운 추억이 되었다.

지인의 개업 기념 수건을 보면 그날 먹었던 음식, 고사 시루떡, 문 앞에 늘어놓았던 화분이 떠오른다.

나도 정년퇴직 기념 수건을 만들었다. 퇴임식장에 온 손님들에게 나누어 주고, 수고한 교직원들에게도 한 장씩 주었다. 아마 그 수건이 어느 집 욕실 수건걸이에 지금 걸려 있을지도 모른다. 그들은 무슨 생각을 할까? 나를 기억할까? 어떤 사람으로 기억할까?

기념 수건은 그냥 단순한 수건이 아니다. 그것은 흔적이고, 삶의 조각이며, 시간이 흘러도 다시 상영되는 추억의 스크린이다. 수건이 낡고 글자는 희미해도, 그 안에 담긴 순간들은 오히려 더 선명하게 남는다.

오늘도 기념 수건에 새겨진 문구를 가만히 들여다본다. 지난 시절의 소중했던 순간이 떠오른다. 그날이 마냥 그립다.

꽃이 피면 마음도 핀다

남녘에서 꽃소식이 들려오더니 어느새 봄이 성큼 다가왔다. 오늘 아파트 유리창 너머로 쏟아지는 아침햇살이 참 따스하다. 겨우내 차가운 베란다에서 움츠렸던 소사나무도 실눈을 뜬다. 조용하던 집 앞 초등학교에서도 아이들의 재잘거리는 소리가 들리니 내 마음도 들뜬다.

봄은 생명의 계절이다. 꽃샘추위가 심술을 부려도 대지는 새싹을 틔우고, 온갖 생명체가 새로운 희망을 품는다. 죽은 듯 잠들었던 땅이 기지개를 켜며 세상을 환하게 물들인다. 곧 화사한 꽃 잔치가 벌어질 것이다.

수많은 봄을 살아오며 나는 봄바람에 꿈을 꾸었고, 내일을 노래했다. 눈을 감으면 어린 시절 고향 마을의 봄이 파노라마처럼 떠오른다.

내 고향의 봄은 참 예뻤다. 산이 병풍처럼 둘러싼 작은 산골 마을에 초가 열두 채가 정겹게 모여 살았다. 고향의 봄은 얼음장 밑에서부터 온다. 햇볕이 따스해서 봄기운이 번지면, 겨우내 꽁꽁 얼었던 냇물이 녹아 소리를 내며 흐르기 시작한다. 그 물소리를 가장 가까이서 듣는 냇가의 버들강아지가 제일 먼저 눈을 뜬다. 대지에서는 새싹이 돋는다. 봄은 그렇게 다가왔다.

어린 시절의 봄은 달콤하지만은 않았다. 가난한 시절, 봄은 보릿고개를 넘어야 하는 힘든 계절이었다. 마을 누나들은 차가운 봄바람에도 들로 나물을 캐러 나갔다. 밭둑이나 산기슭에 옹기종기 모여 앉아 쑥, 냉이, 달래, 돌나물 같은 봄나물을 캐던 누나들의 모습이 지금도 아련하다.

남자아이들은 곡괭이를 들고 산으로 칡뿌리를 캐러 갔다. 칡은 새싹이 나기 전에 캐야 한다. 깊고 길게 뻗은 뿌리를 캐내는 일은 힘들었다. 칡뿌리 조각을 질겅질겅 씹으면 들큼한 즙이 나와 먹을 만했다. 요즘은 건강식품으로 팔리는 칡뿌리가 그땐 배고픔을 달래는 주전부리였다. 삘기라 부르던 띠풀 꽃이삭도 뽑아 씹었고, 찔레나무 새순도 꺾어 먹었다. 배고픈 시절의 주전부리를 떠올리면 지금도 가슴이 찡하다.

개나리와 진달래가 활짝 피면 마을은 꽃동네가 된다. 아이들은 진달래 동산을 뛰어다니며 놀았다. 산토끼를 쫓고, 다람쥐를 잡고, 진달래꽃잎을 따서 먹으며 웃음꽃을 피웠다. 진달래로 꽃방망이를 만들기도 했고, 집에 꽂아놓기도 했다.

냇가 언덕에 앉아 버들피리를 만들어 불던 기억도 새롭다. 수양버들 가지는 봄바람에 살랑이고, 찔레꽃은 하얗게 피어 향기를 뿜었다. 버들피리는 버들가지를 잘라 속대와 겉껍질을 분리해 만들었다. 굵은 피리는 저음, 가는 피리는 고음이 났다. 두 손으로 피리를 감싸고 음량을 조절하면 소리가 더 감칠맛 났다. 시냇물 소리와 어우러진 피리 소리는 봄 동산을 가득 채웠다. 피리 소리에 취했는지, 찔레꽃 향기에 이끌렸는지, 나비 한 쌍이 나풀거리며 곁을 맴돌던 모습이 떠오른다.

우리 집에는 커다란 살구나무가 두 그루 있었다. 대문 옆 울타리와 장독대 뒤였다. 집마다 벚나무, 살구나무, 복숭아나무, 배나무 같은 과일나무가 있었다. 꽃이 피면 마을은 온통 꽃 대궐이 되었다.

그때쯤이면 마을 사람들은 꽃놀이를 즐겼다. 마을 앞산 중턱 산제당(山祭堂) 마당의 큰 벚나무 아래 멍석을 깔고, 음식을 나누며 봄을 만끽했다. 천렵한 물고기로 끓인 어탕과 홍어 무침, 해파리무침이 단골 술안주였다. 쪽박을 띄운 술독이 빙빙 돌고, 장구 장단에 맞춰 노래하고 춤추는 잔치가 벌어졌다.

꽃이 피면 사람들의 표정도 밝아진다. 낯선 길손이 하룻밤 묵어가고, 걸인이 찾아와도 싫은 내색 없이 따뜻하게 대접했다. 모두가 곤궁했지만 봄꽃처럼 환하게 웃으며 서로를 품었던 시절이었다. 그때의 정은 꽃이 가르쳐준 마음이었다.

이호우 시인의 〈살구꽃 핀 마을〉 시조가 떠오른다.

살구꽃 핀 마을은 어디나 고향 같다.
만나는 사람마다 등이라도 치고지고

뉘 집을 들어서면 반겨 아니 맞으리.

바람 없는 밤을 꽃그늘에 달이 오면
술 익는 초당마다 정이 더욱 익으리니
나그네 저무는 날에도 마음 아니 바빠라.

꽃 피는 내 고향, 산골 마을의 봄은 정이고 사랑이었다. 꽃이 피면 마음도 함께 피었다.

올해도 내 마음에 봄앓이가 도졌나보다.

〈첫눈〉에서 시작된 길

초등학교 5학년 때였다. 낙엽 지는 늦가을, 시골 학교 교정에서 교내 백일장이 열렸다. 어린이들은 플라타너스 나무 아래 낙엽을 깔고 앉아 글을 썼다. 나 역시 문예부 선생님이 주신 원고지 밑에 책받침을 받치고, 연필 끝에 정성을 모아 한 편의 글을 써내려갔다.

주제는 '겨울' 이었다. 나는 제목을 '첫눈' 이라고 정했다. 곧 겨울이 오고 첫눈이 내리는 모습을 상상하며 마음속의 설렘을 원고지에 담았다. 그런데 뜻밖에도 내 글이 '장원' 으로 뽑혔다. 놀랍고도 기뻐서 가슴이 뛰었다. 조회 시간에 문예부 선생님이 전교생에게 내 글을 큰 소리로 낭독해 주었다. 첫눈을 기다리는 마음이 잘 표현되었다고 칭찬도 해주었다, 교장 선생님께서는 상장을 직접 수여해 주셨다. 조회대에 올라가 전교생이 지켜보는 가운데 장원 상장을 받았나. 어린 가슴은 부풀고 어깨는 절로 으쓱해졌다.

그날의 경험은 내게 자긍심을 심어 주었고, 그 기억은 긴 세월 내 마음속에서 반짝였다. 중고등학교에 진학한 뒤에는 특별활동으로 항상 문예부를 선택했다. 대학 시절에는 학보사 기자로 활동하며 글에 대한 애정을 이어갔다. 교사가 된 후에는 해마다 문예부 지도를 희망하곤 했다.

교직에서 많은 글을 썼지만, 그것은 학교 일의 하나로 단지 업무였다. 각종 보고서, 훈화, 기념사, 논문 등을 주로 썼다. 마음 깊은 곳에서 길어 올린 문학적 글쓰기와는 거리가 있었다. 그런데도 학교에는 시인이나 수필가로 활동하며 개인 문집을 출간하는 동료 교사들이 몇 명 있었다. 그들이 부러웠고 나는 왜 못할까, 하는 자책의 마음도 컸다.

꿈을 이루지 못한 채 세월은 흘러 정년퇴직을 했다. 직장에 매였던 생활이 자유로워지니 시간의 여유가 많았다. 슬그머니 오래 묵은 열망이 고개를 들었다. 이제야말로 진짜 글을 써 보자. 그러나 막상 시작하려니 막막했다. 무엇을 어떻게 써야 할지, 내가 쓴 글이 어느 정도 수준인지 가늠조차 하기 어려웠다.

그 무렵, 우리 마을 복지관에 글쓰기 강좌를 개설한다는 소식을 들었다. 반가운 마음에 곧바로 찾아가 수강을 신청했다. 그 선택은 내게 두 번째 백일장을 열어준 셈이었다. 문단에서 활동 중인 훌륭한 선생님을 만났다. 나는 기초부터 차근차근 글쓰기를 배우기 시작했다.

글쓰기를 공부해 보니 좋은 글을 쓴다는 것은 참 어렵다는 걸 알게 되었다. 내 재능이 부족하다는 사실도 실감하게 되었다. 하지만 그 부족함이 오히려 내게 계속 배워야 한다는 의욕을 불러일으켰다. 좋은 글을 열심히 읽으며 한편으로는 내 글을 계속 썼다. 언젠가 나도 이름 있는 문예지의 신인상에 도전해 수필가로 등단하고 싶다는 소망이 생겼다.

어느 날, 친구가 보내준 『수필춘추』를 읽다가 '신인상 작품모집' 안내를 보았다. 수필가 등단의 문이었다. 자신은 없었지만 최선을 다해 수필 세 편을 써서 응모했다.

얼마 후 『수필춘추』 신인상에 선정되었다는 연락을 받았다. 마침내 내가 수필가로 등단한 순간이었다. 긴 세월을 딛고 얻은 '수필가' 라는 이름은 내게 벅찬 감동이었고, 큰 기쁨이었다. 남산 '문학의 집' 에 가서 많은 선배 문인의 박수 속에 신인문학상 등단패를 받았다. 지금은 계간 『수필춘추』에 꾸준히 글을 발표하며 수필가로 활동 중이다.

이제는 말할 수 있다. 꿈은 이루어진다. 비록 느릴지라도 계속 배우고 쓰면 꿈은 반드시 내 앞에 다가온다.

어린 날, 낙엽 가득한 교정에서 '첫눈' 이라는 제목으로 쓴 글 한 편이 내 삶의 방향을 결정지었다. 그날의 기쁨 하나가 씨앗이 되어 이제 꽃으로 피었다. 살아오며 내 마음에 스며든 감정들 — 사랑, 그리움, 기쁨, 아쉬움과 후회 — 그것들을 진솔하게 풀어내는 일이 이제는 내 삶의 일부가 되었다.

나는 오늘도 쓴다. 내 마음의 응어리를 풀기 위해, 나와 함께한 이들의 숨결을 기억하기 위해, 더 맑은 눈으로 일상을 바라보기 위해, 그리고 아름답고 고운 삶을 위해 나는 계속 수필을 쓸 것이다.

그리운 협궤열차

지금은 인천과 수원 사이를 전철이 빠르게 오가고 있다. 하지만 내 마음속에는 느릿느릿 달리던 수인선 협궤열차가 여전히 살아 있다. 좁은 철로 위를 덜컹거리며 달리던 작은 기차는 단순한 교통수단이 아니었다. 그 시대만의 특별한 희망 열차였다. 바다와 들녘에서 살아가는 서해안 인근 농어민들의 꿈을 싣고 달렸기 때문이다.

수원을 떠난 열차가 고잔역에 이르면 바다와 들녘이 열차에 실렸다. 소금과 조개, 낙지와 생선들이 바구니와 광주리에 담겨 실렸다. 갓 거둔 푸성귀와 곡식 자루도 좌석 사이를 채웠다.

열차 안은 왁자지껄했다. 물건을 챙기는 부산스러운 손길들, 장에 나가는 길에 만난 객석의 웃음과 수다, 오늘의 물건 시세에 대한 기대와 걱정이 한데 뒤섞였다. 잠시 한눈을 팔면 푸성귀 바구니가 옆으로 쓰러지기 일쑤였다. 새벽부터 서두른 고단한 아주머니는 졸음에 겨워 바닥에 앉아 꾸벅꾸벅 졸기도 했다. 협궤열차의 덜컹거림은 그 자체가 서민들의 생활 리듬 같았다. 빨리 달리지도 못하며 힘겨워하는 열차처럼, 사람들은 객석에 몸을 기대고 고단한 생계를 이어갔다.

창밖으로 펼쳐진 들녘은 계절 따라 풍경이 바뀌었다. 여름이면 푸름이 가득했고, 가을이면 누렇게 익은 곡식이 바람에 일렁였다. 평화로운 풍경 속을 달리며 사람들은 저마다의 무거운 짐을 짊어지고도 웃음을 잃지 않고 꿋꿋하게 살았다.

힘에 부친 열차는 질펀한 들녘을 덜컹덜컹 달려가다가 소래포구가 보이면 냅다 고함을 질렀다. 그래도 갈매기는 모래톱에 올라선 고깃배 위에서 한가롭게 날고, 그물을 손질하는 어부는 꾸물꾸물 손을 놀렸다. 철로 옆으로 보이는 풍경은 늘 고요했다. 객실의 분주함과 바깥 풍경의 고요함은 묘한 대비를 이루었다. 열차 안에는 사람 사는 소리로 왁자하고, 창밖에 펼쳐진 모습은 한가롭고 평화로웠다.

열차는 인천 시내로 슬금슬금 들어섰다. '영자 미장원' 을 지나 '꼽추 해장국집' 에 이르면 종착역 송도가 눈앞이다. 종착역이 가까워지면 하차 준비를 서둘렀다. 열차 안은 더욱 웅성거렸다. 기차가 멈추고 문이 열리면 너른 들녘과 비릿한 바다가 한꺼번에 송도에 쏟아져 내렸다. 송도역 앞길에는 땅바닥에 시장이 펼쳐졌고, 농민과 어민들이 싣고 온 삶의 부게가 새로운 주인을 찾아갔다. 그곳은 단순한 장터가 아니라, 바다와 들녘이 도시와 만나는 교차점이었다.

지금의 전철은 쾌적하고 빠르다. 차 안은 조용하고 좌석은 편안하다. 시간표대로 정확히 달린다. 그러나 그곳에서는 예전처럼 사람 냄새를 느끼기 어렵다. 핸드폰에 몰입된 사람들만 객실에 가득할 뿐이다.

협궤열차에는 삶의 체온이 있었다. 바구니에 담긴 곡식과 푸성귀의 풋풋한 냄새가 좋았다. 짭짤한 소금과 비릿한 생선에서 풍기는 바다 내음도 삶의 향기였다. 거기에 웃음과 한숨이 뒤섞여 삶의 이야기가 가득했다. 불편했지만 따뜻했고, 느렸지만 정겨웠다.

협궤열차는 사라졌지만, 내 기억 속에서는 여전히 덜컹거리며 달리고 있다. 그 기차의 덜컹거림은 단순한 흔들림이 아니었다. 흔들리며 사는 우리네 삶의 모습이었다. 구불구불 이어진 철로는 힘겹게 가는 인생의 궤적이었다.

빠름과 편리함에만 익숙해진 지금, 그 느림이 그리워진다. 느리게 달렸기에 사람을 마주 보며 이야기를 나누었고, 함께 웃을 수 있었다. 삶에서 우러난 우리의 향기였다. 협궤열차를 잊지 못하는 이유일 것이다.

나는 문득문득 그 열차가 그립다. 평화로운 들녘 풍경, 덜컹거리던 차창, 꾸벅꾸벅 졸며 바닥에 앉아 있던 아주머니, 푸성귀나 생선을 팔러 가던 질박한 농어민들의 모습이 그립다.

수인선 협궤열차는 사라졌지만, 그 시절의 사람 냄새와 삶의 온기는 오래도록 내 마음속을 달릴 것이다.

도토리와 상수리

떼굴떼굴 도토리 어디서 왔니?
다람쥐 한눈팔 때 굴러서 왔지….

초등학생이 쓴 '도토리'란 제목의 글이다. 어린이의 시심(詩心)이 귀엽고 발랄하다.

우리 집 앞에는 초등학교가 있다. 학교 수목에 가을빛이 노랗게 물들었다. 울타리에는 학생들의 시화(詩畵)가 많이 걸려 있다. 윗글도 거기에서 읽었다. 어린이의 깜찍한 시상(詩想)을 접하니 아스라이 어릴 적 기억이 되살아난다.

가을이 깊어서 들녘에는 오곡이 누렇게 익어 갔다. 쪽진머리 어머니는 댕댕이덩굴로 만든 바구니를 가지고 도토리를 따러 산으로 가신다. 초등학생인 나도 포대 자루를 들고 어머니를 따라간다. 어머니는 어느 산에 도토리나무가 많은지 잘 안다. 해마다 도토리를 주우러 산에 다녔기 때문이다. 올해는 도토리가 많이 달렸단다. 어머니 말씀으로는 도토리는 들녘을 보고 달린단다. 곡식이 잘 자라 풍년이 들면 도토리는 적게 달리고, 반대로 가뭄이나 태풍으로 흉년이 들면 도토리는 많이 달린다고 했다. 풍년에는 도토리묵을 안 먹어도 되지만 흉년이라 곡식이 모자라면 도토리묵이라도 먹고 살라는 하늘의 뜻이라고 설명하셨다.

도토리나무를 찾아 산을 헤맨다. 익어서 땅에 떨어진 도토리는 줍는다. 아직 나무에 매달린 도토리는 하나씩 딴다. 키 큰 나무 꼭대기에 달린 도토리는 가지를 휘어잡고 딴다. 나무밑동을 마구 흔들어 떨어뜨리고 줍는다. 어머니의 바구니와 내 자루가 점점 무거워진다. 가끔 귀여운 다람쥐가 머리를 쑥 빼고는 까만 눈을 동그랗게 뜨고 바라보다가 종종걸음으로 사라진다. 내 밥을 왜 가져가느냐고 항의하는 것인지도 모른다.

상수리도 줍는다. 상수리와 도토리는 좀 다르다. 도토리는 약간 길쭉하다. 열매를 싸고 있는 빵모자처럼 생긴 꼬투리 깍지에 털이 없다. 상수리는 깍지에 털이 있다. 도토리보다 둥글고 크다. 도토리나무에 비해 상수리나무는 커서 높다랗다. 그래서 상수리는 떨어진 걸 줍는다. 묵을 쑤면 상수리 묵의 분량이 더 많고 맛도 좋다. 상수리가 쏟아진 나무 밑에서 주울 때는 신이 난다. 대신 상수리나무는 도토리나무보다 흔치 않았다.

어머니는 나보다 훨씬 많이 줍는다. 어머니의 바구니는 가득 찼는데 내 자루는 아직 멀었다. 어머니는 바구니를 놓아두고 치마폭에 도토리를 주워 담아 내 자루에 쏟는다. 이제 내 자루에도 도토리–상수리가 가득 찼다. 어머니는 칡덩굴을 끊어다 자루 주둥이를 묶는다. 그리고 가지고 간 멜빵으로 도토리 자루를 내 어깨에 메어 준다. 나는 그걸 메고 산에서 내려온다. 어머니는 똬리를 머리에 얹고 도토리 바구니를 이고 내려온다. 짐은 좀 무거워도 부자가 된 기분이었다.

산비탈을 내려와 좁다란 논두렁길을 걷는다. 맑은 도랑물이 흐르는 내를 건넌다. 길가 수풀에는 방아깨비가 방아를 찧고, 선들바람 이는 볏논에서는 노랗게 익은 메뚜기들이 폴짝댄다. 노란 가을볕이 모자(母子)의 온몸에 축복처럼 쏟아진다. 평화롭고 행복한 가을이었다.

상수리는 어린이가 가지고 노는 장난감이었다. 도토리는 길쭉해서 잘 구르지 않지만 상수리는 동그래서 잘 구른다. 유리구슬이 귀하던 시절이다. 상수리로 구슬 대신 놀이를 했다. 상수리를 굴려 상대 것을 맞혀 따먹는 놀이를 했다. 땅에 구멍을 파놓고 거기에 굴려 넣는 놀이도 했다. 그때는 요즘 같은 장난감이나 놀거리가 없었다. 가을이면 어린이 놀이로 상수리 치기가 유행했다. 나는 솜씨가 좋아 동네 꼬마 중 상수리 놀이 선수였다. 편 갈라 놀이할 때면 나랑 편먹고 싶은 친구들이 많았다. 초등학교 동창 모임에서도 가끔 그 이야기를 재미나게 한다.

도토리묵을 만드는 공정은 복잡하다. 어머니는 주워 온 도토리를 말린 후, 껍질을 까고 절구에 넣어 빻는다. 그걸 떡시루에 앉혀 여러 날 수시로 물을 부어 떫은맛을 우려낸다. 덜 우리면 묵이 떫고, 너무 우리면 묵 맛이 덜하다. 감(感)으로 우려도 묵 맛이 언제나 똑같았으니 어머니의 감도(感度)는 탁월했던 것 같다. 알맞게 우린 도토리에서 녹말을 짜내고 거기에 물을 적당히 잡아서 끓이면 나탈나탈한 묵이 완성된다. 지금 시판되는 녹말가루는 방앗간에서 쉽게 빻은 것이다. 당시에는 순전히 노동으로 해내는 힘든 작업이었다.

도토리묵은 참 맛있었다. 참깨를 볶아 만든 맛있는 양념간장을 묵에 듬뿍 뿌려 먹는다. 특유의 떨떠름한 감칠맛과 묵의 보드라운 촉감이 어우러진다. 혀에서 느끼는 미감(味感)이 일품이다. 신토불이(身土不二)의 천연자료로 정성스럽게 만들었기 때문일 것이다. 당시에는 묵 장사도 많아서 식사 대신의 요기나 새참으로 묵을 사 먹기도 했다. 그때 그 맛을 못 잊어 가끔 도토리묵을 먹어 본다. 전혀 그때 그 맛이 아니다. 양념 재료도, 만드는 정성도 달라진 탓이리라. 아니면 내 입맛이 변했거나 배가 부른 탓일지도 모른다. 그래도 도토리묵은 우리 몸에 축적된 중금속과 노폐물을 잘 배출시켜준다니, 도토리 녹말을 사두었다가 가끔은 묵도 쑤어먹고 부침개도 부쳐 먹어야겠다.

산에 도토리가 수북하게 쏟아져 있는 것을 보면 아깝다. 밤이나 도토리는 산에 사는 동물 가족의 양식이니 주워가지 말라는 현수막을 본다. 요즘은 나도 줍지는 않는다. 예뻐서 한참을 만져보다가 다시 산에 놓아둔다. 하긴 주워 가도 이제 어머니가 안 계시니 누가 도토리묵을 쑤겠는가. 아련한 옛 추억에 잠길 뿐이다.

몰래 본 영화

내가 중고등학교에 다니던 시절, 극장은 단순한 영화 감상만의 장소가 아니었다. 젊은이들의 로망이자 친구와 연인이 함께 어울리는 낭만의 공간이었다. 극장 앞을 지나면 화려한 포스터와 솜씨 좋은 도공의 대형 영화 그림이 눈길을 끌었다. 스피커에서 흘러나오는 음악이 사람들의 발걸음을 멈추게 했다.

신영균, 김승호, 최무룡, 신성일, 엄앵란, 김지미, 도금봉, 황정순…, 인기배우들이 포스터 속에서 당장이라도 걸어 나올 듯 생생했다. '맨발의 청춘', '별들의 고향', '로맨스 빠빠', '사랑방 손님과 어머니', '황혼 열차', '빨간 마후라' 등 달콤한 제목과 포스터 속 요란한 영화 홍보는 우리 가슴을 설레게 했다.

그때는 중고등학생이 마음대로 극장에 갈 수 있는 시절이 아니었다. 청소년 생활지도라는 이름으로 학생의 극장 출입을 제한했다. 학교는 영화가 학생들의 풍기를 문란케 할 수 있다고 판단했던 것 같다. 학생은 가끔 단체 관람만 했다. '심청전' 같은 윤리적 가치가 있는 작품뿐이었다.

교육청의 지시로 여러 학교 교사들이 합동 단속 팀을 꾸렸다. 그들은 수시로 극장 안을 돌아다니며 학생들을 찾아냈다. 당시 학생들은 교복과 두발(頭髮)만으로도 쉽게 구별되었다. 교복을 단정하게 입어야 했고, 남학생은 빡빡이, 여학생은 단발머리였다. 사복과 일반 모자가 아니면 몰래 극장에 들어간다고 해도 금세 걸렸다. 단속에 걸리면 영화만 못 보고 나오는 것이 아니다. 학교에 통보되어 담임교사의 특별생활지도를 받아야 했다. 상황에 따라 정학까지 당할 수도 있었다.

그때 나는 고등학교 2학년이었다. 겨울방학이 얼마 남지 않은 어느 날, 나는 하숙집에서 함께 기거하는 친구 넷과 극장에 가기로 했다. 친구 한 명이 영화를 선전하며 지나가는 자동차를 보았는데 엄청 재미있는 영화라고 한다며 꼬드겼다. 그의 말에 모두 마음이 들떠 모험을 단행하게 되었다. 저녁밥을 먹고 우리는 사복으로 갈아입었다. 친구들은 교모밖에 없어 모자는 쓰지 못했다. 나는 얼른 하숙집 대학생 형에게서 일반 모자를 빌려 썼다. 그렇게 준비하고 극장으로 향했다.

극장 한가운데에 자리를 잡았다. 친구 넷이 나란히 앉았고 나는 네 번째 앉았다. 내 오른쪽 옆에는 젊은 여인이, 그 곁에는 남자가 앉아 있었다. 연인처럼 보였다. 영화가 시작되었다. 극장 안은 어둑해졌다. 스크린에서 흘러나오는 빛과 소리가 극장 내부를 가득

채웠다. 영화에 몰입했고 심장은 두근거렸다.

영화의 흥분과 심취는 오래 가지 않았다. 좌석 사이 통로에서 어느 신사가 손가락으로 우리를 짚었다. 단속반이었다. 순간 심장이 덜컹 내려앉았다. 그런데 그가 손가락으로 찍은 사람은 세 명이었다. 친구들은 벌떡 일어나 밖으로 나갔다. 나는 그대로 앉아 있었다. 나는 일반 모자를 쓰고 있었고, 옆에 아가씨가 앉아 있어서 학생으로 보지 않은 모양이었다.

나는 잠시 숨을 고르고 화면 속으로 다시 눈을 돌렸다. 영화는 로맨틱한 장면이 펼쳐져 호기심을 자극했다. 하지만 밖으로 나간 친구들이 걱정되어 영화 내용이 제대로 잡히지 않았다. 결국 끝까지 보지 못하고 밖으로 나왔다.

친구들은 아무도 없었다. 부지런히 하숙집으로 돌아왔다. 세 친구는 소속과 이름을 단속반원에게 알려주고 하숙집으로 돌아와 고개를 떨구고 있었다. 단속한 신사는 다른 학교 교사였다.

담임선생님께 미리 말씀드리자고 했다. 그러면 용서받을 수 있을 것이라는 생각이었다. 우리는 학교 앞 선생님 댁으로 갔다. 친구들은 정학 당할지도 모른다는 두려움 때문인지 제대로 말을 꺼내지 못했다. 그래서 내가 상황을 설명하고 용서를 빌었다. 선생님은 친구들을 둘러보시며 훈계하셨다.

"명용이 같은 착실한 친구 본 좀 봐라!"

정직하게 사실을 말하지 못해 꺼림칙했지만 재미난 추억으로 남아있다. 그 친구들, 잘 지내고 있는지 궁금하다.

학교 종이 땡땡땡

우리 집 앞에 초등학교가 있다. 근린공원으로 운동하러 나가는 길이었다. 운동장에서 공놀이하는 남자아이들의 왁자한 목소리가 들렸다. 미끄럼틀에서 재미나게 노는 여자아이들의 웃음소리도 울타리를 넘어왔다.

나는 잠시 발걸음을 멈췄다. 빨간 덩굴장미가 곱게 핀 울타리 사이로 가만히 학교 안을 들여다보았다. 평생을 학교에서 보낸 나는 학교에 대한 아련한 그리움이 있다. 학교를 볼 때마다 남다른 감회에 젖는다.

마침 스피커에서 음악 소리가 흘러나왔다. 운동장에서 놀던 아이들이 교실로 들어갔다. 수업 시작을 알려주는 음악인가 보다. 그때 내 귀에는 꿈결처럼 학교 종소리가 울렸다. 옛날 학교에서 들었던 바로 그 종소리다.

학교 종은 교무실 창문 밖 처마에 대롱대롱 매달려 있었다. 종 안에는 쇠방울이 들어있고, 손잡이 끈이 달려 있어 잡고 치기 편했다. 종은 청동으로 만들어 묵직했고 모양도 예뻤다.

'땡땡땡' 종소리가 세 번 울리면 운동장에서 놀던 아이들이 밀물처럼 교실로 들어갔다. 텅 빈 운동장에는 한가로이 바람이 불었다. 이따금 회오리바람이 흙먼지를 일으켰다. 운동장 가의 플라타너스는 넓은 이파리를 펼치고 듬직하게 서 있었고, 매미 소리는 시끄러웠다. 교실에서는 구구단 외우는 소리, 노래 부르는 소리, 시를 낭송하는 소리가 오케스트라 연주처럼 울려 퍼졌다.

수업이 끝날 때면 학교 종이 '땡땡' 두 번 울렸다. 아이들은 썰물처럼 교실 밖으로 흘러나갔다. 고무줄놀이에 신난 단발머리 여자아이들, 힘차게 달려 공을 차는 까까머리 남자아이들…, 운동장은 다시 왁자지껄 소란스러웠다.

점심시간은 학교의 가장 활기찬 시간이다. 종이 울리면 아이들은 엄마가 싸준 도시락을 부리나케 먹고 운동장으로 달려나갔다. 아이들의 발랄한 생기가 교정에 가득했다. 종이 울리면 그들은 다시 공부를 시작했다. 학교 종소리는 학생들을 움직이는 지휘자였다. 모두가 그 종소리에 따랐다.

예전의 학교 종은 사람이 쳤다. 교무실 벽에 걸린 시계에 맞춰 교사나 직원이 종을 쳤다. 시계가 빠르거나 늦으면 수업 시간이 들쑥날쑥하기도 했다. 종 치는 걸 잊거나 빠뜨리는 경우도 종종 있었다.

시대가 변해 학교 종은 사라졌다. 시종 알림이 자동화되며 정확해졌다. 처음엔 벨 소리라서 자극적이고 시끄러웠다. 지금은 음악으로 시종(始終)을 알린다. 부드러운 음악이라 정서적으로도 좋다.

그래도 나는 '땡땡땡' 울리던 청아한 학교 종소리가 그립다. 종을 치던 교감 선생님의 모습, 종을 치러 늦을세라 달려가던 학교 아저씨의 종종걸음도 잊히지 않는다.

얼마 전, 가족들과 박물관에 갔을 때였다. 옛날 물건들을 전시한 그곳에서 나는 오랜만에 '학교 종'을 만났다. 낯익은 그 종이 박물관 어둑한 구석에 덩그러니 놓여 있었다. 전시대 앞에 의젓하게 모셔진 것이 아니다. 애잔한 마음이 들었다. 한때 전국 방방곡곡에서 학생들을 움직였던 종이었다. 이제는 입 꽉 다문 채 퇴역 장군이 되어 자리만 지키고 있었다.

슬로베니아 블레드 섬에 있는 성모승천 교회에 가본 적이 있다. 방문객들은 줄을 당겨 종을 치며, 예배 시간을 알리던 옛 교회의 종소리를 마음속으로 회상했다.

대전 한밭교육박물관에 옛 학교 종이 매달려 있다. 학생들이 직접 종을 쳐보며 과거의 학교 모습을 체험한다. 의미 있는 일이라 여겨진다.

학교 종이 땡땡땡 어서 모이자
선생님이 우리를 기다리신다.

초등학교 1학년들이 부르던 노래다. 1948년에 김메리 선생님이 만드셨다. 농사일 때문에 부모들이 아이들을 학교에 잘 보내지 않던 시절이다. 이런 가사의 노래가 아이들을 학교로 불러 모으는 데

도움이 되지 않았을까 싶다. 애국가 다음으로 많이 불렸단다.

그 시절 학생들은 학교 종소리를 들으며 공부했다. 그들이 오늘의 눈부신 대한민국을 만들었다. 학교 종소리는 학생들을 부르는 외침이자 향학열을 북돋는 응원가였다. 그때 나와 함께 '땡땡땡' 학교 종소리를 들으며 공부했던 사람들은 지금 어디서 무얼 하고 있을까. 그들도 가끔은 추억의 학교 종소리를 떠올리면서 행복했으면 좋겠다.

미루나무 그늘에 핀 야무진 꿈

나는 해방의 선물로 태어났다.

아버지는 일제 강점기에 강제 징용되어 일본으로 끌려가 고통스러운 삶을 사셨다. 석탄을 캐는 열악한 탄광에서의 나날은 돌처럼 무겁고 어두웠다고 한다. 해방이 되어서야 겨우 귀국하신 아버지는 텅 빈 고향 마을에 돌아오셨다. 전쟁과 수탈로 모든 것을 빼앗긴 땅, 그곳에 다시 삶을 일으키려는 젊은 부부의 품에 내가 태어났다.

그러나 숨 고를 틈도 없었다. 1950년에 6·25 전쟁이 터졌다. 불길과 포성이 3년 넘게 이어졌다. 사람들의 삶은 또다시 잿더미 위에 놓였다. 굶기를 밥 먹듯 했고, 가족을 잃은 울음이 전국으로 번졌다. 우리 고향에도 서울 피난민이 꾸역꾸역 몰려들었다. 아이들은 놀이터 대신 피난길에서 자라야 했고, 어른들은 생존을 위해 힘겨운 나날을 버텨내야 했다.

내가 초등학교에 입학한 것은 전쟁이 막 끝난 1954년 봄이었다. 학교는 판잣집이었고 교실 바닥도 나무였다. 마루 밑은 쥐들의 운동장이었다. 때로는 마을 공회당을 빌려 공부하기도 했다. 일제 강점기에 조선 사람들을 불러 모아 총독부의 지시를 하달하던 곳이었다. 전쟁에 패망한 일본이 자국으로 철수하니 이제는 아이들의 배움터가 된 것이다.

학생은 많고 교실은 부족하니 야외 수업이 잦았다. 마당에 짚으로 엮은 자리를 깔고 앉아 공부하기도 했다. 깔개는 각자 집에서 가져왔는데, 오래된 멍석이나 낡은 돗자리는 고급 공부 도구였다. 아름드리 미루나무에 작은 칠판을 걸어놓고 수업하기도 했다. 그래도 봄바람이 교과서의 낡은 종이 냄새를 실어 나르고, 아이들의 글 읽는 소리가 학교 안에 왁자해서 희망이 가득했다.

그때 책이라곤 오직 국정 교과서뿐이었다. 누런 종이에 조잡하게 인쇄된 글씨와 그림이었다. 그래도 그 책은 우리의 세상 전부였다. 새 학기에 책을 받으면 표지를 두꺼운 종이로 감싸서 해지지 않도록 보호했다. 한 학기가 끝나면 후배들에게 물려주어야 하기 때문이다. 책에는 세월의 손때와 연필 자국이 고스란히 남은 채 후배들에게 인계되는 것이다. 함께 책을 읽는 소리, 구구단을 외우는 소리, 받아쓰기하며 숨죽이던 긴장감이 아직도 귓가에 맴돈다.

열악한 환경이었지만 책을 펼치고, 글을 읽을 수 있다는 사실만으로도 우리에게는 큰 축복이었다.

학교는 단순히 공부만 하는 곳이 아니었다. 삶을 배우는 현장이었다. 추위가 풀리기 시작하는 이른 봄에는 보리밭을 밟으러 다녔다. 봄에는 산에 올라 송충이를 잡았다. 여름방학에는 새벽마다 마을 별로 모여 아침 체조하고 동네를 청소했다. 곤충채집과 식물채집은 여름방학 숙제의 단골 메뉴였다. 학교 밭에 뿌릴 퇴비용 풀을 한 지게씩 베어 날랐다. 가을이면 추수한 들판에서 벼 이삭을 주워 모았고, 쥐를 잡아 쥐꼬리를 학교에 증거로 내기도 했다. 실생활을 익히는 공부였다.

그 시절에도 급식이 있었다. 전쟁 후 굶주린 한국 사람들을 위해 미국에서 보내온 구호물자 중에 하얀 분유가 있었다. 학교에서 큰 솥에 물을 끓여 분유를 타 한 컵씩 나눠 주었다. 배고픈 시절이라 달콤하고 고소한 맛이 얼마나 좋았는지 모른다. 가끔 나누어 준 분유 가루를 집으로 가져가면 어머니는 밥할 때 솥에 넣고 쪄 주셨다. 그것은 돌처럼 단단했다. 잘라서 입에 물고 오래도록 녹여 먹었다. 단맛이 사라질 때까지 우물거리며 씹던 맛깔이 아직도 혀끝에 남아 있다.

당시 한국은 기생충이 많았다. 학교에서 구충제를 나눠 주었다. 약을 삼키고 나면 화장실이 분주해졌다. 아이들은 진저리쳤지만, 그것도 건강을 지키기 위한 생활 교육의 하나였다.

물론 즐거운 날도 있었다. 봄가을의 소풍은 설렘 그 자체였다. 며칠 전부터 도시락 메뉴를 기대했다. 소풍날에는 김밥 도시락과 찐 달걀이 최고의 선물이었지만 나는 먹어본 기억이 없다. 가을 운동회 날에는 온 마을이 들썩였다. 부모와 이웃이 운동장 가에 둘러서서 열심히 응원했고, 함성과 둥둥 북소리는 오늘날의 축제에 못지 않았다.

지금 청소년들에게 이런 이야기를 하면 '호랑이 담배 피우던 시절' 의 옛날이야기처럼 들릴 것이다. 하지만 그때 그 시절에 짚자리 위에서, 미루나무 그늘에서 부자 나라를 만들겠다는 야무진 꿈을 꾸며 공부했던, 지금의 할아버지 할머니들이 세계에서 두 번째로 가난했던 나라를 오늘의 대한민국으로 일으켜 세웠다는 사실은 기억해야 한다.

초등학교를 거의 마칠 무렵, 6학년 담임선생님이 하신 당부 말씀이 있다.

"미국에는 집마다 자동차가 한 대씩 있다는데, 우리나라는 집마다 지게밖에 없다. 너희들이 열심히 공부해서 우리나라도 집마다 자동차가 있는 부자 나라를 꼭 만들어야 한다."

그 말씀은 내 마음속에 평생 나침반이 되었다. 날바닥에 앉아 공부하던 우리가 이제는 집마다 몇 대씩 자동차를 가진 부자 나라가 되었다. 지금은 부자 나라의 풍요 속에서 살아가지만, 나는 여전히 그 시절의 햇볕과 흙냄새, 그리고 함께 꿈꾸던 친구들의 결기를 잊지 못한다. 가난했지만 희망을 품고 열심히 노력했던 그날이 있었기에 오늘의 나도, 오늘의 우리도 있는 것이다.

가슴속엔 꿈을 이룬 긍지와 보람이 가득하다. 부자 나라를 꿈꾸며 열심히 일하던 젊은 날을 떠올리면 지금도 불끈 주먹이 쥐어진다.

파란대문집

처음 마련한 우리 집은 단독주택이었다. 그 집 대문이 파란색이다. 사람들은 '파란대문집' 이라고 불렀다. 지금은 도시의 비싼 단독주택에 부자들이 살지만, 당시에는 아파트가 막 생기기 시작한 시절이라 서민들도 단독주택에서 많이 살았다.

요즘 젊은이들은 내 집 마련이 어렵다고들 한다. 그때도 마찬가지였다. 부모님은 여러 자식을 키우느라 힘들게 살아오셨다. 유산 한 푼 물려준 것이 없었다. '공부시켜 줬으니 이제부터는 네가 알아서 살라' 는 무언의 지침만 있었을 뿐이다. 고마운 마음으로 전혀 불만 없이 자력으로 살았다. 물론 월급이 많았던 것은 아니다. 가정을 이루고 아이를 키우는 삶은 늘 빠듯하고 고단했다.

처음에는 시골 마을의 큰집 사랑채에서 무료로 살았다. 도시로 나오며 사글세, 전세를 전전했다. 일곱 번 이사를 하고 집을 장만했다. 초등학교 3학년이던 아들이 이사하던 날, "우리 집 참 좋다!" 며 기뻐하던 모습이 아직도 눈에 선하다. 그 집 대문이 파란색인데, 색이 바래면 페인트 가게에서 재료를 사다가 내가 직접 작업복을 입고 파랗게 칠했다.

그 집은 우리 네 식구가 살기에 넉넉했다. 갓방과 지하실을 세주고도 공간이 충분했다. 정남향 집이라 햇살이 종일 들어 겨울에도 따뜻했다. 마당 한쪽엔 작은 화단도 있어 장미와 관상수들이 자랐다. 커다란 사철나무는 겨울에도 푸르렀고, 여름이면 장미꽃이 곱게 피었다.

나는 나팔꽃을 심고 줄을 처마까지 띄워 주었다. 여름 아침에 거실문을 열면 나팔꽃이 싱그럽게 피어 우리를 반겼다. 새벽이슬에 젖은 나팔꽃이 아침햇살을 받아 반짝이던 모습은 우리 가족의 하루를 여는 나팔 소리 같았다. 새도 길렀다. 요즘은 개나 고양이를 기른다. 그때는 새소리로 하루를 열었다. 청량한 새소리는 행복의 멜로디였다.

파란 대문을 나서면 앞에는 넓은 체육공원이 있었다. 수시로 나가 운동했다. 가까운 곳에 큰 시장과 병원이 있어 삶이 편리했다. 여름이면 지붕에 고추를 말렸다. 햇살에 뜨거워진 콘크리트 경사지붕은 최고의 건조장이었다. 하지만 비가 내리면 부리나케 지붕에 올라가 고추를 자루에 담아야 했다. 장마가 길어지면 거실에 널어 선풍기로 말렸다. 이제는 아득한 기억 속 풍경이다.

우리 파란대문집은 동네에서 '손님 많이 오는 집'으로도 불렸다. 마을 사람들이 그렇게 불렀다. 동료들이 퇴근길에 찾아와 밤이 이슥해지도록 놀다 갔다. 아내는 스스럼없이 손님을 맞이했다. 저녁밥을 차려내고, 밤이면 국수를 삶아 대접했다. 예전에는 사람이 자주 드나드는 집에 복이 많이 들어온다고 했는데, 요즘은 문을 닫고 사는 세상이 된 듯해 씁쓸하다.

이웃집들도 모두 단독주택이었다. 앞집 뒷집에 좋은 사람들이 살았다. 서로 다른 일을 하면서도 나이가 비슷해 정겹게 어울렸다. 여름밤이면 대문 앞 공터에 돗자리를 펴고 앉아 부부가 모여 맥주를 마시며 더위를 식혔다. 통돼지 바비큐 파티를 열어 동네 여러 사람이 함께 즐기기도 했다. 참 따뜻한 동네였다.

여자들이 더 잘 어울려 지냈다. 김장도 모여서 함께하고 시장도 어울려 다녔다. 남편이 출근하고 아이들이 학교에 간 낮에는 거의 매일 모여 점심을 함께 먹었다. 지금은 서로 멀리 흩어져 산다. 그때의 정을 잊지 못해 자주 통화를 하고, 가끔 부부 동반으로 만나 즐거운 시간을 갖는다. 그런데 치매 초기라는 친구도 있고, 암 투병 중이라는 이도 있어 마음이 무겁다.

우리는 그 파란대문집에서 17년을 살았다. 초등학생이던 아이들이 자라 딸은 그 집에서 시집가고, 아들은 군에 입대했다. 아파트가 많아지면서 단독주택은 하나둘 재건축으로 사라졌다. 우리 집은 아파트처럼 내부 수리도 하고, 외부도 깔끔하게 손을 보았다. 파란대문집에서 계속 살고 싶었다. 그러나 세상의 흐름을 거스를 수는 없었다.

그 후로는 아파트를 옮겨 다니며 살았다. 되돌아보면 그 집에서 살던 때가 좋았던 시절이었다. 파란대문을 열고 드나들던 내 모습, 넓은 거실의 연탄난로 위에서 끓던 보리차 냄새, 주방에서 남편, 딸, 아들의 도시락을 싸던 아내, 피아노를 치던 천진한 우리 아이들…. 모두가 참한 기억이다.

나이가 들면 추억을 먹고 산다고 한다. 또 삶의 진짜 가치는 그것이 추억이 될 때 비로소 알게 된다고도 했다. 파란대문집에서의 오붓하던 일상이 행복한 삶이었다는 걸 이제야 깨닫는다. 그리운 날들이다.

해방선물의 소회

"너는 밥걱정은 안하고 살 거야. 대신 몸은 고될 거다."

어머니는 내게 그렇게 말씀하셨다. 개띠인 내가 저녁밥 지을 무렵에 태어났으니 굶지는 않겠지만, 밤새 집을 지켜야 하니 힘들겠다는 사주풀이였다. 살아보니 절반은 맞고 절반은 아닌 듯하다.

일제강점기에 아버지는 징용으로 일본 탄광에 끌려가셨다. 본래 큰아버지에게 징용 차출이 나왔는데, 배웅하러 나갔다가 대신 가겠다며 말없이 떠나셨다. 형 대신 자신이 짐을 짊어지는 게 당연하다고 여겼던 모양이다.

남겨진 어머니는 어린 두 아들을 키우며 고된 세월을 견뎌야 했다. 일제의 수탈이 극에 달해 하루하루 연명조차 힘들던 시절이었다. 어머니는 일본 탄광에서 강제 노역하던 아버지보다 오히려 더 힘든 시간을 살았는지도 모른다. 세월이 흘러 해방이 되자 아버지는 귀국하셨고, 내가 태어났다.

나는 해방의 선물이었다. 내 바로 위의 형과는 아홉 살 차이가 난다. 해방의 기쁨도 잠시, 곧 6·25 전쟁이 터지고 농사는 더 황폐해졌다. 나는 초등학교에 입학하고서도 어머니의 젖을 물었다. 내 아래 동생을 돌보던 어머니는 학교에 입학한 나에게도 기꺼이 젖을 물려주셨다. 그것이 배고프던 시절, 어머니가 내게 줄 수 있던 서글픈 자애였을지 모른다.

어머니는 부지런하고 강인하신 분이었다. 아들만 내리 넷을 낳아서 따로 부엌일을 도울 손 하나 없이 홀로 밥상을 차리셨다. 밭에서 일하다가도 늘 다른 식구들보다 먼저 집으로 달려가 식사를 준비하셨다.

아버지는 술을 좋아하셨다. 어머니는 그 덕에 술 담그는 데 능했고 수시로 술을 담그셨다. 동네에서 우리 집 술맛이 으뜸이었고, 마을 잔치마다 '술 기술자' 로 불려 다니셨다.

나는 어린 시절 늘 배가 고팠다. 겨울철 고구마 외엔 먹을 것이 없어 술 항아리에 밀짚 빨대를 꽂고 술을 훔쳐 마셨던 기억도 있다. 얼굴이 벌겋게 달아오를 때까지 마셨던 그 모습이 지금 돌아보면 우습고도 슬픈 장면으로 남아 있다.

어머니는 목화를 심고 물레로 실을 뽑고, 베틀로 베를 짰다. 봄가을로 누에를 치고, 해마다 메주를 띄워 장을 담그셨다. 밤이면 등잔불 아래서 바느질을 하셨다. 건강하실 때는 편안하게 가만히 쉬는 모습을 본 기억이 없다. 어린 나는 늘 그분의 치맛자락을 따라다녔다.

형들은 일찍이 아버지의 농사일을 도우며 든든한 일꾼이 되었다. 나는 어려서 특별한 일을 맡기지 않았다. 어머니 곁에 머물며 유년을 보낸 시간이 내겐 복이었나 보다.

부모님이 돌아가신 지도 오래다. 명절마다 형제들이 모여 차례를 지내고 선산을 찾는다. 그 시절 고생하시던 모습을 떠올리면 죄송한 마음이 앞서고, 그런 시간을 견디며 우리를 지켜준 부모님께 감사한 마음이 인다.

『어린 왕자』를 쓴 생텍쥐페리는 이렇게 말했다.

"부모님이 우리의 어린 시절을 아름답게 꾸며주셨으니, 우리는 부모님의 여생을 아름답게 꾸며드려야 한다."

나는 이 말에 깊이 공감한다. 나는 부모님의 삶을 얼마나 아름답게 꾸며드렸는가? 노력했지만 자신은 없다. 지금도 살아있다면 잘 해드릴 수 있을 텐데, 하는 마음만 굴뚝같다. 후회는 언제나 늦게 찾아온다.

나는 오늘도 부모님을 떠올린다. 어딘가에서 나의 삶을 지켜보고 계실 것이다. 그래서 나는 사람들과 따뜻한 마음을 나누고, 정직하고 곧게 살고자 애쓴다. 그것이 어머니 아버지가 가장 기뻐하실 삶이라고 믿기 때문이다.

"어머니 아버지, 고생 많으셨습니다. 고맙습니다."

그리움이 만든 환상

그리움은 가슴속에만 살지 않는다. 생각 속에서만 꼬물거리는 것이 아니다. 봄날 꽃이 피면 꽃잎 속에도 있다. 늦가을 낙엽에도 그리움은 묻어난다. 바람 부는 날에도, 비가 오고 눈이 내려도 그리움은 함께한다. 그리움은 강에도 있고 산에도 있다. 음악을 들을 때도, 차를 마실 때도, 맛있는 음식을 먹을 때도 그리움은 살며시 곁으로 다가온다. 생시에만 있는 게 아니다. 잠을 잘 때도 그리움은 찾아온다. 그리움은 사라지지 않는다. 평시에는 숨어있을 뿐이다.

그를 만난 것은 대학 마지막 해 봄이었다. 새 학년이 되어 강의동이 바뀌었다. 지난해까지 캠퍼스에서 본 적이 없는 낯선 학생들이 새로 보였다.

강의실 복도에서 마주 걸어오며 처음 그를 보았을 때, 그는 하얀 블라우스에 무릎이 살짝 보이는 자주색 스커트를 입고 있었다. 콧

날이 오뚝하고 얼굴선이 반듯하면서 단정하여 귀한 인상이었다. 키는 보통이었고, 약간 통통한 몸매는 정감이 있어 마음에 들었다. 그날은 아무 말도 건네지 못한 채 스쳐지나갔다.

학교에서 자주 그를 보게 되었다. 남다른 눈길로 그를 바라보았고 점점 그도 나를 의식하기 시작한 듯했다. 어느 날부터 우린 약속이라도 한 것처럼 함께 걸었고 친해지기 시작했다. 그의 맑은 눈은 반짝였고 항상 잘 웃어서 예뻤다.

꽃이 피면 꽃이 핀다고 산으로 가고, 꽃이 지면 꽃이 진다고 공원길을 걸었다. 달 밝은 밤이면 강둑에 앉아 노래를 불렀다. 다정한 발자국을 만들며 함께 백사장을 걸었다. 두 손을 마주 잡고 뱅글뱅글 돌며 즐거워했다. 먼 산이 보이는 찻집에 앉아 차를 마시며 음악을 들었다. 도서관에서 함께 책을 읽고 공부도 했다. 내가 학보사 기자로 활동할 때 그는 짐짓 투고를 많이 해 나를 도왔다. 그는 피아노를 잘 쳤다. 대학 음악실에서 피아노를 연주하는 그의 모습은 황홀했다.

그의 집은 천안 병천, 아우내 장터 근처라고 했다. 아버지가 일찍 돌아가셔서 어머니 홀로 그와 여동생을 키웠다고 했다. 집에서는 통학할 수 없으니 학교 가까운 곳에서 친구랑 둘이 자취하며 대학을 다녔다. 집은 냇가 옆의 한옥이었고, 그의 방 창문은 냇가 길 쪽을 향해 있었다. 그를 찾아가면 내가 왔다는 신호로 창문을 천천히 세 번 두드렸다. 그러면 그는 창문을 열고 환하게 웃었다.

어느 날, 그를 만나러 갔을 때 낯익은 남학생 P가 그의 창문 앞에서 서성이고 있었다. P가 여러 번 그에게 데이트를 신청했다는 이야기를 들은 적이 있었다. P에게 다가가 '내 친구이니 관심을 끊어 달라' 고 좋은 말로 일렀다. 결투라도 하자고 할 줄 알았는데 다행히 알았다며 순순히 물러갔다. 그는 마음 편하게 해주어 고맙다며 좋아했다. 그 일을 계기로 우리는 더욱 친해졌다.

세월이 흐르면 마음도 흐른다. 영원할 것 같던 우리의 정은 졸업을 앞두고 흔들리기 시작했다. 나는 재학 중에 연기했던 병역 의무를 이행해야 했고, 그는 중매 이야기를 털어놓았다. 고등학교 때의 은사가 그를 곱게 보았던 모양이다. 마땅한 총각이 있으니 약혼이라도 해 두자고 한단다. 자신은 마음 쓰고 싶지 않은데, 상대가 마음에 든다며 홀어머니가 적극적으로 권유한다는 것이다. 군에 입대하면 3년간의 공백이 생기는데, 그를 내 곁에 단단히 붙잡아 둘 자신이 없었다.

결국 우리는 이별을 택했다. 사랑의 고리가 약했기 때문이리라. 그간 함께 즐겨 찾던 공원의 가로등 밑에서 마지막 인사를 나누었다. 미련이 남으면 후회가 깊어질까 봐서 일부러 그의 등을 철썩쳐 주며 돌아섰다. 자존심이라도 지켜야만 견딜 수 있을 것 같아서 뒤도 돌아보지 않았다. 졸업 후 지금까지 한 번도 그를 다시 보지 못했다. 잠시 교직에 머물다가 결혼했다는 이야기를 바람결에 들었을 뿐이다.

어느덧 반세기가 넘는 세월이 흘렀다. 내 삶을 열심히 사느라고 그를 까맣게 잊어버렸다. 그런데 잊어버린 게 아니라 숨어 있었다. 정을 남기지 않으려고 매몰차게 돌아섰건만 그리움의 씨앗은 살아 있었다. 그가 문득문득 떠오르고 언젠가는 꿈에 보이기도 했다. 자존심을 내려놓고 붙잡았더라면 어땠을까, 하는 후회가 들 때도 있다. 우연이라도 한번 볼 수 있을까, 하는 막연한 기대를 해보기도 했다.

그런데 오늘 그를 만났다. 9호선 전철 안에서다. 내가 앉은 경로석 맞은편에 그가 앉았다. 아무리 봐도 그 시절 그의 모습이다. 젊은 날의 대학생 모습에 55년의 세월을 덧씌워 바라보았다. 영락없는 그였다. 이게 얼마 만인가. 사진이라도 찍어두고 싶었다. 그러나 동의 없는 사진 촬영은 불법인 걸 알기에 그럴 수는 없었다.

단정하고 품위 있는 차림이다. 손가락에는 옥색 반지를 끼었다. 이대로 그냥 헤어지고 나면 '말이라도 걸어 볼 걸' 하고 또 후회할 것 같았다. 전철은 자꾸 달리며 정거장마다 승객을 내려놓는다. 그가 언제 내릴지 모른다. 자리에서 일어섰다. 조심스럽게 그의 앞으로 다가갔다. 그가 너무 놀라고 반가워서 눈물을 글썽일 거란 상상을 하며 정중하게 물었다.

"혹시 ㅇㅇㅇ씨 아니신가요?"

"아닌데요."

아, 그리움은 환상도 만드는가.

향나무 우물가

내가 태어나고 자란 마을은 두메산골이었다. 초가지붕 열두 집이 산기슭을 따라 옹기종기 모여 살았다. 대가족이 한집에 살던 시절이라 마을 인구는 꽤 많았다. 길에 오가는 사람의 발길이 잦았고, 마을 한가운데 자리한 공동우물은 사람들로 자주 북적였다.

공동우물은 작은 언덕 아래에 있었다. 언덕에는 고목 향나무 한 그루가 고즈넉하게 서 있었다. 언제 만든 우물인지는 모른다. 나는 그 우물물을 마시며 자랐다. 옛날에 마을이 형성되면서 집마다 우물을 파기 어려우니까 공동우물을 만들었을 것이다.

우물터 한가운데에 돌로 쌓아 만든 둥그런 우물이 있었다. 우물 밖의 바닥은 넓적한 돌을 깔았다. 오랜 세월 수많은 발길이 스쳐 돌 표면이 반질반질했다. 우물물은 맑았고 수량(水量)이 풍부해 찰랑거렸다. 우물 둘레 가장자리가 낮아 두레박은 필요 없었다. 우물가 어디든지 앉아 바가지로 퍼서 쓸 수 있었다.

마을 사람들은 모두 그 물을 이용하여 먹을거리와 채소를 씻고 빨래도 했다. 또 길어다 먹었다. 아낙네들은 물동이에 물을 담아 머리에 이고 집으로 운반했다. 물동이는 옹기 항아리라 꽤 무거웠다. 거기에 물을 담아 머리에 이고 걷는다는 건 어려운 일이어서 조심조심 걸어야 했다. 짚이나 왕골로 만든 똬리를 머리에 얹고 물동이를 그 위에 얹었다. 똬리가 푹신해서 배기지는 않았다. 물지게로 물을 져 나른 것은 한참 후의 일이다.

우리 집은 마을 어귀 첫 집이었다. 어머니가 물을 길어 머리에 이고 집까지 오기엔 좀 먼 편이었다. 내가 자란 후에는 물지게로 물을 길어다 부엌 항아리에 채워놓곤 했다. 부엌 한쪽에는 커다란 물항아리가 있었다.

가끔 공동우물을 대청소했다. 청년들이 힘을 합쳐 물을 퍼내고, 벽과 바닥에 낀 이끼를 말끔히 닦아냈다. 그들이 우물 속에서 청소하던 모습이 아직도 눈에 선하다.

우물에는 물을 긷는 사람, 빨래하는 사람, 감자, 고구마, 푸성귀를 씻는 사람으로 활기가 넘쳤다. 가을이면 도토리를 우려내는 시루가 줄지어 놓였다. 절구에 빻은 도토리를 여러 날 우려내야 떫은 맛이 사라진다. 우물가에 오는 누구나 시루에 물을 부어주었다. 시루에서 흘러나오는 물빛을 보고 우려진 상태를 알았다. 정성껏 쑨 도토리묵에 양념간장과 볶은 참깨를 뿌려 먹던 맛은 지금도 잊히지 않는다. 기계로 만드는 요즘 묵은 '정성' 이 빠져서 그 시절 묵맛이 아니다.

공동우물에는 마을을 지키는 신이 있다고 믿었다. 정월 대보름이면 마을 여인들이 술과 떡을 차려놓고 물이 잘 나오기를 빌었다.

마을의 가정마다 1년 내내 복이 깃들게 해달라고 기원했다. 대보름 풍물놀이패가 집마다 돌며 지신밟기를 할 때도 공동우물을 그냥 지나치지 않았다. 한바탕 신나게 놀며, 우물을 다스리는 신령을 달랬다. 우리 어머니는 아들을 군대에 보내면 제대할 때까지 새벽 첫 우물물을 길어다 장독대에 올리고 기도하셨다. 자식의 무운을 기원하신 것이다. 그 기도가 어떤 효험이 있는지 나는 잘 모른다. 다만 자식을 위한 어머니의 사랑이고 정성인 것만은 분명하다.

공동우물은 단순한 식수 터가 아니었다. 주로 여인들이 이용하는 만남의 장소였다. 마을 소식이 모이고, 기쁨과 슬픔을 나누는 장소였다. 서로의 사정을 헤아리며 고단한 삶을 달래고, 좋은 일에는 웃음꽃을 피웠다.

얼마 전 고향에 갔을 때, 그 우물에 가보았다. 집마다 수도가 들어오면서 더 이상 그 우물물을 마시는 사람은 없다. 그래도 우물터는 그대로 남아 있다. 내가 어릴 때 보던 돌우물은 아니다. 후에 시멘트로 네모지게 고쳐 만들었다. 우물터에는 잡초가 무성하게 자라고, 곳곳이 허물어졌다. 그래도 향나무만은 여전히 그 자리를 지키고 있다. 외지인이 사겠다는 걸 팔지 않았다고 한다.

폐허가 된 우물터 앞에 서니 마음이 스산했다. 그래도 내 눈에는 보인다. 그때 공동우물에 모여들던 마을 사람들이 또렷하게 보인다. 물동이를 머리에 이고 흘러내리는 물방울을 연신 훔치며 조심스레 걷던 젊은 아낙, 도토리 시루에 물을 부어주던 손길, 웃음소리와 수다. 이제 그들은 떠나고 없다. 그 시절, 그 사람들이 그립다.

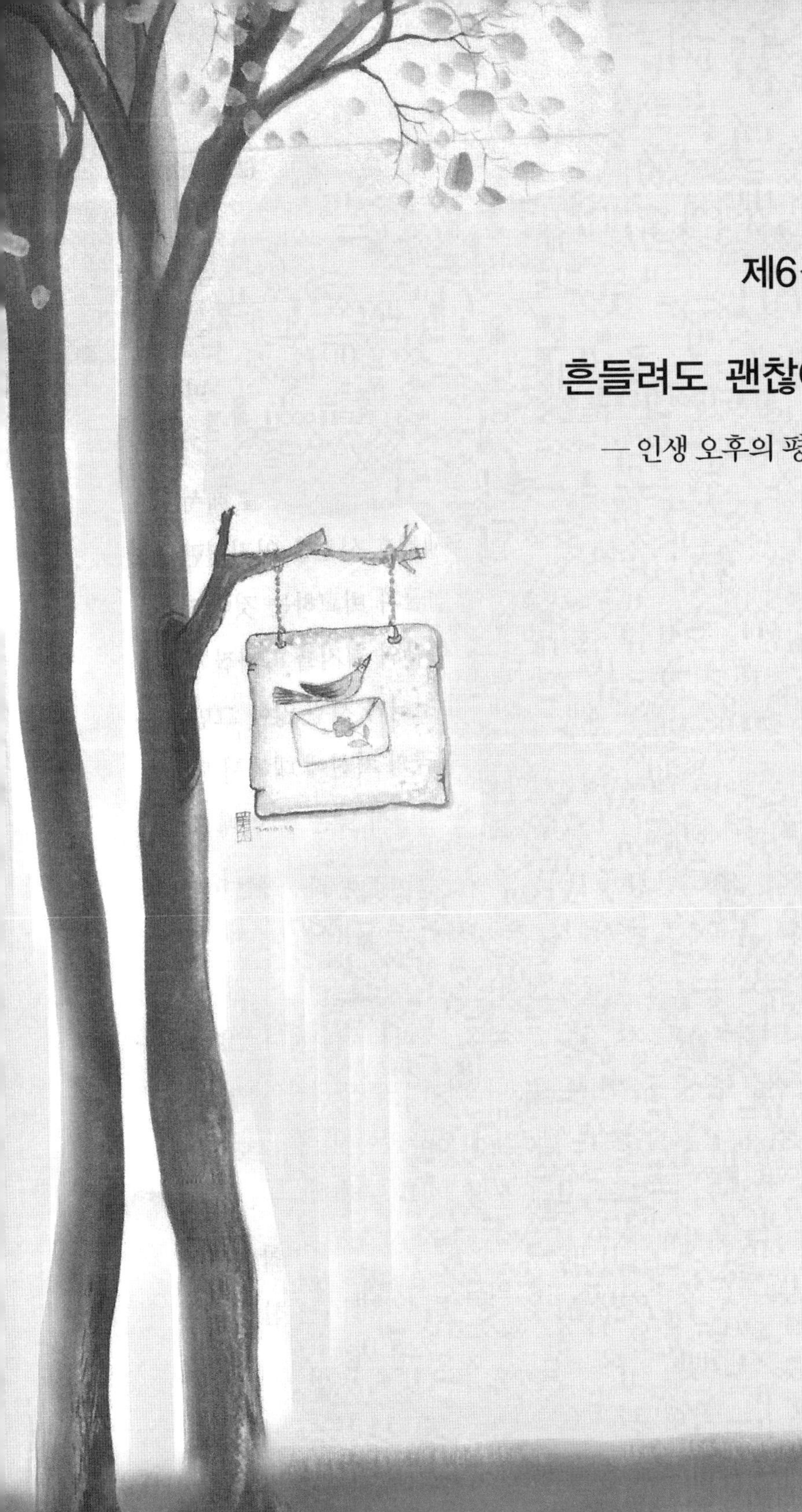

제6장

흔들려도 괜찮아

— 인생 오후의 평화

기억과의 술래잡기

우리 노인복지관 2층에는 헬스장이 있다. 노인들의 건강을 위해 복지관에서 만들어준 무료 시설이다. 헬스장에 들어가려면 밖에서 신고 온 신발은 실내 전용 운동화로 갈아 신어야 한다. 복도에는 신발을 넣어두는 사물함이 있다.

사물함은 아무나 쓰는 게 아니다. 새 학기마다 추첨을 통해 배정한다. 당첨되면 함마다 이름을 써서 붙여준다. 작년에는 나도 당첨되어 편하게 잘 썼는데 올해는 당첨되지 않았다. 실내 운동화를 들고 다니려니 여간 귀찮은 게 아니었다.

하루는 자물쇠로 잠그지 않은 사물함을 하나하나 열어보았다. 그런데 딱 한 칸이 비어 있었다. 전혀 모르는 사람의 이름이 붙어 있다. 당첨은 되었으나 헬스장에 오지 않아서 비어 있는 것 같았다. 잘됐다 싶어 그 빈 함에 내 실내화를 넣었다. 그리고 메모지에 몇 자를 써 놓았다.

'○○○ 선생님, 사물함이 비어 있어서 제가 우선 씁니다. 쓰신

다면 바로 비워드릴 테니 전화 주세요.'

전화번호도 함께 써서 잘 보이는 곳에 넣어 두었다. 주인이 나타날 경우를 생각해 자물쇠로 잠그지 않았다. 아무 연락이 없어서 한동안 고맙게 잘 썼다.

며칠간 운동을 쉬다가 다시 헬스장에 갔을 때였다. 사물함을 여니 낯선 운동화 한 켤레가 내 신발장에 들어있었다. 순간, 주인이 나타났다는 생각이 들었다. 내 신발을 꺼내고 사물함 주인 신발을 가지런히 놓아주었다.

'○○○ 선생님, 그동안 사물함 잘 썼습니다. 고맙습니다. 건강하세요.'

메모지를 주인 신발 위에 반듯하게 올려놓았다. 내 신발은 꺼내 들고 집으로 왔다.

아내가 묻는다.

"운동을 그만두려나, 신발을 왜 가지고 왔어요?"

"사물함을 주인이 쓰려나 봐요."

"그럼, 내 신발도 가져왔어요?"

"당신 신발?"

"며칠 전에 당신이 쓰는 사물함에 같이 넣어두었잖아요! 빨간 운동화…."

"그럼, 그 신발이 당신 신발이어요?"

맞다. 사물함에 들어있던 운동화는 빨간색이었다. 그제야 기억이 났다. 며칠 전에 아내와 함께 헬스장에 갔을 때, 아내가 내 사물함에 자기 운동화를 같이 넣었다. 그 기억이 나지 않아서 사물함 주인 신발이라고 착각한 것이다. 며칠 전의 일인데도 기억이 어디로 숨어버린 걸까. 허탈한 웃음이 났다.

나는 요즘 기억들과 술래잡기를 하고 있다. 나는 언제나 술래다. 약 먹는 기억이 숨어버려서 안 먹을 때가 있다. 어느 때는 먹었는지 안 먹었는지 헷갈릴 때도 있다. 친했던 사람의 이름이나 자주 쓰던 말이 숨어버려 끙끙거릴 때도 있다.

베란다에서 화분에 물을 주고는 수도꼭지를 틀어놓은 채, 거실로 들어와 한참 동안 텔레비전을 보기도 한다. 자동차 키를 집에 두고 주차장까지 가고, 내 차가 어디에 있는지 기억이 숨어서 한참씩 헤맨다. 손톱깎이를 가지러 갔는데 뭣 하러 왔는지 떠오르지 않아 한참을 서서 기억 찾는 술래를 한다.

단순히 나이 든 건망증인지 치매가 진행 중인지 불안스럽다.

그러나 생각해 본다. 잊는다는 것은, 어쩌면 다행스러운 일인지도 모른다. 모든 일을 다 기억하고 산다면 얼마나 괴롭겠는가. 그래서 조물주는 인간에게 잊어버리는 묘수를 마련해 주었는지도 모른다. 젊은이도 깜빡 잊는다. 나이 들면 더 잘 잊을 뿐이다. 노인의 머리를 가볍게 하려는 섭리 아닐까.

이제 기억과 술래잡기할 때, 숨어버린 기억을 찾지 못해 너무 마음 졸이지 말아야겠다. 그저 그러려니, 하고 미소 지으련다.

노인의 넋두리

오늘 아침 뉴스를 보다가 깜짝 놀랐다. 고등학생이 길거리에서 60대 노인을 10여 분 동안 구타해 이빨 여덟 개가 부서지고 갈비뼈 3개가 골절되었다는 것이다. 전혀 모르는 사람인데 쳐다보았다고 때렸단다. 영상을 보니 끔찍하다.

며칠 전에도 황당한 뉴스를 읽었다. 어느 카페에서의 일이다. 젊은 여자 몇 명이 카페에 들어와 앉을 자리를 찾았다. 손님이 많아 빈자리가 없었던 모양이다. 그들은 노인들이 앉아있는 좌석으로 오더니 "이런 데는 노인들이 오는 데가 아니에요. 그만 나가세요." 하고 자리를 비워달라고 요구하더란다. 참 어이없는 일이다.

인성교육에 문제가 생긴 게 분명하다.

인간은 교육의 산물이다. 어릴 때부터 제대로 된 교육을 받아야 사람다워진다. 인성교육의 효능을 높이려면 가정교육과 학교 교육과 사회교육이 병행되어야 한다.

가정교육의 주체는 부모이다. 자녀가 어릴 때부터 수없이 반복하며 인성교육을 해야 제대로 된 사람으로 길러진다. 옛날에 우리 선조들은 대가족 속에서 부모가 모범을 보였다. 가족 간의 위계를 엄정히 하고, 충효와 우애를 가르쳤다. 밥상머리에서도 식사 예절, 인사 예절은 물론 이웃 간의 예절도 반복적으로 일러주었다.

지금은 가정교육이 제대로 이루어지는지 의문이다. 자녀가 대부분 한 명이니 형제간의 협력과 양보와 우애를 체험하기 어렵다. 가족이 모두 바쁘니 한자리에 모이기도 쉽지 않다. 밥상머리 교육은 고사하고 아버지 얼굴 보기도 힘들다. 부모 교육의 관심은 학과 성적에 집중돼 있다. 참사람이 길러지기 어렵다.

학교의 인성교육은 어떤가. 유치원 앞을 지나다 보면 교사들이 어린이들에게 시범을 보이며 인사 예절을 가르치는 걸 본다. 참 바람직한 일이다. 그런데 초등학교만 들어가도 사정이 다르다. 교사가 소신껏 인성교육을 하기가 어렵다. 학생의 인권을 지나치게 강조하다 보니, 교사가 의지를 갖고 인성교육을 펼치기가 쉽지 않다. 학생의 인권은 중요하다. 그러나 인성교육이 필요하다고 판단되면 교사가 재량을 갖고 가르칠 수 있도록 보장되어야 한다. 교사도 올바른 품성과 덕망을 스스로 갖추어야 한다. 존경받는 스승으로서 권위가 바로 설 때 제자들은 그의 가르침에 따르기 때문이다.

학부모들도 자기 아이의 잘못을 고쳐주려는 교사의 지도를 수용해야 한다. 요즘 교사들은 학부모들의 항의가 두렵다. 그냥 방치하고 만다. 내 아이의 인성을 그르치는 잘못을 범하게 된다. 교사의 정당한 지도에 반항하고, 교사를 희롱하고, 심지어 교사를 폭행하는 학생이 있다는 것은 서글픈 일이다. 선생님의 그림자도 밟지 않는다는 존경심이 박물관으로 간 탓이다.

바람직한 사람을 만드는 사회의 역할도 생각해 본다. 내가 어렸을 때만 해도 어른들은 내 자식 남 자식 가리지 않았다. 잘못을 보면 현장에서 즉시 야단을 치고 가르쳤다. 아이들은 머리를 조아리고 그 꾸지람과 가르침을 겸손하게 받아들였다. 하나의 사회교육이다. 웃어른을 공경하는 마음이 내재되어 있지 않으면 어려운 일이다. 요즘은 어떤가. 노인이 젊은이들의 잘못을 가르칠 수 있는가? 어림도 없는 소리다. 잘못 건드렸다간 봉변만 당하고 만다.

실제로 현장을 목격한 일이 있다. 몇 해 전이다. 서울에서 볼일을 마치고 전철을 타고 귀가하던 중이었다. 전철 내부는 한산했다. 경로석에는 70대로 보이는 노인이 혼자 앉아있었다. 그때 젊은이가 큰 소리로 통화를 하며 탑승했다. 그는 노인 앞에 서서 통화를 계속했다. 좀 떨어져 앉은 나에게까지 통화 목소리가 크게 들렸다. 노인이 한마디 했다.

"요즘 젊은것들은 예절이 없어서 이런 데서도 제멋대로 떠든단 말이야. 에잇!"

말씨가 좀 거칠었다. 그래도 그는 아랑곳하지 않고 한동안 통화를 했다. 문제는 다음에 벌어졌다. 통화를 마친 젊은이가 다짜고짜 앉아있는 노인의 정강이를 걷어차기 시작했다. 노인이 비명을 질렀다. 예닐곱 번 걷어차고는 다른 칸으로 휙 가버린다. 참 어처구니가 없어 말문이 막혔다.

예스럽게 삼강오륜을 읊으려는 건 아니다. 사회를 건전하게 유지할 수 있는 것은 질서이다. 질서의 바탕은 예절이다. 예절은 참된 인성에서 나온다. 부모들은 아이를 바람직한 인성의 소유자로 키워야 한다. 학교 교사들이 인성교육에 힘쓸 수 있도록 교육 환경을 만들어주어야 한다. 노인들은 젊은이들에게 모범이 되도록 바른 삶을 살아야 한다.

후세들에게 너무 공부만을 강요하지 말자. 공부를 잘하면 좋은 직장을 얻어서 돈을 많이 벌고, 높은 자리에 오를 수도 있다. 그러나 인성이 바르지 못해 몹쓸 짓을 한다면 고급 패륜아일 뿐이다.

세상이 많이 달라져서 노인으로 살아가기가 조심스럽고 힘들다. 우리 후손들이 살아갈 사회는 지금보다 더 편안하고 좋아졌으면 좋겠다.

슬퍼서 예쁜 이름

달동네
누가 처음 이 이름을 지었을까.
어떤 이가 이렇게 정겨운 이름을 붙였을까.
달동네란 이름은
달 밝은 밤 골목길 계단에 앉아
엄마를 기다리던 어린아이의 반짝이는 눈망울이다.
연탄 지게를 지고
가파른 골목길을 힘겹게 오르던
털모자 아저씨의 목에 걸린 거친 숨소리다.
벽에 신문지를 바른 집에서
사글세를 살던 노인의 깊은 주름이다.
늦은 저녁, 아이들이 걱정되어
골목길 계단을 뜀박질로 오르던 젊은 엄마의 발자국 소리다.

달동네란 산자락에 다닥다닥 붙어있는 판잣집 마을이다. 산 높은 곳에 사니 아래 동네보다 먼저 달이 뜬다. 달동네란 이름은 고단한 삶을 어루만져주는 다정한 달님처럼 고운 이름이다. 슬퍼서 더 예쁜 이름이다.

그곳은 가난한 이들이 모여든 산비탈 마을이었다. 전쟁으로 터전을 잃었거나 산업화 속에서 도시로 올라온 사람들이 번듯한 집을 구할 수 없어 만든 보금자리였다. 아래에서부터 올라가며 무질서하게 지어진 집들은 좁고 구불구불한 골목길을 따라 늘어섰다. 마을을 이루니 사람 사는 온기가 스몄다.

나도 한때 달동네 학생들이 다니는 학교에서 근무한 적이 있다. 우리 반의 '옥이'는 그 동네 살았는데 자주 결석했다. 걱정되어 그가 사는 뒷산 마을로 직접 찾아갔다. 골목 어귀엔 구멍가게, 국밥집 등이 있었다. 공터엔 노인들이 모여 있었고, 하교한 아이들은 공기놀이에 열중해 있었다. 옥이는 어린 동생을 업고 그 곁에 있다가 나를 보자 인사만 하고 도망치듯 골목 안으로 사라졌다. 아이들에게 물어 그의 집을 찾았다. 조심스레 방문을 열고 내다본 옥이에게 다정하게 말했다.

"보고 싶어서 왔다. 내일부터 꼭 학교에 오렴."

집에 다른 가족은 아무도 없었다.

달동네를 내려오는 발걸음이 무거웠다. 어떤 아주머니가 접시에 부침개를 수북하게 담아 들고는 노인들이 모여 있는 공터로 가다가 나를 보고 반갑게 인사를 했다. 알고 보니 우리 반 훈이 엄마였다. 학년 초 학부모 총회에 와서 나를 보았던 모양이다. 굳이 자기

네 집에 가서 부침개를 먹고 가란다.

다음날은 옥이가 학교에 올 거라고 기대했는데 또 오지 않았다. 공부를 마치고 학생들과 청소하고 있는데 옥이 대신 옥이 어머니가 나타났다. 우리 반 아이들 몇 명의 이름을 시끌벅적 부르며 교실로 들어왔다. 생선 비린내가 확 풍겼다. 시장 노점에서 일하다가 그대로 달려온 것 같았다. 옥이가 학교에 안 오는 건 아이들의 놀림 때문이란다. 그 아이들을 혼내주려고 왔다는 것이다. 반 아이들이 달동네 살고 엄마가 생선 장수라고 놀린단다. 잘 타이르겠노라고 다독였다. 돌아가는 그의 뒷모습을 보며 하늘의 보살핌이 함께하기를 기도했다.

최근 문우들과 함께 인천 '수도국산달동네박물관'을 다녀왔다. 60~70년대에는 그곳에 모여 사는 사람들이 3천 가구가 넘었다고 한다. 옛 생필품, 교과서 등 전시품을 돌아보며 그 시절로 돌아간 듯한 감회에 젖었다. 달동네의 삶은 궁핍했다. 그래도 골목은 따뜻했고 이웃은 가족 같았다. 문을 잠그지 않아도 되었고, 음식을 함께 나누어 먹고 슬픔과 기쁨을 함께하는 넉넉한 마음이 있었다.

이제 달동네는 대부분 사라졌다. 삶의 조건은 좋아졌지만, 그 시절의 정겨운 마음마저 사라진 건 아닐까. 이제는 옆집에 누가 사는지도 모른 채 살아간다. 그래서일까, '달동네'라는 이름은 애틋하지만 곱게 남아있나. 슬퍼서 더 예쁜 이름이다.

4월 단상

오늘은 4월 1일이다. 3월 중순부터 개나리 진달래가 앞 다투어 피더니 이젠 수도권의 벚꽃이 만개했다. 올해 꽃 개화 시기가 역대 두 번째로 빠르다는 소식이다. 올해 3월이 1973년 이후 가장 더운 3월이란다. 오늘 낮 기온이 27도까지 오른다니 벌써 초여름 날씨다. 학자들은 지구 온난화로 기후가 변했다고 걱정한다.

변한 게 어디 기후뿐이겠는가. 본디 모든 것은 끊임없이 변화한다. 그렇다고 변화가 나쁜 것만은 물론 아니다. 변화해야 발전할 수 있고 새로움도 창조될 수 있으니 좋은 변화는 바람직한 것이다. 문제는 적응이다. 요즘처럼 빠르게 변화하는 세상의 흐름에 적응하기란 그리 쉬운 일이 아니다. 특히나 나이 든 사람들에겐 더 그렇다.

나이가 들어 혼자 해결하기 어려운 것은 가족들의 도움을 받으면 좋은데 그럴 형편이 아니다. 사는 모습이 옛날과는 완전히 다르기 때문이다. 한집에 살지 않기 때문에 제때 물어보는 것조차 어렵다. 내가 청년 시절까지만 해도 가족은 한집에서 함께 사는 것으로 여겼다. 그래서 할아버지 할머니, 아버지 어머니, 손자 손녀들이 함께 살았다. 딸 아들도 많이 낳았고, 거기에 결혼 전의 고모도 삼촌도 한집에 살았으니 대가족이었다. 당시 우리는 1차 산업 시대라 농사가 주업이었으니 노동력이 필요해서 그런 삶이 적합했는지도 모른다. 그런 대가족 제도는 불편한 것도 있었지만 장점도 많았다. 특히 노인들의 삶은 비교적 편안했다.

산업화가 본격적으로 진행되면서 가족의 형태가 바뀌기 시작했다. 지금은 가족이라도 대부분 함께 모여 살지 않는다. 부부 단위의 핵가족으로 살거나 혼자 따로 산다. 그러다 보니 늙은 부모는 덩그러니 둘만 남아 노후를 보낸다. 옛날 같으면 어린 손자 손녀나 돌보면서, 며느리가 해주는 밥을 편안히 먹고 있을 나이에, 매일 식사를 챙겨야 하고, 빨래, 청소도 직접 해야 한다. 나이가 들면 기력이 떨어지고 아픈 데도 많아서 이런 일들이 쉬운 게 아니다. 게다가 수명은 늘어나 오래 산다. 살림이 넉넉해서 도우미를 쓸 수 있거나 요양병원에 들어가지 않는 한, 이 세상 떠날 때까지 모든 걸 스스로 해결하며 살아야 하니 얼마나 고단한 삶인가 싶어 애련하기까지 하다. 그러나 현실이 그런 걸 어쩌겠는가.

젊은이들은 집에 앉아서 거의 모든 걸 해결한다. 핸드폰이나 컴퓨터로 쇼핑도 하고 예매도 한다. 노인들은 현장에 가서 길게 줄을 서서 기다린다. 젊은이들은 맛집을 찾아내 예약하고 할인 쿠폰으로 싸게 먹는다. 노인들은 그런 일에 능숙하지 못해 뒷골목 단골집만 찾는다. 젊은이들은 은행 이용도 잘한다. 이율이 높은 은행을 찾아 인터넷으로 가입해 우대금리까지 챙긴다. 노인들은 은행에 가서 번호표를 뽑고 하염없이 기다린다. 젊은이들은 한 번도 가보지 않은 낯선 외국 여행도 집에서 다 해결해 놓고 떠난다. 인터넷으로 비행기 표는 물론이고, 숙박, 음식점, 쇼핑, 심지어는 주차할 곳까지 미리 결정해놓고, 현지에 가서 편안하게 여행을 즐긴다. 노인은 친구들이 모이는 식당을 찾아가는 데도 전철역 계단을 숨차게 올라가 두리번거리며 목적지를 찾는다. 길을 물어볼 사람도 없다. 젊은이들은 모두 귀에 이어폰을 꽂고 있으니 민망해서 물어볼 수도 없고, 물어봐도 못 듣는다.

그러니 노인도 스스로 시대적 흐름에 적응해야 한다. 남자도 요리를 배워 아내의 수고를 덜어주어야 한다. 세탁기, 로봇청소기, 공기청정기, 제습기 같은 기기 사용법도 잘 익혀 능숙하게 쓸 수 있어야 한다. 인터넷도 배우고 홈쇼핑도 할 줄 알아야 한다. 집에서 예약도 할 수 있어야 하고 택시도 부를 줄 알아야 한다. 인터넷뱅킹이나 폰뱅킹도 할 줄 알아야 힘겨운 은행 발걸음을 줄일 수 있다. 핸드폰으로 낯선 곳도 쉽게 찾아갈 수 있어야 하고, 소문난 맛집도 알아낼 수 있어야 한다. 전철을 타야 할지 버스를 타야 할지, 시간은 얼마나 걸리는지 검색할 수 있어야 한다.

이런 걸 깨우치고 배워서 능숙하게 잘하는 노인도 더러 있다. 그러나 대개의 노인은 메시지나 카톡을 주고받는 정도에 만족하고, 다른 영역에 대해서는 아무 생각 없이 사는 사람이 더 많다. 노인들은 이런 걸 체계적으로 배워 본 일이 없으니 잘 모르는 것은 당연하다. 주판 세대인 노인이 갑자기 이런 첨단 기기를 배우는 것도 쉽지 않다. 다행히 각종 복지시설에서 평생 학습 프로그램으로 이런 기기 사용 방법이나 인터넷 강의를 많이 하고 있다. 또 관련 책자들도 서점에 가면 많이 있다. 의지만 있으면 불가능한 것만도 아니다. 힘겹고 어려워도 기력이 더 쇠잔하기 전에, 한 살이라도 더 젊을 때 적극적으로 배워야 한다. 100세 장수 시대인데 빠른 변화에 얼른 적응해야 긴 여생을 조금이라도 편히 살 수 있지 않겠는가?

4월은 가장 잔인한 달
죽은 땅에서 라일락을 피워 올리고
기억과 욕망으로 뒤섞여
잠든 뿌리를 봄비로 깨운다.

T.S 엘리엇의 〈황무지〉라는 장편 시 첫 소절이다. 그는 4월을 '잔인한 달' 이라고 했다. 4월은 모든 생명체의 변화가 새롭게 시작되는 시기이다. 겨우내 앙상하던 나뭇가지에서 딱딱한 껍질을 뚫고 새잎이 나오고, 얼었던 대지에서 여린 새싹이 솟아오른다. 산고가 왜 없겠는가. 온 누리에 새 출발의 소리 없는 아우성이 들리는 것만 같다. 잔인한 4월이다. 거대한 자연의 변화이다.

4월에 돋아난 새싹들은 봄여름을 거치며 뜨거운 햇빛, 거센 바람, 번개와 천둥소리를 들으며 꽃을 피우고 열매를 맺는다. 자연의 변화에 충실하게 순응하고 적응하면서 풍성한 결실을 위해 고단한 삶을 사는 것이다. 자연의 이치이다.

이처럼 변화의 흐름에 잘 따르고 적응해야 우리의 삶도 윤택하게 만들 수 있다. 흔히 나이는 숫자에 불과하다고 한다. 나이가 많아 안 된다는 생각을 버리고 빠른 변화에 적응할 수 있는 재능을 길러야 한다. 우리 노인들 모두 여생을 즐겁게 보내면 좋겠다. 새로운 희망의 달 4월이다.

밤의 품

유난히 덥던 여름도 가을바람 소리에 물러섰다. 이제 아침저녁으로 냉기가 흐른다. 먼발치로 밀어냈던 이불을 끌어당긴다. 어머니 품처럼 따스하다. 전설처럼 아득한 별들이 방안 가득 내려앉는다.

이불은 단순히 몸을 덮는 천이 아니다. 하루의 무게를 내려놓고, 나 자신과 마주할 수 있는 작은 세상이다. 차가운 바람이 창틈으로 스며드는 밤, 이불 속으로 파고들면 세상은 멀어지고 내 숨결만이 은은하다. 그 안에서 나는 안도하며 눈을 감은 채 마음을 풀어 놓는다.

어릴 적, 어머니가 손수 짜주신 이불은 더 특별했다. 부드러운 솜을 폭신하게 넣은 그 안에는 온기가 가득했다. 이불을 덮으며 느끼던 감촉은 참 부드럽고 좋았다. 이불이 따스한 품이 되어 주니 편안함과 포근함에 온갖 시름을 떨치고 편안했다. 한 폭의 이불이 스산한 마음까지도 달래주었다. 이제 와 돌이켜보면 그것은 어머니의 사랑이자 마음과 육신의 안식처였다.

이제 슬슬 추워지기 시작한다. 냉기가 몸을 스칠 때, 이불의 무게와 온기는 내 삶 속에서 얼마나 든든한 버팀목인지 새삼 느낀다. 포근하게 몸을 덮는 감촉은 외로움마저 감싸 안는다. 세상은 여전히 차갑고 날카롭지만, 작은 이불 한 장은 내 마음을 안정시키는 장막이 된다. 이불 속에서 흔들리던 마음을 쉬고 하루 동안 달려온 발걸음을 멈춘다.

이불은 시간의 기록이기도 하다. 계절이 바뀌어도 그 속에는 지난날의 나와 잊었던 기억들이 함께 숨 쉰다. 어린 시절의 꿈, 첫사랑의 설렘, 슬픔과 위로, 작은 행복의 흔적까지 모두 이불 속에서 살랑대다 잠이 든다. 때로는 함께 덮었던 이불을 다시 펼치며 잊고 있던 지난날의 따스한 순간들을 떠올리기도 한다. 이불은 나의 내밀한 이야기를 가장 잘 들어주고, 오래된 비밀도 감싸주는 좋은 친구 같은 존재이다.

이불을 덮고 누워 있으면 가장 순수한 나 자신을 만난다. 하루 동안 흘린 땀과 눈물, 기쁨과 좌절을 모두 안은 채 천천히 마음이 정리된다. 이불은 무심히 덮는 천이 아니다. 나를 품고 내 마음을 이해하며, 본심으로 돌아가는 시간을 준다. 잠시 일상의 멈춤을 허락해 주는 소중한 쉼터다.

이불을 덮으면 나는 다시 아이가 된다. 이불을 덮어주고 토닥여주던 어머니의 손길이 느껴진다. 세상의 무게를 내려놓고 오롯이 어린아이였던 나로 돌아갈 수 있는 시간이다. 그 속에서 나는 사랑을 느끼고 평안을 느끼며 내일을 향해 조용히 숨을 고른다.

이불은 많은 이야기를 품고 있다. 나를 감싸 안는 작은 우주다. 하루의 끝에 이불 속에서 느끼는 포근함은 내일을 살게 하는 힘이 된다. 세상의 모든 바람과 소음을 잠재우는 나의 작은 요새이다. 그 성벽에 내건 내 마음의 등불이다.

어쩌면 인생에서 가장 확실한 위로는 이렇게 조용히 나를 안아주는 밤의 품일지도 모른다. 나도 누군가에게 이불같이 포근한 사람이 되고 싶다.

후회의 두 얼굴

J는 참 멋쟁이였다. 여섯 살 위여서 나는 그를 형님이라고 불렀다. 그는 당시 대기업 부장이었고, 체구도 커서 듬직해 보였다. 인품이 좋고 말씨는 부드러웠다. 최신 유행의 옷을 입고, 좋은 자동차를 몰며 골프를 즐겼다. 만원 버스를 타고 힘겹게 출퇴근하던 내게 J는 부러움의 대상이었다.

아파트가 그리 많지 않던 때였다. J는 새 아파트에 살았고, 나는 그로부터 200미터쯤 떨어진 주택에 살았다. 내가 형수님이라 부르던 J의 부인도 자주 우리 집에 놀러 와 아내와 어울렸다. 부부 동반 모임도 자주 했다. 아이들끼리도 친해져 두 집은 한 가족처럼 지냈다.

아내는 절약해 모은 돈을 J의 부인에게 맡겼다. 그녀가 '이자를 더 잘 쳐줄 테니 은행 대신 나에게 맡기라' 고 했기 때문이다. 아내는 거절하지 못했다. 몇 해가 지나 제법 큰 목돈이 되었다. 이제 찾아서 요긴하게 쓰려던 참이었다.

그런데 뜻밖의 일이 생겼다. J의 부인이 세상을 떠난 것이다. 아직 젊은 나이인데 스스로 생을 마감한 것이다. 여기저기서 끌어 모은 돈이 잘못되어 감당할 수 없었다고 했다. 살던 아파트도 공매로 넘어갔다. 그 무렵 J는 이미 직장을 조기 퇴직한 상태였다. 수입도 없고, 자식들과 함께 살 형편도 안 되어 시골 누님 댁으로 내려갔다.

물론 우리 돈도 함께 사라졌다. 아내가 몇 년 동안 알뜰히 모은 돈이라 처음에는 멍하니 아무 말도 하지 못했다. 그러나 '오죽했으면 죽었을까' 싶은 생각이 들어 탓하지 않기로 마음 고쳐먹으니 오히려 가엾고 안타까웠다.

시골 누님 댁에 얹혀살고 있는 J가 늘 마음에 걸렸다. 멋지고 여유롭게 살던 그가 눈칫밥을 먹을 테니 마음이 아팠다. 만나서 밥이라도 사주고, 적은 용돈이라도 건네고 싶었다.

하지만 시골로 갔다는 것 외에 정확한 행방을 알 수 없었다. 휴대전화가 없던 시절이라 수소문할 길도 막막했다. 쌓은 정을 생각하면 그냥 모른 체하는 건 도리가 아니었다. 언젠가는 꼭 만나 위로해야겠다고 마음먹었지만, 끝내 그러지 못했다.

얼마 후, J가 세상을 떠났다는 소식이 왔다. 성남 어딘가에 사는 아들이 수첩을 뒤져 우리 집에 전화한 것이다. 아내와 나는 공원묘지 화장터로 달려갔다. 거기서 J를 돌보아온 시골 누님을 만났다. 그녀는 "꼭 찾아올 거라며, J가 가끔 선생님 이야기를 했어요."라고 말했다. 그도 나를 기다린 것이다.

아내는 세상 떠나고, 돈도 잃고, 농사짓는 누님 댁에 얹혀살았으니 얼마나 마음고생이 심했을까. 살아있을 때 한번 찾아가지 못한 게 마음에 걸렸다. 오랜 정을 외면하고 사람의 도리를 다하지 못했다는 생각에 깊은 후회가 들었다.

누구나 후회할 일을 만들며 산다. 나 역시 그렇다. 무심코 던진 말 한마디, 깊이 생각하지 않은 행동, 욕심과 분노, 어리석음 때문에 후회한다. 후회는 되돌릴 수 없는 과거에 매달려 현재를 괴롭히는 감정이다.

후회는 두 개의 얼굴을 가지고 있다. 하나는 나를 괴롭히는 무서운 얼굴이고, 다른 하나는 후회의 경험을 통해 배우고 성장하는 예쁜 얼굴이다. 우리는 주로 무서운 얼굴만 바라본다. 하지만 그 속에는 배울만한 가치가 숨어 있다.

J형님을 끝내 위로하지 못한 채, 주검으로 만난 일은 나를 후회의 무서운 얼굴과 마주하게 했다. 그러나 나는 거기서 후회의 예쁜 얼굴을 찾아냈다. 마음에 걸림이 있을 때는 반드시 좋게 해결해야 마음이 편안해진다는 것을 깨달았다.

『수상록』을 쓴 철학자 몽테뉴는 후회를 "과거의 행동을 현재의 기준으로 판단하는 감정"이라며, "후회를 통해 자신의 불완전함을 인식하고, 더 나은 사람으로 성장해 간다"고 보았다. 후회는 단순히 부정적인 감정이 아니라 성찰과 성장을 위한 도구라는 뜻이다.

인간은 불완전하기에 후회 없이 살 수는 없다. 그러나 후회에 얽매일 필요는 없다. 부처님도 "잘못을 알고 후회했으면 잊어버리라"고 말씀하셨다. 다만 내가 한 일로 누군가가 상처를 입었다면, 그저 후회로 끝내지 말고 그가 평화롭게 살아가기를 진심으로 기원해야 한다. 그것이 온전한 후회이며, 후회의 예쁜 얼굴이다.

나는 이제 후회를 만들지 않으려고 애쓴다. 거칠거나 상처 주는 말을 삼가고, 남을 불편하게 하는 행동을 조심한다. 후회스러운 일이 떠오르면 명상으로 마음을 가라앉힌다. 오늘도 자애 명상문을 읊조린다.

"만일 내가 다른 사람에게 몸으로 입으로 생각으로 잘못했다면, 내가 평화롭고 행복하게 살 수 있도록 용서받기를 원합니다. 또한 누군가가 나에게 몸으로 입으로 생각으로 잘못했다면, 그들이 평화롭게 살 수 있도록 나는 용서합니다."

브라보 선배 시민

병고(病苦), 빈고(貧苦), 무위고(無爲苦), 고독고(孤獨苦)를 노인의 4고(四苦)라고 한다. 질병과 가난도 고통이지만 건강하고 돈이 있어도 할 일이 없고 외롭다면 그 또한 괴로운 일이다.

평생 근무한 직장에서 정년퇴임을 했다. 산에도 가고 친구들과 만나 놀기도 했다. 자유스럽고 편안해서 좋았다. 그런데 일하던 습성 때문인지 얼마 지나지 않아서 답답해지기 시작했다. 허송세월 같아 성에 차지 않았다. 어느 퇴임 선배가 복지관에 가보라는 말을 했다.

동네 복지관을 찾아갔다. 그때까지 나는 복지관이 뭘 하는 곳인지 몰랐고 관심도 없었다. 그런데 프로그램을 보고 놀랐다. 유익한 프로그램이 가득했기 때문이다. 중국어와 실버 댄스를 신청했다. 아내에게 같이 배우자는 제안을 했다. 아내와 같이 복지관에 가서 중국어도 배우고 댄스도 익혔다.

오래전에 미국 사람들의 평생학습에 대해서 읽은 적이 있다. 그들은 학교 공부를 마치고 직장생활을 하면서도 배우고 싶은 것이 있으면 평생학습 프로그램에 참여해서 공부한다는 것이었다. 퇴근 후에 햄버거를 먹어가며 평생학습 시설을 찾아가는 직장인들이 많다고 한다. 우리는 학교 공부가 전부였던 시절이라 그런 시스템이 생소하고 부러웠다.

잘살게 되면서 우리나라도 평생학습 시스템이 갖춰졌다. 배움이란 끝이 없다. 오늘 익힌 지식이 내일은 무용지물이 될 수도 있다. 평생학습이 필요한 이유다. 전국 어디서나 평생학습 프로그램이 운용되니 뜻만 있으면 참여해 배울 수 있다.

프로그램도 다양하다. 수요자의 욕구에 맞춰서 자꾸만 새로운 분야가 생겨난다. 여기에 전문 인력이 배치돼 프로그램의 질이 높다. 국민의 수준이 향상되어 역량 있는 인재 층이 날로 두터워진다. 이것도 국력이다.

나는 요즘 서예, 사물놀이, 글쓰기를 배운다. 배우는 일이 일상이 되어 무위고에서 벗어나 즐겁고 활기차다. 외롭다고 생각할 겨를이 없다.

복지관 시설도 좋다. 공부방뿐만 아니라 공연장, 노래 교실, 독서실, 헬스클럽, 바둑 · 장기실처럼 어울려 소통할 수 있는 시설들이 갖춰져 있다. 식당과 카페는 다양한 메뉴와 저렴한 가격으로 사랑받는다. 셔틀버스까지 운행하니 참 고마운 일이다.

무엇보다도 친절한 서비스가 맘에 든다. 노인은 얼른 알아듣지 못하는 경우가 많다. 또 핸드폰 같은 기기 조작에 서툴다. 복지관

직원들은 상냥한 말씨로 자세히 설명해주고, 직접 기기를 조작하여 해결해 주기도 한다. 복지관에 가면 편안하다.

수필가 Y가 계간지 《수필춘추》를 보내주었다. '신인상 작품모집' 공고가 눈에 띄었다. 그간 복지관에서 글쓰기 공부를 했으니 내 수준을 가늠해 보고 싶었다. 수필 세 편을 제출했다. 수필춘추사에서 연락이 왔다. 내 수필이 신인상 수상 작품으로 선정되었다는 것이다. '서울 문학의 집' 으로 신인상을 받으러 오란다. 기쁘기도 하고 어리둥절하기도 했다. 수필가가 되고 싶은 꿈을 이룬 것이다. 글을 꾸준히 써서 팔순 때는 내 개인 수필집을 출간하고 싶다.

유범상 유해숙은 그들의 저서 '선배 시민' 에서 노인의 유형을 늙은이인 No人, 어르신인 Know人, 성공한 노인인 액티브 시니어로 나누었다. 노인은 선배 시민으로서 당당하게 늙어가야 한다고 했다.

노인은 주변 일에 참여하고, 봉사도 하고, 관심 있는 분야의 공부도 하면서 액티브 시니어로 살아가야 한다. 할 일이 생기니 무위고에서 벗어날 수 있다. 활동하면 여러 사람을 만나게 된다. 친구가 생기고 소통이 되니 고독고까지도 극복할 수 있지 않을까. 노인은 당당한 선배 시민이다. 브라보! 선배 시민을 외쳐 본다.

인생 9월에 서서

지금 내 인생의 여정은 어디쯤일까. 우리의 일생을 계절에 견준다면 9월쯤 되지 않을까. 나는 오늘 9월에 서 있다.

9월은 가을이 시작되는 달이다. 가을은 시작과 마무리가 공존하는 계절이다. 아직 여름 열기가 남아 있다. 나에게도 아직 못다 한 열정이 뜨거운 기운으로 남아 있다. 아침저녁으로 스며드는 바람은 서늘하다. 노년에 느끼는 삶의 냉기가 수시로 가슴을 헤집고 들어온다.

젊은 날의 9월은 설렘의 달이었다. 학생일 때는 새 학기의 시작이었다. 친구들과 다시 만나고, 새 교과서를 펼치던 기쁨의 달이었다. 교사가 된 뒤에는 방학 동안 성숙해진 학생들을 맞이하는 반가움의 달이었다.

오늘의 내 인생 9월은 그런 설렘은 시나브로 사위어졌다. 이제는 남은 길을 차분히 살펴보고, 어떻게 마무리할지 준비해야 할 시점이다.

돌아보면 아득한 길을 걸어왔다. 내 인생의 첫머리는 혹독한 시절이었다. 해방의 기쁨도 잠시, 전쟁의 소용돌이에 휘말려 불안한 나날을 보냈다. 나는 그런 시대의 9월에 태어났다. 사랑은 많이 받았지만, 가난과 역경은 그림자처럼 따라다녔다.

그래도 내 인생의 봄은 따스했다. 희망의 씨앗을 심었고 정성으로 키워나갔다. 그 싹이 자라 꽃을 피우고 열매가 달렸다. '잘살아보자' 던 온 누리의 함성이 지금도 귀에 쟁쟁하다.

내 생의 여름은 뜨거웠다. 학생들을 잘 가르치는 일이 나라를 위한 나의 사명이라고 믿었다. 때로는 밤잠을 줄여가며 교재연구를 하고 수업을 준비했다. 그 제자들이 멋지게 자라 지금의 대한민국을 만들었다. 뿌듯함과 보람을 느낀다. 나도 가정을 이루어 오순도순 살아왔다. 내 아이들 역시 제 몫을 잘해내고 있으니 대견스럽다.

이제 나는 인생 9월의 언덕에 섰다. 햇살은 점점 옅어지고 머지않아 찬바람이 불어올 것이다. 그렇다고 멈춰 서있을 수는 없다. 잘 익은 곡식을 거두는 맘으로 하루하루를 성실히 엮어가야 한다. 시간을 허투루 흘려보내서는 안 된다.

인생 9월에 소중한 것은 무엇일까. 재산이나 외형적인 호사는 아니다. 건강한 몸과 평화로운 마음이 우선이다. 더불어 살아가는 좋은 관계가 유지되면 삶이 풍성해진다. 주름은 늘었어도 단정한 용모와 언행으로 품위를 지켜야 한다.

나를 내세우기보다 내려놓으면 편하다. 바라는 노인이 아니라 베푸는 노인으로 살아가야 대접받는다. 하고 싶었으나 미루어 두었던 일들을 해볼 수 있는 시간이다. 새로운 배움, 취미생활과 봉사활동이 삶을 한층 알차게 만든다.

정리의 시기이기도 하다. 재산이나 물건만 정리하는 것이 아니다. 인연 맺은 사람들에게 따스한 마음을 남기는 것도 정리의 하나다. 혹여 마음속에 앙금이 있다면 풀어서 없애야 한다.

떠나는 날에도 평화로운 마음이길 바라며 나는 오래전에 사전연명의료의향서를 작성해 두었다. 유언장도 쓸 것이다.

인생의 가을은 바쁘다. 과일과 곡식을 수확하듯, 잘 익은 삶의 열매도 가을에는 알차게 거둬야 하기 때문이다. 그래야 편안하게 쉴 겨울의 따스한 인생 아랫목이 마련될 것이다. 이 세상 소풍 마치고 돌아가는 날, 잘 살았노라고, 아름다웠노라고 감사하며 떠날 수 있어야 하겠다.

잘 보고, 잘 듣고, 잘 먹는 행복

잘 보고, 잘 듣고, 이가 성하여 먹고 싶은 것을 편안하게 먹을 수 있다면 행복이다. 젊었을 때는 당연한 것으로 여겨 염두에 두지 않고 살았다. 나이가 들어 보니 우리의 감각기관이 중요하다는 걸 알게 되었다.

선배 한 분은 정년퇴임 후 눈에 이상이 생겼다. 열심히 치료했지만 결국 실명이 되고 말았다. 낙담한 나머지 마음의 병까지 생겨 일찍 세상을 떴다. 주변을 살펴보면 돋보기 없이는 글자를 잘 읽지 못하는 노인이 많다. 말소리가 잘 들리지 않아 어려움을 겪는 이도 많다. 우리 모임 회원 한 분도 귀가 잘 들리지 않아 대화가 거의 불가능하다. 말이 감지되지 않으니 무표정하기 일쑤다. 안타까운 일이다. 이런 일이 남의 일만은 아니다.

얼마 전, 딸이 갑자기 안경을 쓰고 우리 집에 왔다. 눈이 침침해서 안경을 썼단다. 어리다고 생각되는 딸이 벌써 안경을 쓰다니,

새삼 세월이 덧없음을 느꼈다. 헤아려보니 나도 그 나이쯤에 돋보기를 썼다. 어렸을 때 아버지의 돋보기를 써보면 물체가 너무 크게 보이고 어지러워서 얼른 벗어버렸다. 이제 내가 안경을 쓴 지는 오래되었고, 딸도 돋보기를 쓰니 세월이 많이 흘렀구나 싶다.

나는 퇴임 후에 바로 백내장 수술을 했다. 단골로 다니던 안과 의사가 수술하고 밝게 보라고 했다. 백내장 수술이란 혼탁해진 수정체를 긁어내고 인공 렌즈를 삽입해서 잘 보이게 하는 수술이다. 나는 두 눈을 반대로 했다. 한쪽 눈은 근시, 한쪽 눈은 원시 렌즈를 넣은 것이다. 그래서 안경을 안 써도 가까이도 멀리도 다 잘 보인다. 평소에 안경을 쓰는 이유는 눈의 피로를 줄이기 위해서다.

오늘은 치과에 다녀왔다. 다른 건 몰라도 이빨만큼은 튼튼하다고 자부해 왔다. 식사 후에는 양치하고, 치실까지 쓰면서 이를 열심히 관리해 왔기 때문이다. 그런데 얼마 전부터 이가 모두 솟은 느낌이고 은근한 통증도 생겼다. 전처럼 음식을 힘차게 씹을 수가 없어 불편했다. 사진을 찍어 내 치아 상태를 살펴본 의사가 잇몸의 뼈 한곳이 좀 가라앉았다며 약을 발라 준다. 그래도 나이에 비해 치아 상태가 아주 좋은 편이라며 계속 관리를 잘하란다. 큰 문제는 아니라니 다행이다.

얼마 전부터 아내가 나더러 잘 못 듣는다고 구시렁거리며 지청구한다. 나도 청력이 전과 다르다는 걸 느낄 때가 있다. 소음이 섞이면 TV 소리가 명료하게 들리지 않아 볼륨을 자꾸 올린다. 얼마 전에 지인들과 함께 식사하고 카페에 갔다. 사람들이 가득 차 시끄러웠다. 게다가 뭔 소리인지 알아들을 수도 없는 빠른 템포의 음악 소리까지 섞여서 소란스러웠다. 바로 앞에 마주 앉아 대화를 나누는 지인들의 이야기가 잡음에 묻혀 잘 인지되지 않았다. 주변의 젊은이들은 즐거운 표정으로 대화를 나누며 연신 웃음이 그치지 않으니 서로 잘 들린다는 게 아니겠는가. 문득 젊음은 그래서 좋은 것이구나 싶었다.

며칠 전이었다. 인터넷을 검색하고 있는데 보청기 무료 체험이라는 광고가 떴다. 청력검사를 하고, 보청기를 무상으로 주어 한 달간 착용해 보는 체험 행사란다. 보청기 업체의 판매 전략이라는 걸 알지만, 청력검사를 해준다니 귀에 특별한 문제가 생긴 건 아닌가 싶어 신청했다. 날짜를 조율하여 청력검사를 받으러 갔다.

청력센터 원장이 청력을 테스트했다. 밀폐되어 외부의 소리가 차단된 작은 방 의자에 앉히고는 헤드폰을 씌웠다. 삐 소리가 나는 쪽 손을 들라고 했다. 큰 소리부터 아주 작은 소리까지, 오른쪽 귀와 왼쪽 귀를 불규칙하게 바꿔가며 소리를 냈다. 들리는 쪽 손을 열심히 들었다. 두 번째 검사는 처음 해보는 검사였다. 헤드폰으로 들리는 말을 따라 하라고 했다. 여러 가지 단어를 말했다. 한 음절 단어도 있고 여러 음절의 단어도 들렸다. 명료하게 들려 식별이 쉬운 것도 있고 얼버무리는 소리로 들려 헷갈리는 단어도 있었다. 들리는 대로 열심히 복창했다.

검사 결과는 그래프로 그려져 출력되었다. 원장이 검사지의 그래프를 짚어가며 설명했다. 청력이 일상생활에 불편을 느낄 만큼은 아니니 아직은 보청기를 쓸 필요가 없단다. 아직 내 귀가 쓸 만하다니 기분이 좋았다. 집에 돌아오니 아내가 왜 그냥 오느냐고 묻는다. 아직 귀가 쓸 만해서 보청기는 안 해도 된다고 하더라니, 믿기지 않는지 고개를 갸웃거렸다.

자연의 봄은 다시 오지만 똑같은 봄이 아니고, 인생의 봄은 다시 오지도 않는다. 세월이 지나면 삼라만상이 모두 변하게 마련이다. 사람도 예외가 아니다. 젊음이 영원하다면 좋으련만, 절대로 그런 일은 생기지 않는다. 나고 자라고 늙고 죽는 것이 자연의 순리이다. 그것이 생멸의 법칙이다. 세월에 따른 내 몸의 흐름을 자연스럽게 받아들여서 그에 순응하며 사는 지혜가 필요하다.

100세 시대라고 한다. 노인들이 모두 건강한 노년을 보냈으면 좋겠다.

흔들려도 괜찮아

존재하는 것들은 모두 흔들리면서 간다. 인간의 삶도, 자연의 생멸도, 그 어떤 것도 하나같이 고정되어 있지 않다. 삶이 흔들린다는 것은 고단함을 떠올리게 한다. 시련과 고난을 마주할 때, 우리는 중심을 잃기도 하고, 때로는 주저앉고 싶어진다.

그러나 흔들림 속에서도 삶은 계속된다. 그 흔들림을 견디며 나아갈 때, 우리는 비로소 아름다운 꽃과 열매를 맺는다.

시인 도종환은 〈흔들리며 피는 꽃〉에서 이렇게 노래했다.

흔들리지 않고 피는 꽃이 어디 있으랴
이 세상 그 어떤 아름다운 꽃들도
다 흔들리면서 피었나니

흔들리면서 줄기를 곧게 세우고
흔들리면서 꽃잎들을 곧게 펼쳤나니

흔들리지 않고 가는 사랑이 어디 있으랴
젖지 않고 피는 꽃이 어디 있으랴
이 세상 그 어떤 빛나는 꽃들도
다 젖으며 젖으며 피었나니

바람과 비에 젖으며 꽃잎 따뜻하게 피웠나니

젖지 않고 가는 삶이 어디 있으랴

시인은 흔들림과 젖음을 통해 꽃의 성장과 삶의 의미를 이야기한다. "흔들리지 않고 피는 꽃이 어디 있으랴"라는 반복적 질문은 단순한 운율을 넘어, 우리에게 삶의 진리를 상기시킨다.

아름다움과 성장은 결코 고통과 시련을 피해 얻어지는 것이 아니다. 그 모든 흔들림 속에서 우리는 조금씩 단단해지고 조금씩 성숙해진다.

꽃이 흔들리며 피듯, 인간의 삶도 마찬가지다. 시련은 피할 수 없는 삶의 일부이며, 그 자체로 의미가 있다. 나의 지난날을 회상해 보아도 많은 흔들림이 있었다. 갈등, 실패, 좌절도 있었고, 병마와의 싸움도 여러 번 있었다. 큰 흔들림이었다. 그러나 그런 흔들림에 주저앉지 않았다. 오히려 더 단단하게 성숙해졌다.

고난을 통해 우리는 자신을 돌아보고 내면의 힘을 키운다. 흔들림 없는 삶은 오히려 정체된 삶일 수 있다. 흔들림 속에서 우리는 성장하고, 흔들림 속에서 삶은 빛난다.

시에서 반복되는 "흔들리며", "젖으며"라는 시어는 단순한 표현이 아니다. 그것은 독자의 마음에 부드럽게 스며들어 자연스러운 공감과 위로를 이끌어낸다. 시련과 고난을 마주했을 때 느끼는 두려움, 불안, 피로를 잠시 내려놓고 바라볼 수 있게 한다.

삶이 흔들리고 마음이 젖는 날에도 우리는 결국 피어난다. 흔들림 속에서도 뿌리를 내리고, 젖음 속에서도 꽃잎을 펼친다. 삶은 완벽하지 않지만, 그 흔들림 속에서 가장 진실한 아름다움을 발견하게 된다. 그래서 나는 이 시를 읽을 때마다 마음속으로 속삭인다.

"흔들려도 괜찮아. 너도 곧 피어날 거야."

흔들림과 젖음 속에서 우리는 언제나 다시 일어서고 다시 피어난다. 그것이 삶의 방식이며 존재의 본질이다. 꽃이 흔들리며 피듯, 우리도 흔들리며 살아간다. 그 흔들림 속에서 우리는 단단해지고, 그 흔들림 속에서 우리는 가장 아름답게 피어난다.

흔들려도 괜찮아.

설렘, 그 행복한 동행

누구나 가슴 설레 본 일이 있을 것이다. 설렘은 기대와 환희에서 오는 정신적 신체적 반응이다. 어떤 설렘은 우황청심환을 먹어도 잘 진정되지 않는다. 설렘은 살아가는 동력이고 희망이 있다는 징조이다. 설렘은 좋은 결과를 가져오는 시발점이 되기도 한다.

50년 만에 군대 동기를 만나기로 했다. 수소문 끝에 연락이 닿았고, 그는 대전에서 나를 찾아 인천까지 오마고 했다. 씩씩하던 군인이 지금은 어떻게 변했을까, 어떤 이야기부터 꺼낼까, 생각할수록 가슴이 설렌다.

1968년 겨울, 1·21 사태 직후 나는 징집되었다. 남북 관계가 살얼음판 같던 시절이다. 휴전선 가까운 최전방 부대에서 우리는 함께 3년을 보냈다. 고된 병영생활 속에서 서로에게 큰 위로와 힘이 되었던 전우였다. 세월은 고생도 아름다운 추억으로 빚어낸다. 그와 다시 만나면 반세기나 묵은 군대 이야기보따리를 풀어낼 것이다. 어찌 설레지 않겠는가.

봄기운이 나를 설레게 한다. 쌀쌀한 3월초, 공원을 걷다가 양지바른 언덕에 핀 민들레를 발견했다. 새봄에 만난 꽃이라서 반가웠다. 봄이 가까이 오고 있다는 생각에 가슴이 설렌다. 아라뱃길 매화 동산에서는 매화가 환한 미소로 나를 맞이한다. '꽃마루' 정자 위로 피어오르는 아지랑이가 나를 설레게 했다. 대나무밭을 스쳐가는 봄바람 소리도 설렘이었다.

어린 시절, 고향 마을을 흐르던 시냇물 소리는 봄마다 나를 설레게 했다. 강을 향해 노래하며 흐르는 물길에 설렘이 가득했다. 봄꿈이 가득한 버들강아지의 보슬보슬한 솜털은 또 얼마나 예쁜 설렘인가.

교단에서의 설렘은 지금도 생생하다. 새 학년이 시작되는 개학날, 교정은 언제나 설렘으로 가득했다. 새 제자들을 만나는 반가움, 새 선생님과 새 친구를 맞는 학생들의 기대는 온통 설렘이었다. 좋은 첫인상을 주려고 노력했다. 단정한 모습, 친절한 말씨, 반듯한 행동으로 제자들에게 다가갔다. 새 선생님을 맞이하는 아이들의 눈망울은 초롱초롱 빛났다. 퇴임한 지 오래지만, 그 맑은 눈동자의 설렘은 잊을 수가 없다.

학창 시절의 소풍과 운동회, 수학여행도 설렘이었다. 어머니가 싸주신 김밥 속에도, 친구들과의 웃음 속에도 설렘이 가득했다. 그 마음은 나이가 들어도 여전히 설렘으로 남아있다.

설렘은 우리 일상의 곳곳에 있다. 첫사랑의 전화 한 통, 오래 못

본 친구와의 재회, 고사리 같은 아기의 손, 해 질 무렵 산사의 종소리, 고생 끝에 맛보는 성공, 오랜만에 만나는 가족 마중, 베네치아 여행 전날 밤, 반도네온의 강렬한 탱고음, 암 완치 판정의 미소, 베란다에 앉은 작은 산새…. 순간마다 가슴은 설렌다.

한 선배가 메시지를 보내왔다.

"가슴이 떨려 설렘인가 했더니 부정맥이더라."

농담이지만 젊었을 때와 달리 노인의 가슴에 설렘이 드문 건 사실이다. 점점 꿈을 잃어가기 때문일까. 노년에도 설렘은 필요하다. 노인들도 좋은 꿈을 꾸고 자주 설레었으면 좋겠다. 살아있다는 것만으로도 설렘이 아니겠는가.

죽음조차도 설렘으로 맞이할 수 있다면 좋겠다. 아직 가보지 못한 다음 세계에 대한 기대와 호기심으로 설레며 떠날 수 있다면. 설렘은 끝까지 우리와 함께하는 행복한 동행이다.

수필로 짓는 성채, 엄명용의 수필 지평

—『파란대문집』의 경우

한상렬 | 문학평론가

1. 들어가는 말

작가 엄명용의 수필집 『파란대문집』의 책장을 넘긴다. 한마디로 그의 수필집에는 한 작가의 삶이 오롯이 담겨 있다. 자기 관조와 성찰, 지난 시간과 공간 속에 묻혀 있는 추억과 그 파편들이 그의 수필집에 차곡차곡 쌓여 그만의 성(城)을 이루고 있다. 삶의 애환과 존재의 각성, 진리에의 깨우침—인생 팔십에 이른 순연한 인간의 존재적 자각—이 농밀하게 담겨 있다. 이는 작가의 진정성을 느끼게 하는 대목이요, 생활인으로서의 존재 사태에 대한 성찰이기도 하다. 그리하여 그의 수필집의 첫 장을 열면 시나브로 작가 엄명용의 진실한 삶에 다가가게 한다. 작품을 대하게 하는 독자의 환희요, 열락(悅樂)이지 싶다.

바라노니, / 경건한 마음으로 목가(牧歌)를 짓기 위해 / 천문학자처럼 하는 가까운 종루(鐘樓) 곁에 누워 / 바람결에 실려 오는 성스러운 노래를 / 꿈속에서 들으리라.

시인 보들레르는 이렇게 읊었다. 그가 문학의 성주(城主)였다면, 음악의 성주도 있다. 미국의 센트럴 파크 후미진 곳에 서 있는 너도밤나무 위에는 하나의 성이 축조되어 있었다. 높낮이가 서로 다른 널찍한 방이 다섯 개, 밤하늘의 별이 가장 아름답게 비치는 곳에 레드맨의 성이 있었다. 바바리아의 성주 루드비히 2세가 쌓은 환상의 성곽 노이슈반슈타인Neuschwannstein에 방불했다.

레드맨의 성(城)만이 아니다. 시인 보들레르의 시가 그의 문학의 성이었듯, 프랑스의 오뜨 리브Haute-rive에는 한 사람의 집념과 꿈으로 태어난 환상의 성, '빨레 이데알Palais Ideal' 이 있다. 슈발의 성은 한 사람의 꿈이 얼마나 황홀한 열매를 맺는지를 우리에게 보여준다.

그런데 세상에는 집이 몇 채씩 있으면서도 자신의 성 하나 없는 이도 있다. 아니 방 한 칸 제대로 갖추지 못한 성주도 있다. 집이 없어도 좋고, 거창한 성이 아닌 환상의 성이어도 나만의 성이면 어떠하랴.

작가 엄명용의 수필집 『파란대문집』은 바로 그만의 성채(城砦)이다. 평생 교단에서 일군 교육자로서의 삶에 인간으로서의 삶의 경영이 혼재되어 있다. 여기에 생활인의 체험과 기억의 파편들이 그만의 독특한 삶의 무늬를 지니고 편편마다 독자를 사로잡는다. 레드맨이나 슈발의 성이 그러하듯, 그의 수필집 『파란대문집』 역시 그만의 의지와 집념 그리고 이상(理想)으로 축조된 성채가 아닐 수 없다. 그래 그의 수필집을 대하노라면, 책에서 손을 뗄 수 없을 만치 그의 수필세계에 집중하게 한다.

그렇다면 엄명용은 어떤 작가인가? 그의 해적이에 의하면, 그는 충남 공주에서 태어나 경인교육대학교 교육대학원을 졸업했다.

41년 동안 학생들을 가르쳤고, 인천장수 · 인천부일초등학교 교장을 역임하고 정년퇴임하여 '황조근정훈장' 과 '자랑스러운 인천시민상' 을 수상했다. 그런가 하면, 다문화사회전문가 자격을 취득하고, 10여 년간 경인교대 다문화연구원에서 강의를 담당했고, 은퇴 후에는 일상의 소소한 이야기들을 정과 그리움의 진솔한 언어로 담아 수필을 창작하여 2023년 『수필춘추』(여름호)로 등단한 작가이다.

이제 작가 엄명용의 수필집 『파란대문집』의 수필세계에 담긴 수필적 진실에 다가가기 위해, 그의 수필이 지향하는 지평을 '교육자로서의 내적 감각의 승화', '토포필리아, 소재의 변용과 해석', '존재사태의 심적표상' 으로 나누어 추적해 볼 계제(階梯)이다.

2. 교육자로서의 내적 감각의 승화

수필은 작가의 영혼과의 만남이다. 수필적 자아의 고독한 영혼 깊숙한 곳에서 자기 심령과의 속삭임으로 길어 올린 영감에 찬 글을 대할 때, 우리는 한 작가의 깊은 사상과 만나게 된다. 영혼의 언어로 길어 올린 글이라면 더 무엇을 바라겠는가. 이런 수필을 일러 루카치는 "좀처럼 붙잡기 힘든 인간 영혼의 가장 은밀한 곳에 자리 잡은 마음의 미세한 풍경" 을 그리는 장르라고 했다. 그의 언술은 진정한 수필적 글쓰기가 얼마만큼 우리의 감정을 순화시키고, 잠든 영혼을 불꽃으로 피워 올리는가를 생각하게 한다. 엄명용의 수필은 바로 이런 지평에 있다 하겠다.

이 수필집의 머리글인 〈책을 내면서〉부터 보자.

삶의 여정에서 길목마다 남겨진 작은 기억들이 모여 지금의 나를 이루었습니다. 어린 날의 웃음소리, 가족 · 친구와 나눈 은은한 정, 내 마음속에 간직한 사랑과 그리움이 모여 내 삶이라는 긴 여행의 풍경이 만들어졌습니다.

그간 살아오면서 겪은 이야기, 고마운 사람들에 대한 회상, 후회스러운 일에 대한 반성, 새날을 열어갈 다짐을 통해 나를 바로 세우려고 수필을 썼습니다.

이 수필 속의 이야기들은 대단하거나 특별하지 않습니다. 평범한 일상의 스쳐 지나가는 시간 속에서 조용히 피어난 마음의 풍경을 기록한 글입니다. 그래서 이 글을 읽는 분들도 자신의 기억과 정을 떠올리며, 잠시 걸음을 멈추고 내면을 들여다볼 수 있기를 바랍니다.

—〈책을 내면서〉에서

작가 엄명용의 수필은 이렇게 작가 자신의 언술과 같이 경이적이거나 신언(愼言)이나 기어(綺語)도 아니다. 그저 어디서 보았음직한 보통의 이야기이다. 하지만 담론 자체가 사뭇 개성적이다. 그의 수필을 독파하노라면, 어쩌면 나의 이야기이듯 행간에 담긴 소소한 담론의 의미에 수긍하게 한다. 정서적 등가(等價)이다.

수필은 이렇게 작가와 현실의 정서적 등가에 놓인다. 그러므로 자기관조와 투영이라는 수필의 지향은 다난한 현실 위에 구축한 정서적, 사변적 깃발이 된다. '살되 어떻게 사느냐' 하는 인간 삶의 궁극적 향방을 찾아 떠나는 여행. 때문에 '어떻게 사느냐' 하는 화두는 작가적 삶의 역정에서 자연 유로(流露)되는 자기고백이 된다. "삶의 여정에서 길목마다 남겨진 작은 기억", "살아오면서 겪은 이야기", "평범한 일상의 스쳐 지나가는 시간 속에서 조용히 피어난 마음의 풍경"처럼, 엄명용의 수필은 작가 자신의 관조적 정서가 독자의 심경에 부딪혀 수다(數多)한 메시지를 제공한다.

해적이에서 보듯, 그는 41년간 교직에 근무하다 정년퇴임한 교육자다. 하지만 그의 삶은 그것으로 끝난 게 아니다. 그의 이타적인 삶은 이후에도 사회교육과 수필창작으로 제2의 삶을 경영하고 있다.

나는 41년 동안 14개 학교에서 학생들을 가르쳤다. 5년은 섬 용유도와 백령도에서 근무했다. 당시 용유도는 월미도에서 배를 타고 영종도로 건너가서 버스를 타고 1시간쯤 가야 했다. 영종도와 용유도는 떨어진 섬인데 연육 도로로 연결되었다.

—〈섬마을 선생님〉에서

평생을 교육계에 봉직한 교육자. 그렇기에 그의 수필의 저변에는 교육자로서의 남다른 의지와 긍지가 담겨 있다. 이런 까닭으로 그의 수필을 음미하노라면 교직자로서의 체온을 느끼게 한다. 이는 그만의 성 쌓기를 위한 마중물일 것이다. 농촌과 도시, 그리고 섬을 전전하면서 화자가 펼쳤던 교육현장은 바로 그의 삶, 그 자체였을 것이다. 그의 작품 속에 농밀하게 내재되어 있는 작가정신은 이런 작가의 체험에서 자연히 유로되고 있다. 그의 수필은 이런 화자의 진정성이 있어 독자를 사로잡는다. 수필 〈섬마을 선생님〉의 결미에서 보듯 "섬마을 선생님, 그때가 가장 보람 있고 즐거웠던 시절이 아니었나 싶다. 섬마을 학교, 지금도 그곳 아담한 학교가 눈에 선하고 파도 소리가 마냥 그립다."와 같이 오래도록 화자의 마음속에 각인되어 있게 마련이다.

다음으로 수필 〈예쁜 씨앗〉을 보자. 스승의 날이다. 퇴임한 지도 오래인 46년 전 시골학교에서 가르쳤던 제자로부터 선물을 받고 당시를 떠올리는 화자의 감회가 새롭다. "떡 상자 가운데에는 멥쌀로 빚은 빨간 카네이션꽃 모양의 떡이 놓여 있다." 바닷가 마을에 있었던 학교. 기억 속에 아련한 시간과 공간. 문득 그때로 담론은 소환된다.

그 시절 나는 열정이 넘치는 젊은 교사였다. 학원도 과외도 없던 시골에서는 교육의 일체가 학교에 있었다. 더욱 책임감을 느끼며 정성을 다해 가르쳤다. 매년 졸업반을 맡았다. 지식뿐만 아니라 좋은 인성을 심어주기 위해 애썼다. 교과과정에 없더라도 꼭 필요한 것은 주저 없이 가르쳤다.

가장 기억에 남는 일은 '심청전'을 각색해 공연한 것이다. 교과서에 실린 이야기를 희곡 형식으로 바꾸고, 배역을 나누어 아이들과 함께 오랜 시간 연습했다. 무대 장치는 시골에서 구할 수 있는 재료로 만들었다. 직접 바닷가에 나가 파도 소리를 녹음해 보려고도 했다. 그러나 장비도 지식도 부족해 실패하고 말았다. 고민 끝에 방송국에 물으니, '파도 소리는 키에 콩을 넣고 흔들면 납니다.'라는 설명을 듣고 그 방법으로 해결했다. 장난감 가게에서 사 온 새를 흔들어 새소리를 냈다. 그렇게 어렵게 준비한 연극은 큰 호응을 얻었고, 학부모들의 힘찬 박수를 받았다. 아이들의 마음에 오래도록 추억으로 간직될 예쁜 씨앗 하나를 심을 수 있었다. 오늘 떡을 보내온 제자 P는 그때 '심 봉사' 역할을 맡았던 아이였다.

—〈예쁜 씨앗〉에서

검은 책갈피 속에 녹아 있는 회억의 한 장면이다. 제자로부터 선물을 받고 문득 떠올린 잊지 못할 사제지간의 끈끈한 정이 오랜 시간이 흘렀어도 끊이지 않고 이어지는 것은 화자에겐 스승으로서의 당연한 일이겠지만, 제자에겐 평생토록 반추할 정겨운 추억일 것이다. 이런 상호간의 신뢰와 애정이 이 작품 속에 융회(融會)되어 화자의 내적 감각을 승화하게 한다.

그렇다. 우리는 누구나 일상적 삶을 살아간다. 일상적 경험은 보편적이고 통속적이다. 작가에게는 이런 일상 경험이 체험이라는 특수한 옷을 입고 언어가 지닌 미적요소를 구사하여 형상화하는 단계를 밟게 된다. 우리가 체험하는 일상적 삶의 이야기가 곧장 문학작품으로 형상화하게 된다. 엄명용의 수필은 삶의 이야기, 곧 인간학이라고 하겠다.

수필 〈착한 거짓말〉 역시 이와 같은 맥락에서 파악되는 작품이다. '착한 거짓말', 이런 반어적 표현이 바로 작가 엄명용의 변용과 굴절을 보여주는 그만의 성채일 것이다.

교직 초년 시절, 졸업반 담임을 맡고 있었을 때의 일이다. 당시에는 글쓰기와 생활지도의 일환으로 학생들에게 일기를 쓰게 했다. 교사는 일기장을 매일 검사해 돌려주었다. 칭찬과 조언을 써주고, 때로는 상담까지 해야 했다. 학생과 교사 모두 적잖은 부담을 안고 있었다.

우리 반에 또래보다 성숙한 여학생이 있었다. 이제 막 사춘기에 접어들기 시작한 이 학생은 자신의 미모에 대해 관심이 많았다. 그런 마음이 일기장에 나타났다. 그런데 안타깝게도 일기 내용은 부정적이었다.

"나는 뚱뚱하고 못생겨서 나를 좋아하는 남학생은 아무도 없을 거야."

처음에는 가볍게 조언했다.

"선생님이 보기엔 너는 귀엽고 예쁘다. 자신감을 가져라."는 말을 일기장에 써주었다.

그러나 학생은 "나를 예쁘다고 하는 사람은 부모님과 선생님뿐이에요."라며 더욱 비관적인 일기를 썼다.

—〈착한 거짓말〉에서

일기장에 씌어있는 학생의 글을 보고 화자인 담임선생님의 애정어린 시선은 다음 장면에서 반전과 굴절이 이루어진다. 화자의 고민도 함께한다. "어떻게 하면 긍정적인 마음을 갖게 해 줄 수 있을까 고민했다. 뚜렷한 방법이 떠오르지 않았다.", "그러다 문득 '플라시보 효과'가 떠올랐다." 처방전이었다. 화자는 그 학생의 일기장에 빨간 글씨로 이렇게 써주었다. "우리 반의 한 남학생이 너를 좋아한단다." 물론 거짓말이었다. 그러자 플라시보 효과가 곧장 나타났다. "그날 이후 학생의 모습은 놀랍게 달라졌다. 옷차림이 밝아지고, 수업 시간의 발표도 적극적으로 잘했다. 친구들과도 잘 어울렸다." 고 한다.

그래서 "착한 거짓말은 때로는 진실보다 더 큰 힘을 발휘한다." 라는 존재사태의 자각이 이 수필을 지배하고 있다. 이렇게 이 수필은 주제제시의 확연함과 통일된 메시지 전달에 성공하고 있다.

'빈센트 반 고흐' 는 뭔가를 써내려가듯 그림을 쉽게 그렸다고 한다. 자신이 본 것을 마음대로 재현할 수 있도록 '잘 보는 능력' 을 그는 갖고 있었다. '앙리 마티스' 가 파리의 거리에서 지나가는 사람들의 실루엣을 몇 초에 그리는 연습을 했듯이, 작가 엄명용은 미세한 사물과 대상에 포커스를 맞추고 '잘 보는 능력' 을 그의 수필에서 발휘하고 있다. 그래서 그의 수필에는 미적감수성이 살아 숨쉬는 듯 발현한다. 엄명용 수필의 매력은 여기서 찾을 수 있을 것이다.

3. 토포필리아topophilia, 소재의 변용과 해석

캐나다의 중국계 인문지리학자인 이후팅은 '토포필리아' 라는 말을 만들어 학계에 큰 관심을 일으킨 바 있다. 이는 희랍어로 장소를 뜻하는 '토포Topo' 와 사랑을 의미하는 '필리아Philia' 를 합쳐서 만든 조어로 '공간애(空間愛)', '장소애(場所愛)' 라고 번역된다. 시인 김소월은 이들보다 반세기도 전에 몇 줄의 시로 토포필리아Topophilia와 바이오필리아Biophilia가 무엇인지를 보여주었다. 엄명용 수필의 상당수는 이런 토포필리아와 바이오필리아의 영역을 넘나들고 있다. 첫 수필집을 출간하는 작가들이 대개 그러하듯, 그의 수필도 회고적 체험담이 주류를 이룬다. 이런 발상은 자연스러운 현상일 것이다. 그런 연유로 '고향' 이란 소재와 화두는 전형적인 것이어서 엄명용의 경우에도 다수의 작품에서 공간애, 생명애가 나타난다.

수필 〈꽃이 피면 마음도 핀다〉는 화자의 고향에 대한 회고로부터 열린다. 여기 고향은 일종의 모태(母胎)이다. 화자가 태어나고 자란 공간이다. 그런 공간을 삶의 경영에 따라 떠나 살지라도 언제든 마음 안에는 그 고향의 평화롭고 아늑한 품을 그리워하게 마련이다. 마치 어머니의 품속처럼 안온하고 따뜻한 공간이 고향이다. 잠시 노마드Nomad와 같은 삶을 살지라도 언제가 다시금 가고픈 곳이 고향이다. 화자는 봄이 오고 꽃이 피면 고향의 산천을 떠올린다.

내 고향의 봄은 참 예뻤다. 산이 병풍처럼 둘러싼 작은 산골 마을에 초가 열두 채가 정겹게 모여 살았다. 고향의 봄은 얼음장 밑에서부터 온다. 햇볕이 따스해서 봄기운이 번지면, 겨우내 꽁꽁 얼었던 냇물이 녹아 소리를 내며 흐르기 시작한다. 그 물소리를 가장 가까이서 듣는 냇가의 버들강아지가 제일 먼저 눈을 뜬다. 대지에서는 새싹이 돋는다. 봄은 그렇게 다가왔다.

어린 시절의 봄은 달콤하지만은 않았다. 가난한 시절, 봄은 보릿고개를 넘어야 하는 힘든 계절이었다. 마을 누나들은 차가운 봄바람에도 들로 나물을 캐러 나갔다. 밭둑이나 산기슭에 옹기종기 모여 앉아 쑥, 냉이, 달래, 돌나물 같은 봄나물을 캐던 누나들의 모습이 지금도 아련하다.

—〈꽃이 피면 마음도 핀다〉에서

이맘때쯤이면 사진첩 속의 그 고향을 그리워하게 된다. 일종의 시간여행이다. 수필의 시각화이다. 이는 일종의 노마드의 유랑이요, 상처의 복구를 위한 길 떠남일 것이다. 이런 창작적 모티브 아래 이 수필은 감칠맛나는 언어와 미려한 문체가 뒷받침이 되어 언어미감까지 느끼게 한다. 여기서 시각화는 이미 로트만Jurii Lotman에 의해 "언어예술은 언어학적 기호로써 표현과 내용의 차원 사이의 자의성을 극복하려 한다."라는 언명을 통해 구체화되었는가 하면, 기호학자인 퍼스Peirce의 "사물을 찍은 사진과 같이 기호가 나타내는 닮은꼴"로 시각화가 요체임이 밝혀진 바 있다.

화자는 이른바 '해방둥이'다. 일제 강점기를 지나 해방을 맞이한 해에 태어난 작가이다. 그런 연유로 그는 자신을 해방선물이라 칭하고 있다. 이런 언어적 기표가 언어성찰을 통해 인문학적 성찰에 이르게 한다.

"너는 밥걱정은 안 하고 살 거야. 대신 몸은 고될 거다."

어머니는 내게 그렇게 말씀하셨다. 개띠인 내가 저녁밥 지을 무렵에 태어났으니 굶지는 않겠지만, 밤새 집을 지켜야 하니 힘들겠다는 사주풀이였다. 살아보니 절반은 맞고 절반은 아닌 듯하다.

일제 강점기에 아버지는 징용으로 일본 탄광에 끌려가셨다. 본래 큰아버지에게 징용 차출이 나왔는데, 배웅하러 나갔다가 대신 가겠다며 말없이 떠나셨다. 형 대신 자신이 짐을 짊어지는 게 당연하다고 여겼던 모양이다.

남겨진 어머니는 어린 두 아들을 키우며 고된 세월을 견뎌야 했다. 일제의 수탈이 극에 달해 하루하루 연명조차 힘들던 시절이었다. 어머니는 일본 탄광에서 강제 노역하던 아버지보다 오히려 더 힘든 시간을 살았는지도 모른다. 세월이 흘러 해방이 되자 아버지는 귀국하셨고, 내가 태어났다.

—〈해방선물의 소회〉에서

여기 '해방'이란 언어적 기표 안에 들앉아 있는 아버지와 어머니는 화자의 의식의 유무를 구분하게 한다. 일제 강점기에 일본 탄광에서 강제 노역을 해야만 했던 아버지와 하루하루 연명조차 힘들었던 시대에 홀로 어머니가 겪어야 했던, 고단한 삶에의 반추는 화자의 내재된 의식의 공간에 '고향' 이란 토포필리아와 바이오필리아를 동시에 떠올리게 한다. '사르트르' 역시 자신의 존재론을 세우기 위해 이 세계에 존재하는 모든 것을 두 영역으로 구분하지 않았던가. 그 기준에 따르면, 의식을 가진 존재와 그렇지 못한 존재의 두 영역이 존재한다. '대자존재' 와 '즉자존재' 다. 이런 존재 사이의 관계를 현상학적 방법에 의해 기술했듯, 작가 엄명용 역시 자신을 객관화시키고 있다. 이는 자신을 단순한 자기 존재에 그치지 않고 확대하고자 하는 안목이다.

이런 지평에서 그의 수필은 독자로 하여금 진정어린 만남을 갖게 한다. "나는 오늘도 부모님을 떠올린다. 어딘가에서 나의 삶을 지켜보고 계실 것이다. 그래서 나는 사람들과 따뜻한 마음을 나누고, 정직하고 곧게 살고자 애쓴다. 그것이 어머니 아버지가 가장 기뻐하실 삶이라고 믿기 때문이다."라는 결미의 진술에 호소력과 함께 작가의 진정성을 느끼게 한다.

수필 〈향나무 우물가〉는 "내가 태어나고 자란 마을은 두메산골이었다. 초가지붕 열두 집이 산기슭을 따라 옹기종기 모여 살았다. 대가족이 한집에 살던 시절이라 마을 인구는 꽤 많았다. 길에 오가는 사람의 발길이 잦았고, 마을 한가운데 자리한 공동우물은 사람들로 자주 북적였다." 로부터 서두가 열린다. 토포필리아의 현장이다.

내가 태어나고 자란 마을은 두메산골이었다. 초가지붕 열두 집이 산기슭을 따라 옹기종기 모여 살았다. 대가족이 한집에 살던 시절이라 마을 인구는 꽤 많았다. 길에 오가는 사람의 발길이 잦았고, 마을 한가운데 자리한 공동우물은 사람들로 자주 북적였다.

공동우물은 작은 언덕 아래에 있었다. 언덕에는 고목 향나무 한 그루가 고즈넉하게 서 있었다. 언제 만든 우물인지는 모른다. 나는 그 우물물을 마시며 자랐다. 옛날에 마을이 형성되면서 집마다 우물을 파기 어려우니까 공동우물을 만들었을 것이다.

우물터 한가운데에 돌로 쌓아 만든 둥그런 우물이 있었다. 우물 밖의 바닥은 넓적한 돌을 깔았다. 오랜 세월 수많은 발길이 스쳐 돌 표면이 반질반질했다. 우물물은 맑았고 수량(水量)이 풍부해 찰랑거렸다. 우물 둘레 가장자리가 낮아 두레박은 필요 없었다. 우물가 어디든지 앉아 바가지로 퍼서 쓸 수 있었다.

—〈향나무 우물가〉에서

향나무가 있는 공동우물이 작은 언덕 아래에 있다. 그 언덕에 고목 향나무가 고즈넉하게 서 있다. 그림을 그리듯, 사진을 찍듯 묘사적 수법을 사용한 '보여주기'다. 화자의 고향, 그 단면을 이렇게 그려내고 그 안에 살고 있는 사람들의 소소한 이야기에 포커스를 맞춘 이 수필은 아름다운 한 폭의 수채화를 보는 듯하다.

고향에 대한 토포필리아가 이 수필의 주류다. 그의 노마드적인 삶이 시간의 추이에 따라 과거와 현재가 공존하면서 퇴락해가는 아픔을 공유한다. 이런 현실자각은 "폐허가 된 우물터 앞에 서니 마음이 스산했다. 그래도 내 눈에는 보인다. 그때 공동우물에 모여들던 마을 사람들이 또렷하게 보인다. 물동이를 머리에 이고 흘러내리는 물방울을 연신 훔치며 조심스레 걷던 젊은 아낙, 도토리 시루에 물을 부어주던 손길, 웃음소리와 수다. 이제 그들은 떠나고 없다. 그 시절, 그 사람들이 그립다."는 일종의 상실감으로 의미화하고 있다.

수필 〈돌탑 고갯길〉 역시 앞의 〈향나무 우물가〉와 같은 맥락에 놓여 있다. ①이 과거라면, ②는 현재의 고향이다.

① 이 길 고갯마루에는 양쪽에서 올라온 사람들이 잠시 쉬어가는 쉼터가 있었다. 쉼터래야 둔덕에 갖다 놓은 앉기 편한 넓적한 돌 몇 개뿐이다. 그래도 추운 겨울이 아니면 사람들은 대부분 여기서 쉬어갔다. 오가는 사람이 만났다. 산에서 나무를 해 지게에 지고 내려온 사람과 읍내 장에 다녀오는 사람이 만나 두런두런 이야기를 나눈다. 장에서 들은 이야기, 쌀값 시세, 인근 마을의 대소사가 이 고갯마루 쉼터에서 다른 마을로 많이 전해졌다.

쉼터 옆에는 돌탑이 하나 있었다. 근사하게 쌓은 멋진 탑은 아니다. 원뿔 모양으로 생긴 돌무더기다. 이 돌탑은 언제 누가 만들기 시작했는지 모른다. 내가 어릴 때부터 그렇게 있었다. 돌탑 옆에는 당산(堂山)나무가 서 있었다. 나뭇가지에 가끔 오색 천이 걸려 있어서 을씨년스럽기도 했다. 이 고갯마루에 오면 남녀노소 누구나 하는 일이 있었다. 먼저 돌을 하나 주워서 합장하여 절하고 돌탑에 올려놓는 일이다. 누가 시키지 않아도 대개 그렇게 했다.

② 그런데 지금은 그 산줄기를 따라 고속도로가 뚫렸다. 옛 고갯길의 돌탑은 사라졌다. 이따금 그 시절을 돌아본다. 하얀 무명옷을 입고 고갯길을 넘어 다니던 옛사람들의 모습이 보인다. 가마 타고 돌탑 고갯길을 넘어 시집가던 이웃집 누나의 모습도 생생하다. 노랑 저고리에 연분홍 치마를 곱게 입은 신부는 손수건으로 연신 눈물을 훔치며 고갯길을 넘었다.

나의 어린 시절 추억이 맺혀 있고, 젊은 꿈이 영글었던 고향의 돌탑 고갯길이 봄이면 더 그립다.

—〈돌탑 고갯길〉에서

①에서 보듯, 돌탑 고갯길은 일종의 쉼터였다. 아니 교감의 공간이요, 소소한 삶의 현장이다. 이런 공간이 상존하기에 마을 사람들

은 너나없이 친교를 이루고 어깨를 나란히 했을 것이다. 그러나 변화의 스펙트럼은 모든 걸 깡그리 무너뜨리고 말았다. ②에서와 같이 그 산줄기에 고속도로가 뚫리고 옛사람들의 모습은 간데없게 되었다. 결미의 "나의 어린 시절 추억이 맺혀 있고, 젊은 꿈이 영글었던 고향의 돌탑 고갯길이 봄이면 더 그립다."는 토포필리아가 현대화에 의한 상실감을 적실히 보여주고 있다.

수필 〈홍시 같은 사랑〉 역시 동일한 맥락에서 파악되는 작품이다. "지난여름 장마와 태풍으로 과일 농사가 어려웠는데, 감은 풍년인가 보다. 마트마다 단감, 홍시, 대봉이 수북이 쌓여 있다."라는 서두가 이 수필의 모티브이다. 화자는 마트마다 수북이 쌓여 있는 감을 보자, 문득 고향의 밭둑에 있었던 감나무 두 그루를 떠올린다. '고향바라기', 화자의 토포필리아가 발현된다.

> 어릴 적 고향 마을, 우리 밭둑에는 감나무 두 그루가 있었다. 4월이면 겨우내 앙상했던 가지에서 새싹이 돋았다. 감의 새잎은 붉은색과 노란색이 알맞게 섞여서 예뻤다. 5월이 지나면 수수한 흰 꽃이 이파리 사이로 얼굴을 내밀었다. 꽃이 떨어진 자리마다 푸른 감이 맺혔다.
>
> 여름이면 무성한 잎이 그늘을 드리워 쉼터가 되었다. 여름을 지나며 토실해진 감은 가을 햇살에 노랗게 익어갔다. 단풍이 곱게 든 감나무에 노란 감이 주렁주렁 열린 모습은 한 폭의 그림이었다. 바라만 보아도 시가 되고 노래가 되었다.
>
> —〈홍시 같은 사랑〉에서

그 고향의 감 따기와 함께 어머니가 소환된다. "어머니는 늦가을이면 항아리 안에 감잎과 감을 켜켜이 쌓아 연시를 담그셨다. 싸락눈이 소리 없이 내리던 어느 밤, 어머니가 우리 오 남매를 불러 모았다. 불기 없는 골방에서 감항아리를 꺼내왔다."라는 대목에 이르면, 자연스레 홍시 같았던 어머니의 사랑을 깨닫는다.

여기 홍시와 어머니의 대비적 진술은 유사착상의 기법으로 은유적 메시지의 효과를 극대화하고 있다. 홍시를 통한 존재자각. 수필의 진정성은 이런 자연한 주제 진술을 통해 독자를 공감하게 한다. "올해도 어머니 기일에 감을 제사상에 올렸다. 돌아가신 지 오래되었지만, 감을 보면 그때의 어머니 생각이 난다. 고향 밭둑의 감나무는 이제 고목이 되었다. 감이 성글게 달리고 크기도 작아졌다. 그나마 한 그루는 사라졌고 한 그루만 남아 있다. 세월의 무게가 고스란히 느껴져 마음이 아리다."라는 화자의 정서가 여운과 함께 잠재적 주제를 간파하게 한다.

이렇게 엄명용의 수필은 소재의 토포필리아라는 소재의 변용과 굴절을 통해 독자를 고향이란 공간으로 이끌어 정서적 카타르시스를 느끼게 한다.

4. 존재사태의 심적 표상

'언어는 존재의 집이다." 이는 하이데거의 말이다. 언어는 집처럼 세워져 사실과 세계를 담아낸다. 그때 존재는 언어라는 집 속에 깃든다. 그래서 언어라는 집을 보면 그 속에 깃들어 있는 존재의 모습을 만나게 된다. 그러므로 아무것도 담아낼 수 없는 말, 존재의 집이 아닌 비어 있는 말은 말이 아니다. 이는 그저 헛말이요, 빈말일 것이다.

엄명용의 수필을 음미하노라면, 화자는 소소한 일상에서도 일상이상의 유의미를 찾게 하며, 존재사태에 대한 확연한 메시지를 감지하게 한다. 이런 연유로 그의 수필에는 '인간' 의 궁극적 목적이나 가치의 문제, 이른바 '삶' 에 관한 통찰을 주요 담론으로 짜여져 있다. 한마디로 존재사태의 심적 표상이다.

지금 화자는 인생 9월에 있다. 인생 나이로 보아 9월이란 숫자적 인식은 화자로 하여금 존재 자체의 자각을 일깨우게 한다. 여기서 숫자는 기호에 불과하지만, 수많은 의미의 복합체로 언어적 기표 이상의 메시지를 전달한다. 일상적인 담론이지만 그것이 갖는 의미를 추적하는 작품들을 엄명용의 수필에서 만나게 된다. 그렇다면 화자가 맞닥뜨리는 존재사태의 심적 표상은 과연 어떤 모습일까.

그의 수필 〈인생 9월에 서서〉는 바로 작가의 현실투영의 모습이겠다. 회고적이면서 존재적 자각을 일깨우는 현실감각을 잘 묘파한 수필이다.

돌아보면 아득한 길을 걸어왔다. 내 인생의 첫머리는 혹독한 시절이었다. 해방의 기쁨도 잠시, 전쟁의 소용돌이에 휘말려 불안한 나날을 보냈다. 나는 그런 시대의 9월에 태어났다. 사랑은 많이 받았지만, 가난과 역경은 그림자처럼 따라다녔다.

그래도 내 인생의 봄은 따스했다. 희망의 씨앗을 심었고 정성으로 키워나갔다. 그 싹이 자라 꽃을 피우고 열매가 달렸다. '잘살아 보자' 던 온 누리의 함성이 지금도 귀에 쟁쟁하다.

내 생의 여름은 뜨거웠다. 학생들을 잘 가르치는 일이 나라를 위한 나의 사명이라고 믿었다. 때로는 밤잠을 줄여가며 교재연구를 하고 수업을 준비했다. 그 제자들이 멋지게 자라 지금의 대한민국을 만들었다. 뿌듯함과 보람을 느낀다. 나도 가정을 이루어 오순도순 살아왔다. 내 아이들 역시 제 몫을 잘해내고 있으니 대견스럽다.

—〈인생 9월에 서서〉에서

아득한 길. 그게 화자의 회고적 삶이었다. 해방의 기쁨, 전쟁의 소용돌이에 태어났지만 그의 봄은 따스했다. 희망을 심고 정성으로 키워나갔다. 그리고 그의 여름은 뜨거웠다. 사랑으로 일군 씨앗은 뿌듯한 보람을 느끼게 했다.

이런 자기 관조와 성찰이 삶의 무게를 통찰하게 한다. 전형적인 자기 고백이자 자화상, 이것이 그가 짓는 존재사태의 심적 표상이 아니겠는가. 그래서 소박하지만 진솔한 화자의 수필적 격을 독자로 하여금 감지하게 한다. 화자에 있어 9월은 자신의 삶을 마무리하기 위한 의미 있는 시간이 된다.

이와 같은 존재사태의 자각은 다음 작품 〈노인의 넋두리〉나 〈걸음 속 미학〉에서 더욱 구체화되고 있다.

나는 자랄 때 매일 논밭 사잇길을 걸어 다녔다. 마을에서 들녘으로 황톳길이 구불구불 이어졌다. 밖으로 통하는 길이었다. 길옆에는 시냇물도 함께 흘렀다. 벼가 누렇게 익어가던 가을 길이 특히 기억에 남는다. 어린 시절로 돌아갈 수 있다면, 코스모스 피고 메뚜기가 폴짝거리던 내 고향 시골길을 다시 걷고 싶다.

인생길도 결국 걷기다. 언제 끝날지 모를 그 길을 우리는 오늘도 걷는다. 걷다가 더 이상 걸을 수 없을 때 거기가 막다른 길이다. 걸을 수 있을 때 좋은 인연과 함께 아름다운 길을 자주 걸어야겠다. 나는 내일도 걷는다. 나의 길을 간다.

—〈걸음 속 미학〉에서

화자의 건강 비결은 '걷기'이다. 그는 우울하면 걷는다. 걸으면 다리도 튼튼해지고 마음도 편안해 온다. 일상에서 추수한 존재의 각성이 걷는 과정에서 이루어진다. 공간은 아라뱃길이다. "물살을 가르며 배가 지나가고, 유니폼을 차려입은 바이커들의 자전거 행렬이 멋지다. 강물은 반짝이고 물 위로 솟구쳐 뛰어오르는 물고기도 보인다. 평화로운 여름 풍광을 즐기며 강둑을 걸었다."라고 화자는 회고한다. 아라뱃길 남측 '바람 소리 언덕길' 을 화자는 유독 좋아한다.

나는 아라뱃길 남측 '바람 소리 언덕길' 을 좋아한다. 둥글게 솟은 언덕이 강을 보듬고, 물길은 바다의 어귀로 이어졌다. 언덕에는 풀들의 잔치가 한창이다. 무궁화가 피고 해당화도 피었다. 한여름이라 무성하게 자란 풀 내음이 향기롭다. 봄에는 꽃잔디가 예쁘게 핀 꽃길이었다. 언덕길을 걷다가 냉이도 캐고 고들빼기도 캤다. 지금은 쑥바귀 잎이 나풀거린다. 바다 쪽으로 걷다 보면 메타세콰이어가 줄지어 서서 하늘을 떠받친 '나무다리 길' 이 나온다. 그늘이 좋아 더위를 식힐 수 있다. 길옆에는 우거진 억새가 강바람에 부스럭거린다. 매미 소리를 들으며 강가 정자에 올라가 주변 경관을 둘러보면 머리가 한결 맑아진다.

—〈걸음 속 미학〉에서

화자의 시선을 머무르게 하는 시공간의 물상들이 서서히 눈을 뜨고 화자를 맞이한다. 무궁화가 피고 해당화가 피어 있다. 봄에는 꽃잔디가 예쁘게 피어 있는 꽃길. 그 길은 화자로 하여금 사유의 시간을 제공한다. 삶의 무게를 잠시 부려놓고 나로 돌아오는 시간이다. 일상적이지만 일상의 유의미를 찾아가는 이 평범한 행동이 화자의 삶에 건강성이요, 쉼이다.

서사적 담론을 시각화한 이 수필은 미등(尾燈)이듯 하지만, 인간의 길을 보여준다. 존재사태의 심적 표상은 이렇게 소소한 일상에서도 존재의 본질과 의미에 천착하게 한다. "철학자들도 걷기를 예찬했다. 니체는 '진정 위대한 모든 생각은 걷기로부터 나온다' 고 했고, 키에르케고르도 '걸으면서 쫓아버릴 수 없을 만큼 무거운 생각이란 하나도 없다' 고 했다."라는 언술이 동화(同化)를 반증한다.

수필문학은 사유와 상상이다. 여기서 사유를 전개할 때 가장 기본적인 문제는 실마리가 문제가 된다. 실마리를 무엇으로 잡느냐에 따라 사유의 전개는 이렇게 달라진다. 이런 사유는 현실에서부터 출발한다. 그리하여 결미의 진술인 "인생길도 결국 걷기다. 언제 끝날지 모를 그 길을 우리는 오늘도 걷는다. 걷다가 더 이상 걸을 수 없을 때 거기가 막다른 길이다. 걸을 수 있을 때 좋은 인연과 함께 아름다운 길을 자주 걸어야겠다. 나는 내일도 걷는다. 나의 길을 간다."라는 언술의 배면에 내재되어 있는 존재사태의 심적 표상은 독자에게 메시지로 다가간다.

엄명용의 수필에서 보여주는 이런 존재사태의 심적 표상은 수필 〈당신이 곁에 있어 행복하오〉나 〈첫눈 데이트의 엘레지〉에서 더욱 상세화한다.

① 이 방에는 세 명의 환자가 있다. 둥근 커튼으로 각자의 공간을 가려 놓았다. 옆자리에는 치매에 걸린 할머니가 누워있다. 넘어져서 등뼈를 다쳤다고 한다. 잠시 조용하던 할머니가 갑자기 사이다를 달라고 외친다. "아줌마, 우리 집에 놀러 와요."라며 말을 걸기도 한다. 앞쪽에는 허리에 복대를 감은 젊은 여자가 비스듬히 침대에 기대고 있다.

아내는 푸르스름한 환자복을 입고 하얀 침대 위에 누워있다. 뾰족한 금속 바늘이 팔목 혈관에 꽂혀 있다. '통증 조절 약'이라고 쓴 수액이 링거대에 매단 주머니에서 방울방울 떨어진다. 아내가 가끔 얼굴을 찌푸린다.

—〈당신이 곁에 있어 행복하오〉에서

② 퇴근 시간 무렵부터 눈이 쏟아지기 시작했다. 그날 우리는 팔

짱을 끼고 눈 내리는 시골길을 걸었다. 학교 앞 넓은 길을 따라 들녘을 지나고, 내 하숙집으로 넘어가는 야트막한 산 오솔길을 한참 걸었다. 오늘처럼 눈이 펑펑 내렸다. 흰 눈이 산과 들에 하얗게 쌓여 호젓하고 포근하게 느껴졌다. 짧은 겨울 해가 점점 어두워졌다. 회색 하늘에서 내리는 하얀 눈이 우리의 만남을 축하해 주는 듯했다. 오순도순 정겹고 즐거웠다.

—〈첫눈 데이트이 엘레지〉에서

어깨통증으로 아내가 입원했다. 화자는 "아침에 병원으로 가서 아내를 살피고, 밤에는 집으로 돌아온다. 텅 빈 듯 적막한 집에 들어서면 찬바람이 분다. 밥도 빨래도 청소도 모두 내 몫이다. 아내가 할 땐 미처 몰랐던 평범한 일상의 수고가 얼마나 중요하고 번거로운지 새삼스레 느낀다."에서 보듯, 아내의 빈자리가 부부의 정을 더욱 도탑게 한다. 존재사태의 표상은 이 같은 사태에서 자연히 유로된다. 그런가 하면, ②에서는 아내와 함께 팔짱을 끼고 눈 내리는 시골길을 걷는다. "회색 하늘에서 내리는 하얀 눈이 우리의 만남을 축하해 주는 듯했다. 오순도순 정겹고 즐거웠다."라는 화자의 진술이 부부 사이의 표상처럼 나부낀다. '당신이 곁에 있어 행복'하고, "엘레지는 애절한 곡, 슬픈 사연의 노래다. 오늘처럼 첫눈이 내리는 날, 부부가 건강해서 다정히 팔짱을 끼고 데이트를 즐긴다면 얼마나 멋질까. 첫눈 데이트의 엘레지인가."라는 언술의 배면에 담긴 행간의 의미가 감동적으로 다가온다. 존재사태의 표상은 이렇게 소소한 일상을 통해서도 견고한 선언으로 변용과 굴절된다.

이 수필집의 표제인 〈파란대문집〉은 압권이다. 수필은 일상의 변용이다. 과거의 추억에 대한 반추는 언제든 유의미하다. 화자의

'파란대문집' 에 대한 기억은 그만이 짓는 성채에 대한 찬미다. 파란대문 안에 화자의 진정한 삶이 농축되어 있다. 미네르바의 올빼미처럼 이제 황혼에 이른 노년의 작가가 보여주는 과거로의 시간 여행이 '파란대문' 이다. 아래 예문에서 보듯, 시속의 변화에 따라 선호도는 달라졌지만, 젊은 시절 화자가 경영했던 삶의 진지함이 묻어 있다. 가진 것이 적을지라도 이웃과의 소통과 교감이 이루어지던 대문 안 풍경이 살갑게 다가온다.

① 그 집은 우리 네 식구가 살기에 넉넉했다. 갓방과 지하실을 세 주고도 공간이 충분했다. 정남향 집이라 햇살이 종일 들어 겨울에도 따뜻했다. 마당 한쪽엔 작은 화단도 있어 장미와 관상수들이 자랐다. 커다란 사철나무는 겨울에도 푸르렀고, 여름이면 장미꽃이 곱게 피었다.

② 우리 파란대문집은 동네에서 '손님 많이 오는 집' 으로도 불렸다. 마을 사람들이 그렇게 불렀다. 동료들이 퇴근길에 찾아와 밤이 이슥해지도록 놀다 갔다. 아내는 스스럼없이 손님을 맞이했다. 저녁밥을 차려내고, 밤이면 국수를 삶아 대접했다. 예전에는 사람이 자주 드나드는 집에 복이 많이 들어온다고 했는데, 요즘은 문을 닫고 사는 세상이 된듯해 씁쓸하다.

③ 나이가 들면 추억을 먹고 산다고 한다. 또 삶의 진짜 가치는 그것이 추억이 될 때 비로소 알게 된다고도 했다. 파란대문집에서의 오붓하던 일상이 행복한 삶이었다는 걸 이제야 깨닫는다. 그리운 날들이다.

—〈파란대문집〉 에서

이처럼 수필은 '일상의 변용' 이다. 아니 하이데거의 언명처럼

'언어로 짓는 존재의 집' 이다. 화자의 파란대문집은 다름 아닌 작가 엄명용이 수필로 짓는 그만의 '성채' 일 것이다. 그런 성채이기에 그 집에 화자의 정성이 녹아 있고, 이웃과의 친교와 교감이 담겨 있다. 지금 화자는 그만의 성채에서 자신이 구축했던 성채를 상기하고 있다. 그 안에 내밀한 존재각성과 인식의 창을 열고 있다. 그래서 그는 지금 미네르바의 올빼미처럼 비상의 몸짓을 하고 있지 싶다.

4. 나가는 말

문학은 본래의 정신적 고향과 삶의 의미를 찾아나서는 자기 인식에의 여정이라는 은유의 틀을 지닌다. '수필로 짓는 성채, 엄명용의 수필 지평' 은 그의 수필집 『파란대문집』에서 '교육자로서의 내적 감각의 승화', '토포필리아, 소재의 변용과 해석', '존재사태의 심적 표상' 으로 그 지평이 펼쳐지고 있다.

작가 엄명용의 '파란대문집' 은 그가 짓는 그만의 성채(城砦)이다. 그의 성채는 레드맨의 성(城)일 수도 있으며, 빨레 이데알인 슈발의 성(城)일 수도 있다. 화자는 지금 그 성채에 머물러 황혼을 즐기고 있다. 그런 그의 과거와 현재의 공존이 그의 작품에는 편편마다 농밀하게 아름다운 무늬로 장식되어 있다. 탄탄한 작품의 구성과 밀도 있는 메시지가 독자에게 감흥을 주기에 충분하다.

특별히 그의 수필은 작가의 소소한 일상적 체험을 제재로 하고 있지만, 좀처럼 붙잡기 힘든 인간 영혼의 가장 은밀한 곳에 자리잡은 마음의 미세한 풍경을 그려냄으로써 한 편의 수필이 일상의 이삭줍기가 아니라, 내적 감각의 승화와 존재사태의 심적 표상임을 보여준다는 점에서 독자에겐 잔잔한 미소와 의미에 집중하게 한다. 수필문학은 이렇게 자기 얼굴 그리기요, 성 쌓기에 이르는 구도의 과정일 것이다.

또한 엄명용의 수필은 작가의 영혼과의 만남이기도 하다. 그래서 그의 영혼 깊숙한 곳에서 심령과의 속삭임으로 길어 올린 영감에 찬 글에서 작가의 깊은 사상과 만나게 하며, 정서적 미감에도 젖게 한다. 그의 수필을 음미하는 문학적 희열일 것이다.